高等院校**电子商务类**
新形态系列教材

商务数据
分析与应用

微课版

蒋辉 尹倩◎主编

刘金美 杨慧珠 殷媛 李明月◎副主编

Electronic

Commerce

人民邮电出版社

北 京

图书在版编目（CIP）数据

商务数据分析与应用：微课版 / 蒋辉，尹倩主编. --
北京：人民邮电出版社，2025. --（高等院校电子商务
类新形态系列教材）. -- ISBN 978-7-115-51802-6

Ⅰ. F713.36；TP274

中国国家版本馆 CIP 数据核字第 20254FT105 号

内 容 提 要

本书基于商务数据分析岗位的职责，全方位介绍了商务数据分析方法与实战应用。书中从商务数据分析基础出发，按照商务数据分析的基本流程，首先介绍了商务数据的收集与处理、数据可视化，然后深入浅出地讲解了市场数据分析、运营数据分析、商品数据分析、客户数据分析在商务场景中的具体应用，最后介绍了商务数据分析报告的撰写方法，旨在帮助读者全面提升分析与应用商务数据的能力。

本书配有 PPT 课件、教学大纲、电子教案、源数据、课后实训参考答案等教学资源，用书老师可在人邮教育社区免费下载使用。

本书内容新颖、教学资源丰富、实战性强，既可作为大数据管理与应用、电子商务、信息管理与信息系统、工商管理和统计学等相关专业的教材，也可作为商务数据分析从业人员的参考书。

◆ 主　　编　蒋　辉　尹　倩
　　副 主 编　刘金美　杨慧珠　殷　媛　李明月
　　责任编辑　王　迎
　　责任印制　陈　犇

◆ 人民邮电出版社出版发行　　北京市丰台区成寿寺路 11 号
　　邮编　100164　　电子邮件　315@ptpress.com.cn
　　网址　https://www.ptpress.com.cn
　　涿州市京南印刷厂印刷

◆ 开本：787×1092　1/16
　　印张：13.75　　　　　　　　　　2025 年 7 月第 1 版
　　字数：399 千字　　　　　　　　 2025 年 7 月河北第 1 次印刷

定价：59.80 元

读者服务热线：**(010)81055256**　印装质量热线：**(010)81055316**
反盗版热线：**(010)81055315**

前　言

　　党的二十大报告指出：加快发展数字经济，促进数字经济和实体经济深度融合。当前，新一轮科技革命和产业变革正在重构全球创新版图、重塑全球经济结构，数字技术、数字经济作为世界科技革命和产业变革的先机，日益融入经济社会发展各领域全过程，全球经济数字化转型已是大势所趋。数据已成为企业做出明智决策、提升竞争优势的关键资源，无论是市场营销、财务分析，还是供应链管理，数据分析都在其中扮演着至关重要的角色。

　　为顺应新文科、新商科建设的理念和满足新时代对商务数据分析人才的需求，我们亟需在工商管理、市场营销和大数据应用与管理等专业大类中增设"商务数据分析与应用"课程。本书正是针对这一需求而编写的。本书从不同角度，全面介绍了商务数据分析涉及的理论、方法与应用等核心内容，具体包括商务数据分析基础、商务数据的收集与处理、数据可视化、市场数据分析、运营数据分析、商品数据分析、客户数据分析、商务数据分析报告等。本书具有以下特色。

　　（1）经典与前沿结合。本书系统地介绍了数据收集、整理、分析和解释等基础知识，为读者打下了坚实的理论基础；同时，本书紧跟时代步伐，涵盖了诸如网络爬虫、社交媒体分析、商品热度预测、机器学习算法应用等前沿知识，使读者能够掌握最新的技术和工具，符合教学要求。

　　（2）多学科知识交叉融合。本书将统计学理论、信息处理技术、数据分析与可视化工具相结合，特别强调了如何选择前沿的分析方法来解决实际问题，使读者能够在复杂的数据环境中找到最有效的解决方案，为读者提供了一个综合性的学习和应用平台，具有极强的指导性和实用性。

　　（3）案例丰富，实践导向。编者精心设计了每一章的内容，确保学生不仅能够系统地掌握理论知识，还能在实际情境中灵活应用所学知识。书中通过大量的真实商业案例和实训项目，为学生提供了一个从理论到实践的无缝对接平台，极大地增强了学习效果和促进了知识内化。

　　（4）以学生为中心，发挥学生的能动性。本书顺应翻转课堂、线上线下混合式教学等创新性教学模式，通过案例分析、图解教学及操作解说来帮助学生掌握商务数据分析的主要方法。

　　同时，本书配有 PPT 课件、教学大纲、电子教案、源数据、课后实训参考答案等教学资源，使用本书的老师可在人邮教育社区免费下载使用。

本书由蒋辉、尹倩担任主编，负责组织编写和审稿，刘金美、杨慧珠、殷媛、李明月担任副主编。本书各章的编写分工如下：第 1 章、第 2 章、第 8 章由蒋辉、殷媛编写，第 3 章、第 4 章由刘金美、尹倩编写，第 5 章由杨慧珠、尹倩编写，第 6 章、第 7 章由李明月、蒋辉编写。

由于编者水平有限，书中难免存在不妥之处，恳请广大读者批评指正。

编者

目　录

第1章
商务数据分析基础

在信息化时代，大数据渗透到人们生活的方方面面，悄然改变着人们的生活和工作方式等。随着各行各业的发展，数据量呈指数级增长，数据"金矿"的挖掘成为现代商家的主要战场，进行商务数据分析有助于企业实现精准决策和提升抗风险能力。本章主要介绍什么是商务数据分析、商务数据分析的意义是什么及商务数据分析的流程等。

【学习目标】

（1）了解商务数据分析的概念。

（2）熟悉商务数据分析的意义、流程。

（3）熟悉商务数据分析的原则和常用工具。

【案例导入】

抖音大数据分析

抖音，作为全球知名的短视频社交平台，其背后隐藏着大数据的无限魅力。每日数以亿计的视频上传、观看、点赞与评论，构成了庞大的数据流。通过大数据分析，抖音能够精准理解用户兴趣偏好，推送个性化内容，让每个人打开 App 都能发现"新大陆"。同时，大数据还能助力创作者分析视频表现，优化创作方向，实现内容与用户的精准匹配。抖音大数据分析是一个复杂且多维度的过程，需要综合多个方面的数据来得出有价值的结论。

（1）用户行为分析。用户行为分析是抖音数据分析的核心，它涵盖了用户活跃度、观看时长、点赞、评论、分享等关键指标。通过分析这些数据，创作者可以深入了解用户的喜好、兴趣和行为模式，为内容创作和营销策略提供指导。

（2）内容分析。内容是抖音平台的核心竞争力，因此内容分析至关重要。通过分析视频内容的类型、主题、质量等，创作者可以了解哪些内容更受欢迎，为内容创作提供方向。

（3）用户画像分析。用户画像是理解目标受众的关键。通过分析用户的年龄、性别、地域、兴趣等信息，创作者可以构建详细的用户画像，为精准营销提供依据。

（4）竞品分析。竞品分析有助于创作者了解竞争对手的优势和不足，为自己的运营策略提供参考。通过分析竞争对手的内容、策略、用户互动等，创作者可以找出差异和优势，优化自己的运营策略。

（5）流量来源分析。流量来源分析有助于创作者了解不同渠道带来的流量效果，优化推广策略。通过分析用户来源、入口渠道、推荐算法等因素，创作者可以找出最有效的流量获取方式。

综上所述，抖音大数据分析是一个多维度、综合性的过程，需要综合考虑用户行为、内容、用户画像、竞品和流量来源等多个方面。全面而深入的数据分析，可以为抖音运营决策提供有力支持，提高运营效果和用户体验。

【思考】

1. 抖音是如何利用大数据提升用户购物体验的？

2. 大数据对抖音提高市场份额和品牌知名度起到了哪些作用？

1.1 商务数据概述

商务数据是企业十分看重的信息资源。企业运营过程中的每个环节都有数据产生，要想从中挑选出关键的数据进行分析，首先应对商务数据有全面的认识，知道哪些数据是有用的，以达到帮助企业做出重大决策的目的。

1.1.1 商务数据的概念

为了帮助读者更深入地理解商务数据，下面对数据、信息、大数据和商务数据进行简单介绍。

1. 数据

数据（Data）是用来描述客观实体的属性，是为反映客观世界而记录下来的可以鉴别的物理符号。数据的概念包含两个方面。一方面是客观性，即它是对客观事物的描述，反映了某一客观实体的属性。这种属性是用属性名和属性值来表示的。例如，10t 铁矿石，是用文字、数字记录下来的数据，其中铁矿石是数据的属性名，用来表示矿石的种类指标，10t 则是数据的属性值。另一方面是可鉴别性。数据是对客观事实的记录，这种记录是通过一些特定的符号来表现的。例如，数据 3 可以用 3、三、叁、Ⅲ、011、three、条形码等符号表示。而且这些特定的符号是可以鉴别的，尤其是可以被计算机识别，这是进行数据处理工作的前提。目前，表示数据的符号不仅有数字，而且包括字符、文字、图形等。

2. 信息

信息（Information）是指经过加工处理的数据，能够在决策中起到重要作用和具有价值的内容。

数据与信息既有区别也有联系。区别在于数据是符号，是物理性的；信息是对数据进行加工得到的结果，是逻辑性和观念性的。联系在于数据与信息不可分离，数据是信息的表现形式，信息是数据有意义的表示，也就是说，数据是信息的载体，信息是数据的价值体现，数据与信息之间是形与质的关系。

3. 大数据

在高速发展的信息时代，新一轮科技革命和变革正在加速推进，技术创新日益成为重塑经济发展模式和促进经济增长的重要驱动力，而大数据无疑是核心推动力。

最早提出大数据这一概念的是全球知名咨询公司麦肯锡，它是这样定义大数据的：一种规模大到在获取、存储、管理、分析方面大大超出了传统数据库软件工具能力范围的数据集合，具有海量的数据规模、快速的数据流转、多样的数据类型及极高的价值密度四大特征。

研究机构高德纳（Gartner）对大数据的定义是：需要新处理模式才能具有更强的决策力、洞察发现力和流程优化能力的海量、高增长率和多样化的信息资产。

4. 商务数据

在互联网和大数据时代，商务数据是指利用互联网技术和其他技术搜集到的与商务运营和应用相关的大数据。企业对这些数据进行分析与应用，从而为自身决策提供全面且精准的数据报告，使自身不断发展壮大。

1.1.2 商务数据的价值

对企业而言，商务数据是非常重要的信息资源，它对企业运营过程中的各个环节都有举足轻重的影响，其价值主要体现在以下 8 个方面。

1. 了解市场

企业通过分析市场整体数据，可以了解市场和行业的现状，预测市场和行业的未来发展走向，从而为企业调整运营策略提供有效的数据支持。

2. 分析对手

企业通过分析竞争对手的运营数据，可以找到自己相较于对手的优势和劣势，从而更好地发挥自身优势，弥补自身不足。

3. 优化流量

企业通过分析各环节的流量数据，可以掌握各个环节的流量情况，从而有针对性地优化流量方面的数据。

4. 管理客户

企业通过分析客户的消费行为和习惯等方面的数据，能够掌握客户的特性，从而更有效地管理客户，提高客户活跃度。

5. 精准推广

企业通过分析各个渠道的推广效果数据，能够有选择性地在特定时间向指定客户推广指定的产品，这样不仅可以降低推广成本，还能提高推广的精准度。

6. 管理供应

企业通过分析采购、库存、销售等各环节的数据，可以更高效地管理供应链，避免出现滞销、脱销等情况，也能降低运营成本。

7. 提高销量

企业通过分析销售和交易数据，可以更全面地掌握销售情况，从而及时发现销售过程中存在的问题，并采取措施加以改善，最终提高销量。

8. 优化产品

企业通过分析产品数据，可以找到更符合市场需求的产品，这样有助于产品的优化和更新换代。

1.1.3　商务数据的应用

在电子商务领域，商务数据的应用主要体现在以下 4 个方面。

1. 勾勒用户画像

通过勾勒用户画像，打通用户行为和商务数据之间的关系，还原用户全貌。

2. 提升营销转化效果

通过分析拉新流量和付费转化数据，甄别广告投放渠道。

3. 精细化运营

分层次筛选特定用户群，以实现精准运营，提升留存率。

4. 优化商品

通过数据指引核心流程优化商品，提高店铺的转化率和销售额。

1.2　商务数据分析概述

商务数据分析是以机器学习、人工智能及数据库等为基础的决策过程。它可以从一些看似没有关联的数据中提取隐藏的信息，通过对业务数据的分析处理，发掘其中暗含的有价值的信息，从而帮助企业经营者适时调整市场政策、规避风险。

1.2.1　商务数据分析的意义

1. 监测行业竞争

行业规模和市场需求决定了企业的进入策略和推广策略，掌握行业信息对企业意义重大。企业参与市场竞争，不仅要了解谁是自己的客户，还要弄清楚谁是自己的竞争对手。通过分析行业数据，掌握行业现状、发展趋势、竞争情况，监视主要竞争对手的活动，企业能判断行业现状和竞争格局，预测行业发展走势和竞争对手未来的战略，从而规划自己的发展策略，确保企业的行业地位。

2. 提升客户关系

"一切以客户为中心"已成为许多企业的口号，其深层目的在于改善客户关系、提高客户满意度和忠诚度。通过分析数据，企业能够了解客户个人特征、购买行为、消费偏好，进而分析客户价值，分类开展有针对性的客户关怀活动，提高老客户的忠诚度，吸引更多新客户，实现客户关系的改善。

3. 改善客户体验

通过分析用户特征、产品需求等数据，企业可以改善现有的服务或推出新的产品。新研发的产品或者新包装的产品投入市场需要进行实境模拟，即根据已经建立的数据模型进行测试等，这样可以发掘客户新的需求、改善客户体验、提高产品的投入回报率。例如，可利用数据分析技术对历史评价数据、社交网络和论坛上产生的大量数据进行挖掘，通过模拟实境来判断哪种情况下产品投入效率最高。

4. 精细化运营

在数字化时代，企业需要进行精细化运营才能更好地从管理、营销等方面提升客户的体验，同时通过差异化的服务让运营更加精细化。商务活动是由供应链组成的系统，涉及从采购到销售的各个环节。数据分析能帮助企业进行客户群体细分，从而针对特定的细分群体采用差异化的营销策略或根据现有营销目标筛选目标群体，提高投入产出比，实现营销推广优化。对企业而言，进行精细化运营的好处在于可对目标客户进行特征和画像的追踪，从而根据客户特性提供专属服务。

1.2.2　商务数据分析原则

1. 科学性

科学方法的显著特征是数据的收集、分析和解释的客观性，商务数据分析作为市场调研的重要组成部分也要具有同其他科学方法一样的客观标准。

2. 系统性

商务数据分析不是对某个资料的记录、整理或分析活动，而是一个周密策划、精心组织、科学实施，并由一系列工作环节、步骤、活动和成果组成的过程。完整的商务数据分析应包含分析目的与框架、数据收集、数据处理、数据分析、数据展现和撰写报告6个环节。

3. 针对性

无论是基础的分析方法，还是高级的分析方法，都会有其适用领域和局限性。例如，行业宏观分析采用PEST模型、用户行为分析使用5W2H模型、客户价值分析采用RFM模型、销售推广分析常采用多维指标监测等。根据分析目标，选择合适的方法与模型，才能保证分析的准确性。

4. 实用性

商务数据分析是为企业决策服务的。企业在保证分析的专业性和科学性的同时不能忽略其现实意义。在进行商务数据分析时，企业还应考虑指标可解释性、报告可读性、结论的指导意义与实用价值。

5. 趋势性

市场所处的环境在不断地变化。在进行商务数据分析时，企业要以一种发展的眼光看待问题，充分考虑社会宏观环境、市场变化与先行指标，不能局限于现状与滞后指标。

1.2.3　商务数据分析流程

1-1　商务数据
分析流程

商务数据分析的流程主要由识别商务需求、数据采集、数据预处理、数据分析和数据可视化 5 个部分组成。

1. 识别商务需求

在进行商务数据分析之前，企业必须与相关人员进行沟通，明确数据分析的目的和需要解决的商务问题。只有深刻理解商务数据分析的需求，才能搭建出完整的数据分析框架，整理出清晰的分析思路，从而为数据采集、数据分析提供清晰的目标。

2. 数据采集

在电子商务数据分析中，一般直接从网络数据库中获取数据，数据分析师需要通过数据库工具（如 SQL 等），访问相关数据库，采集所需数据。如果是一般运营人员，则需要看企业后台的数据。以电商企业为例，一般运营人员需要使用生意参谋、阿里指数、百度指数等工具查看相关行业数据，以分析当下热卖产品、行业热卖产品、流行趋势等。

3. 数据预处理

数据预处理是指对采集到的数据进行加工、整理，以便进一步开展数据分析的过程，它是数据分析必不可少的阶段。数据预处理一般包括数据审查、数据清洗、数据转换和数据验证 4 个步骤。

第 1 步，数据审查。该步骤检查数据量（记录数）是否满足分析的最低要求，字段值的内容是否与调查要求一致，是否全面。数据审查还包括利用描述性统计分析，查看字段类型，字段的最大值、最小值、平均数、中位数等，记录数、缺失值和空值数等。

第 2 步，数据清洗。该步骤对数据审查过程中发现的错误值、缺失值、异常值等，选用适当的方法进行"清洗"，使"脏"数据变为"干净"数据，有利于后续得出可靠的结论。数据清洗还包括对重复记录进行删除。

第 3 步，数据转换。数据分析强调分析对象的可比性，但由于计量单位等的不同，数据往往不可比；对一些统计指标进行综合评价时，如果统计指标的性质、计量单位不同，评价结果易出现较大误差，因此需要在分析前对数据进行转换，包括无量化处理、线性变换、汇总和聚集、适度化处理、规范化处理及属性构造等。

第 4 步，数据验证。该步骤的目的是初步评估和判断数据是否满足统计分析的需要，决定是否需要增加或减少数据量。验证时会利用简单的线性模型，以及散点图、直方图、折线图等进行探索性分析，利用相关分析、一致性检验等方法对数据的准确性进行验证，确保不把错误和有偏差的数据带入数据分析。

4. 数据分析

数据分析是用适当的分析方法和工具，对处理过的数据进行分析，提取有价值的信息，形成有效结论的过程。通过对数据进行探索性分析，企业可以对数据集有全面的认识，以便后续选择恰当的分析策略。

要想进行数据分析，企业需要掌握数据分析的工具和方法。一方面要熟悉常用的数据分析方法，如描述性统计分析、趋势分析、对比分析、频数分析、分组分析、平均分析、结构分析、交叉分析等；另一方面要熟练掌握数据分析工具的使用方法，以便进行专业的统计分析、数据建模等。常用的数据分析工具有 Excel、SPSS、Python、R 语言等，其中 Excel 涵盖大部分数据分析功能，能够有效地对数据进行整理、加工、统计、分析及呈现。掌握 Excel 的基础分析功能，能解决大多数数据分析问题。

5. 数据可视化

数据可视化即数据展现，是指把数据观点展示出来的过程。数据可视化除了要遵循各企业已有的规范原则，还要考虑实际需求和场景。

一般情况下，数据是通过图表的方式来呈现的，因为图表能更加有效、直观地表达数据分析师的观点。常用的数据图表有饼图、柱形图、条形图、折线图、气泡图、散点图、雷达图等。数据分析师还可以对数据图表进一步加工整理，得到金字塔图、矩阵图、漏斗图等。图表的制作一般分为以下 4 个步骤。

（1）确定图表的表达主题。

（2）选择合适的图表类型。

（3）选择数据制作图表。

（4）美化图表。

1.2.4 商务数据分析常用工具

1. SQL Server

SQL Server 是由微软（Microsoft）公司推出的一款关系数据库管理系统（Relational Database Management System，RDBMS）。它具有多种特性，如易于使用、良好的可伸缩性及可与其他软件集成等。SQL Server 可以在多种平台上运行，包括从运行 Microsoft Windows 98 的笔记本电脑到运行 Microsoft Windows 2012 的大型多处理器服务器等多种设备。它最初是由微软、Sybase 和 Ashton-Tate 这 3 家公司在 1988 年联合开发的，后来随着 Windows NT 系统的推出，微软公司与 Sybase "分手"，专注于开发 SQL Server for Windows NT。

SQL Server 的主要版本是 SQL Server 2008，它继承了早期版本的优势并且增加了新功能，在一些性能指标上甚至超过了 Oracle 数据库。此外，SQL Server 还有其他不同的版本，如商业版、标准版和商务智能版，这些版本分别面向不同规模的企业。

SQL Server 的安装相对简单，尤其是对新手用户来说，它提供了友好的默认安装和使用模式，使初次接触数据库的用户也能够轻松上手。SQL Server 不仅适合中小型企业，也适合大规模的数据库应用。

SQL Server 还提供了丰富的功能和工具，如内置的商务智能（Business Intelligence，BI）工具，以及一系列分析、报告工具，为企业级的数据管理和决策提供了强有力的支持。

2. Excel

Microsoft Office Excel 是 Microsoft 公司推出的一款电子表格制作软件。直观的界面、出色的计算功能和图表工具，以及成功的市场营销，使 Excel 成为最流行的个人计算机数据处理软件之一。

Excel 是最受欢迎的数据分析工具之一，广泛用于数据处理和分析。它提供了各种功能，如排序、筛选、图表制作、公式计算等，使用户能够对数据进行简单的操作和分析。Excel 还具有多个强大的功能，如创建表单、数据透视表、VBA 等。它能够满足绝大部分数据分析工作的需求，同时提供相当友好的操作界面，对具备基本统计学理论的用户来说十分容易上手，但能处理的数据量较小。

3. SPSS

SPSS（Statistical Product and Service Solutions）为 IBM 公司推出的一系列用于统计学分析运算、数据挖掘、预测分析和决策支持任务的软件产品及相关服务的总称，有 Windows 和 macOS 等版本。

SPSS 是世界上最早采用图形菜单驱动界面的统计软件，它最突出的特点是操作界面极为友好，输出结果美观。它将几乎所有的功能都以统一、规范的界面展现出来，使用 Windows 的窗口展示各种管理和分析数据的功能，使用对话框展示各种功能选择项。用户只要掌握一定的 Windows 操作技能，精通统计分析原理，就可以使用该软件完成特定的科研工作。

SPSS 采用类似 Excel 表格的方式输入与管理数据，数据接口较为通用，能方便地从其他数据库中读入数据。其统计过程包括描述性统计、均值比较、一般线性模型、相关分析、回归分析、对数线性模型、聚类分析、数据简化、生存分析、时间序列分析、多重响应等，完全可以满足非统计专业人士的工作需要。

4．Python

Python 由荷兰国家数学与计算机科学研究中心的吉多·范罗苏姆（Guido van Rossum）于 1989 年年底设计，作为一门叫作 ABC 的语言的替代品。Python 提供了高效的高级数据结构，使用 Python 可简单、有效地进行面向对象编程。Python 语法和动态类型，以及解释型语言的本质，使它成为多数平台上编写脚本和快速开发应用的编程语言。随着版本的不断更新和新功能的添加，Python 逐渐被用于独立、大型项目的开发。

Python 是一种通用的编程语言，也被广泛用于数据分析，比较适合新手学习。它具有丰富的数据分析库和工具包，如 NumPy、Pandas 和 Matplotlib 等，使用户能够进行数据处理、统计分析和可视化。

Python 语法简洁而清晰，阅读良好的 Python 程序就像在阅读英语文章一样。Python 在数据分析和交互、探索性计算及数据可视化等方面表现良好。Python 具有强大的编程能力和数据分析能力，还可以利用 Python 进行爬虫、写游戏，以及自动化运维等，这使得 Python 几乎可以解决所有的业务服务问题。使用 Python 能够大大提高数据分析的效率。

5．R 语言

R 语言是一种广泛使用的开源编程语言和环境，用于数据统计和图形化展示。它提供了大量的数据分析和机器学习算法，可以对数据进行处理、建模和可视化。R 语言不仅是一门用于统计计算和作图的语言，更是一个进行数据计算与分析的环境。在 R 语言中，用来存储信息的数据结构有向量、数组、列表及数据框等。R 语言提供若干统计程序，用户只需指定数据库和参数便可进行统计分析。R 语言不仅提供集成的统计工具，还提供数学计算、统计计算的基本函数，从而使用户能灵活地进行数据分析，甚至创造符合需要的新统计计算方法。用户可以用 R 语言来构建线性或非线性模型，进行一些常用的统计检验，对时间序列进行分析，或对数据进行分类与聚类分析。图表绘制也是 R 语言的一大功能，其生成的图表可以达到专业刊物的要求。遇到计算强度比较大的任务时，用户可以在代码中嵌入 C 语言、C++语言及 FORTRAN 语言以帮助运算。

实训 1　认识商务数据分析工具

【实训目标】

通过实训，学生能自主准确地选择合适的数据分析方法及工具，对电子商务运营数据进行精准分析。

【实训内容】

收集电子商务数据分析常用工具，并进行对比，制作对比分析表，写出对比方法并撰写分析报告。

【实训步骤】

（1）2～3 人为一组，设负责人一名，负责整个团队的分工协作。

（2）团队成员分工协作，多渠道收集相关资料。

（3）团队成员对收集的材料进行整理，总结并分析不同数据分析方法及工具的异同点，绘制分析过程的思维导图。

（4）各团队将总结制作成表格，撰写分析报告，派一人上台演讲，阐述自己团队的成果。

（5）教师对各团队的成果进行总结评价，指出不足与改进措施。

【实训要求】

（1）考虑到课堂时间有限，实训可采取"课外+课内"的方式进行，即团队组成、分工、讨论和方案形成在课外完成，成果展示安排在课内。

（2）每个团队的成果展示时间为 10 分钟左右，教师和学生的提问时间为 5 分钟左右。

第2章
商务数据的收集与处理

如今电商行业蓬勃发展，数据分析在企业决策中扮演着不可或缺的角色。第1章主要介绍了商务数据分析的概念及其在商业环境中的重要性。然而，要实现有效的商务数据分析，还需要了解数据的收集与处理过程，因为数据的质量和准确性直接关系到分析的有效性和决策的科学性。本章旨在帮助读者进一步了解商务数据的收集与处理过程，以及如何运用各种分析方法从海量数据中提取有价值的信息。

【学习目标】

（1）了解商务数据收集的方法。

（2）熟悉商务数据预处理的流程和关键步骤。

（3）能够通过各种渠道获取商务数据，并对数据进行初步整理和清洗。

（4）熟练运用商务数据分析工具和技术进行数据处理和建模。

【案例导入】

拼多多数据驱动的成功之道

拼多多是我国近年来发展速度最快的电商平台，其充分利用电商数据，开启了商业智慧的新篇章。"数据洞察驱动商业决策"的策略是拼多多在激烈的电商竞争中稳居前列的关键。

拼多多通过创新的大数据采集技术，实时追踪数亿用户的在线购物行为，从而收集到丰富的用户行为数据。这些数据包括用户的浏览路径、搜索关键词、购买记录、评价反馈及在社交平台上的分享和互动情况。借助先进的数据流处理技术和分布式存储系统，拼多多能够高效地处理每天产生的海量数据，确保每条数据都能被及时捕获和分析。

此外，拼多多还利用复杂的数据分析和机器学习算法来预测市场趋势和用户偏好。通过构建用户画像和商品推荐模型，拼多多能够实现高度个性化的商品推荐，这不仅增强了用户体验，也显著提高了转化率和用户黏性。同时，数据分析在拼多多的动态定价策略中扮演着关键角色，使其能够根据市场需求的变化快速调整商品价格，以吸引用户并刺激其购买。拼多多还为商家提供了后台商品管理数据的批量采集接口，以方便商家快速地采集商品信息。

在供应链管理方面，拼多多通过分析商家的物流数据、库存状态和销售指标，帮助商家优化库存管理和提高配送效率。这种基于数据的供应链协同作用不仅减少了过剩库存，还提高了平台的运营效率。

拼多多的成功在很大程度上得益于其精细化的商务数据采集与分析方法。它通过将大数据和人工智能技术深度应用于业务流程中，不断提升决策的精确性和操作的灵活性。

【思考】

在充分认识到商务数据价值的基础上，应该如何运用数据采集和处理方法来辅助企业做出决策，并创造更高的商业价值？

2.1 商务数据收集

在当今这个信息爆炸的时代，商务数据已经成为企业决策过程中不可或缺的一部分。无论是市场分析、消费者行为研究还是竞争对手的动态监控，高质量的数据都是确保策略有效性和优化业务操作的关键。因此，对商务专业人士而言，了解数据的来源及如何进行高效、合法的数据采集显得尤为重要。

2.1.1 商务数据来源

商务数据的来源分为两个关键维度：数据形式和数据来源范围。数据形式指的是数据呈现的形式或类型，如结构化数据和非结构化数据。而数据来源范围则涉及数据的具体来源，包括内部数据、外部数据等。这两个维度相互交织，共同构成商务数据的多样性和丰富性。本小节将关注这些方面，并探讨不同形式和来源的商务数据各自具有的独特优势。

1. 按数据形式分类

（1）结构化数据

① 商业调查

商业调查是结构化数据的一个重要来源，主要用于生成官方的统计数据及评估和指导商业政策。所谓"结构化"，是指研究人员可以全面控制样本设计、问卷制作和数据收集程序的实施。因此，商业调查结果可以形成由调查样本和变量属性组成的标准化矩形数据集，这样的数据集具有较高的可用性。虽然前期数据收集过程需要投入大量精力，但其优势在于对数据生成的每个阶段进行细致的规划和记录。在现实生活中，企业往往通过问卷调查的方式得到用户的反馈，从而制定相应的商业政策。

② 行政数据

行政数据通常指由政府或其他实体生成或收集的信息。商业行政数据的来源包括商业登记和公司注册、税务和海关当局记录、有关社会保障缴款的通知、履行法律义务的报告、贷款/信贷申请表及与补贴相关的信息等。此外，金融部门的详细信息（包括投资、贸易、金融和资本交易、财务报表和破产数据）也属于行政数据。

（2）非结构化数据

在当前的数据环境中，随着互联网的不断发展，大多数数据都是非结构化数据。非结构化数据与结构化数据的区别在于非结构化数据不遵循特定的数据生成模型，缺乏预定义的组织结构。对商务专业人士来说，非结构化数据可能来自年度报告的文本、有关公司的新闻报道、内部文件、管理层或业务地点的信息、社交媒体新闻/讨论/评论（如微博或百度的帖子评论等）、高级管理层的演讲、会议记录及各种来源的财务或贸易信息。除了这些以文字为主的资料，图片也很重要，包括公司及其周边环境的照片和卫星图像。营销视频或首席执行官的演讲录音也可以作为分析材料。非结构化数据虽然没有特定的数据形式，但易于收集且丰富，随着自然语言处理技术和网络爬虫技术的发展，非结构化数据的收集和分析也有了可靠的方法。

2. 按数据来源范围分类

（1）内部数据

企业可以在其内部资源中收集到许多数据，包括以下类型。

① 交易数据

交易数据是企业主要的数据源之一，企业可以通过对交易数据进行分析挖掘用户的消费习惯和偏好，从而及时地进行业务调整和产品更新。

② 客户关系管理系统

客户关系管理（Customer Relationship Management，CRM）系统旨在帮助企业有效管理其与客户之间的交流、互动。CRM 系统通常集成了各种功能，包括客户信息管理、销售渠道管理、营销自动化、客户服务和支持等。通过 CRM 系统，企业可以收集、存储和分析与客户相关的数据，以便更好地了解客户需求、提供个性化的服务、提高客户满意度，并最终促进销量增长，提高客户忠诚度。

③ 内部记录和档案

企业内部的记录和档案是企业在进行商业活动时内部工作交流产生的数据，在企业进行阶段总结分析时，内部记录和档案可以很好地说明企业内部的问题。

④ 物联网设备数据

物联网正在不断扩展，物联网设备带来了越来越多的独特数据。例如，车企在发展智能驾驶的过程中，通过安装在车辆中的物联网设备合法收集用户数据并进行数据分析，从而调研用户的使用习惯等。

（2）外部数据

外部数据主要包括社交媒体数据和政府数据。社交媒体数据是获取用户评价反馈的有效途径，政府数据则提供了公开透明的数据源，用以分析企业和竞争企业的发展情况。

综上，商务数据的主要来源如表 2-1 所示。

表 2-1　　　　　　　　　　　　　　　　商务数据的主要来源

分类方法	分类	数据来源
按数据形式分类	结构化数据	商业调查
		行政数据
	非结构化数据	年度报告、新闻、演讲、会议记录等相关资料
按数据来源范围分类	内部数据	交易数据
		客户关系管理系统
		内部记录和档案
		物联网设备数据
	外部数据	社交媒体数据、政府数据

2.1.2　数据采集方法

数据采集在商务分析中起着至关重要的作用。通过收集和分析各种数据，企业可以深入了解其市场、客户和竞争对手。通过数据分析获得的全新视角可以帮助企业发现新的商机、识别潜在的风险，并优化业务流程，以提高效率和盈利能力。数据采集不仅能够揭示客户的偏好和行为模式，还可以帮助企业预测市场趋势、优化产品定价和营销策略。数据采集的方法决定了企业采集数据的效率和质量，下面介绍几种常用的数据采集方法。

（1）问卷调查

无论是传统纸质形式的问卷调查还是网上问卷调查，其核心目标均是从参与者那里收集定性与定量信息。在进行问卷调查之前，企业需要考虑样本的容量，然后才考虑调查内容的设计，要按照"确定研究目标、设计问卷、投放问卷、问卷收集汇总、调研结果分析"的步骤展开调研。

值得注意的是，设计问卷时必须保持客观，避免问卷设计者的主观偏见带来的倾向性问题。

（2）交易追踪

企业追踪发生的交易能够为有关的营销活动的决策提供信息，从而深入地了解客户群体习惯。

例如，在电子商务和一些点对点的销售平台上，在交易发生后数据立马被创建、存储，并写入数据库。在此情景下，交易追踪成为一种无缝的数据采集方法。

（3）用户访谈和焦点小组访谈

用户访谈和焦点小组访谈涉及与参与者就特定主题或问题进行直接的、面对面的对话。访谈通常是一对一进行的，而焦点小组通常由几个人组成。这两种方法都可以用来收集定性和定量数据。

在进行用户访谈和焦点小组访谈时，需要先确定访谈目标，设计基本大纲，然后选择访谈对象，在访谈过程中需要进行及时的记录，最后进行结果的分析。

但是，用户访谈和焦点小组访谈存在耗费时间、开销大的缺点，使用时需要对其利弊进行权衡。

（4）在线追踪

在线追踪是指使用网站的 Cookie 或者日志来收集用户行为数据。这些工具可以监测用户在网站上的在线活动，从而使企业了解激发用户兴趣的内容。例如，可以通过用户访问数、点击数、停留时长来分析用户兴趣。

（5）网络爬虫

网络爬虫在商务数据采集中扮演了重要角色，它们可以自动浏览互联网上的网页，并从中提取所需的信息。通过爬取社交媒体、搜索引擎等网站可以获取大量商务数据。

（6）第三方数据统计平台

第三方数据统计平台提供专业的数据采集和统计分析服务。第三方数据统计平台包括开源数据统计平台及商业数据统计平台，如国家统计局、艾瑞、阿里数据等。这些平台为快速分析数据提供了简单、有效的方法。

2.2 商务数据预处理

商务数据预处理是指在进行数据分析前对商务数据进行的一系列操作。这些操作包括但不限于清洗数据，数据计算、数据转换和数据抽取。数据预处理的目的是提高数据质量和一致性，减少分析过程中的错误和偏差，从而确保后续分析的准确性和可靠性。

2-1 商务数据
预处理

2.2.1 数据清洗

通过数据分析获得结果不仅依赖算法，还对数据的质量有一定要求。正所谓"磨刀不误砍柴工"，好数据胜过复杂的模型，所以在进行数据分析前对采集的数据进行清洗显得尤为重要。

在实际生活中，数据集常存在数据不完整、噪声干扰和数据不一致等问题。因此，在应用数据分析方法前需要清理不符合要求的数据。这些不符合要求的数据通常称为"脏"数据，其出现的原因多种多样，可能是在数据录入、更新和传输过程中发生错误，也可能是数据处理系统本身的缺陷。因此，"脏"数据主要表现为两种形式：缺失值和噪声（错误）数据。鉴于处理缺失值和噪声数据需采取不同的策略，下面将分别探讨如何有效地处理这两种"脏"数据。

1. 缺失值

在工业和研究领域，现存的数据集中普遍存在缺失值。缺失值指的是在数据采集过程中未被记录或遗漏的属性信息。缺失值的产生有多种原因，包括人为的数据输入错误、技术设备的故障及测量的不精确性等。为了处理缺失值，通常需要对数据集进行一系列的预处理工作，以确保有效地提取数据内容。处理缺失值最简单的方法是直接删除含有缺失值的样本。然而，只有当数据集里包含缺失值的样本数量较少，并且分析完整样本没有显著偏差时，这种方法才是切实可行的。

缺失值的存在增加了数据分析的难度，研究人员也可能因缺失值的存在而面临一系列挑战。实际上，如果在分析过程中对缺失值处理不当，研究结果可能会出现偏差，进而误导研究的结论，并限制研究成果的普适性。

一般而言，处理缺失值可以采取以下几种方法。

（1）删除元组：在缺少类别标签的情况下，常见的方法是直接剔除含有缺失值的元组，但这种方法通常只有在元组中存在多个缺失属性值时才有效。当不同属性的缺失值比例存在显著差异时，此方法的处理效果会大打折扣。简单地删除元组会使研究者无法利用元组中其他有效属性的信息，而这些信息可能对后续的数据分析大有裨益。

（2）手动填充缺失值：这一方法往往需要投入大量的时间，特别是当面对具有许多缺失值的大型数据集时，该方法在实际操作中可能无法实现。

（3）使用全局常量替换缺失值：此方法要求将所有缺失的属性值替换为一个常量，如"Unknown"或"$-\infty$"。如果缺失值均用"Unknown"替代，后续的数据处理算法可能会将这些标识符误认为是具有实际意义的有效数据。因此，尽管这种方法简便易行，但也存在一定的局限性。

（4）使用属性的中心趋势（如平均值或中位数）替换缺失值：中心趋势是描述数据集中趋势的指标，它反映了数据分布的"中间"位置。对于呈正态分布（对称分布）的数据集，宜使用平均值作为填充数据；而对于偏态数据分布，则宜选用中位数来进行填充。

（5）对于同一类别中的样本，使用它们的属性平均值或中位数来替换给定元组的缺失值。例如，在根据信用风险将客户分组后，研究者可以使用与特定元组处于同一信用风险等级的其他客户的平均收入来替换该元组的收入缺失值。若该类别内的数据呈现偏态分布，则选择中位数作为填充数据更为妥当。

（6）使用最有可能的值来替换缺失值：可以通过回归分析、基于贝叶斯公式的推理工具，或决策树归纳法实现。例如，研究者可以利用数据集中其他客户的特征来构建决策树，以此推断缺失的收入数据。

2. 噪声数据

噪声数据是指数据集中存在的不准确或不恰当的数据，包括测量变量中的随机误差或方差。噪声数据可以由多种因素引起，如数据采集过程中的误差、设备故障、数据传输错误或者数据处理时的失误等。这些数据通常偏离真实的观测值，可能会对数据分析和模型构建造成负面影响。在数据分类中，噪声会在分类精度、构建时间、构建的分类器的大小和可解释性等方面对系统性能产生负面影响。

处理噪声数据的方法有多种，常见的有以下几种。

（1）分箱

分箱方法通过查询数据的"邻域"（即它周围的值）来平滑排序后的数据。排序后的数据会被分配到若干"箱"中。由于分箱方法要参考值的邻域，所以它是一种局部平滑方法。在用分箱平均值平滑法时，箱中的每个值都用该箱的平均值替换。类似地，可以采用分箱中位数平滑法，即箱中的每个值都用该箱的中位数替换。而在分箱边界平滑中，给定箱中的最小值和最大值被视为箱的边界，然后将箱中的每个值替换为最接近的边界值。一般来说，箱子的宽度越大，平滑效果越好。此外，箱子的宽度也可以是相等的，即每个箱子中值的间隔范围是恒定的。

（2）回归

数据平滑还可以通过函数的拟合来完成，这一方法称为回归分析。在线性回归分析中，基本目标为确定一条最优直线，该直线能够精确描述两个变量间的线性关系，使研究者能够通过一个变量来预测另一个变量的值。而多元线性回归则是线性回归的扩展形式，它涉及两个以上的属性，并将数据拟合到多维曲面上。

（3）异常值分析

异常值可以通过聚类来检测。例如，将相似的值聚成组或簇，而超出聚类范围的值即可被视为异常值。

2.2.2 数据计算

商务数据计算是指运用数学、统计学和计算机科学等，对商务活动中产生的数据进行加工、处理和分析的过程。其目的在于揭示数据背后的规律和趋势，为企业的决策制定、业务优化和市场预测等提供科学依据。

1. 商务数据计算方法

商务数据计算的方法多种多样，根据数据类型和分析目的的不同，我们可以选择不同的计算方法。以下是一些常用的商务数据计算方法。

（1）简单计算：包括加、减、乘、除等基本运算，用于满足基础的数据统计需求。

Excel 中的公式能够实现自动计算，如图 2-1 所示，在 H2 单元格中需要显示 B2、C2、D2、E2、F2 和 G2 单元格中的数据之和，可以在 H2 单元格中输入 "=B2+C2+D2+E2+F2+G2"，按 Enter 键确认。此后只要在 B2、C2、D2、E2、F2 和 G2 单元格中输入数据，H2 单元格便会自动显示各单元格中数据之和，且无论 B2、C2、D2、E2、F2 和 G2 单元格中的数据如何变化，H2 单元格中的结果都会即时更新。

商品编号	1月份销售额/元	2月份销售额/元	3月份销售额/元	4月份销售额/元	5月份销售额/元	6月份销售额/元	销售总额/元
FY01301	8,667.00	8,239.00	9,416.00	10,272.00	8,667.00	7,704.00	52,965.00
FY01302	7,062.00	10,165.00	9,844.00	8,667.00	10,379.00)	5,885.00	52,002.00
FY01303	9,309.00	10,165.00	5,885.00	9,095.00	7,490.00	8,881.00	50,825.00
FY01304	8,774.00	6,848.00	8,132.00	6,848.00	9,630.00	8,453.00	48,685.00
FY01305	6,420.00	5,671.00	5,671.00	9,737.00	10,058.00	10,379.00	47,936.00
FY01306	7,704.00	7,490.00	6,527.00	6,634.00	8,560.00	8,881.00	45,796.00
FY01307	9,737.00	5,457.00	6,741.00	8,881.00	6,848.00	7,918.00	45,582.00
FY01308	5,992.00	5,564.00	6,313.00	6,420.00	8,988.00	8,667.00	41,944.00
FY01309	6,313.00	6,741.00	9,523.00	9,630.00	9,095.00	9,309.00	50,611.00
FY01310	9,951.00	6,420.00	8,988.00	9,202.00	6,206.00	8,239.00	49,006.00

图 2-1　自动计算

（2）函数计算：运用各种函数（如逻辑函数、文本函数、日期函数、查找与引用函数、数学函数、统计函数等）对数据进行复杂处理。例如，使用 MID 函数从身份证号码中提取出生日期、使用 DATEDIF 函数计算年龄等。

（3）合并计算：将多个格式相同的表格数据进行合并，并进行求和、求平均值、求最大值、求最小值等统计计算。这有助于整合不同来源的数据，形成全面的数据视图。

（4）商务规则计算：根据企业的特定业务规则和数据指标进行计算。例如，计算各省份的手机日销售额，这需要结合销售数量、销售价格、销售区域等多个因素进行综合分析。

2. 商务数据计算步骤

（1）数据准备：收集并整理需要计算的数据，确保数据的准确性和完整性。

（2）数据清洗：对原始数据进行清洗，包括处理缺失值、错误数据和重复数据等，以提高数据质量。

（3）数据分析：运用合适的计算方法对清洗后的数据进行处理和分析，提取有价值的信息。

（4）结果解释：对计算结果进行解释和说明，将其转化为易于理解的形式，如报表、图表等，以便向决策者或利益相关者展示。

（5）决策支持：根据计算结果提供决策支持，帮助企业制定更加科学合理的业务策略和市场规划。

2.2.3　数据转换

商务数据转换是指将数据从一种形式或结构转变为另一种形式或结构的过程。这种转换可能是为了消除数据冗余、解决数据不一致问题，或是为了使数据符合特定分析工具或系统的要求。其目的是提高数据质量、优化数据处理流程，并为后续的数据分析、数据挖掘提供支持。

1. 商务数据转换的主要类型

（1）数据标准化：又称数据的无量纲化处理，旨在消除不同数据之间的量纲差异，使它们具有可比性。常见的数据标准化方法有 Z 值标准化、最大值/最小值标准化、归一标准化等。

（2）数据离散化：将连续型数据转换为离散型数据的过程。离散化可以有效地克服数据中隐藏的缺陷（如异常值），使模型结果更加稳定，并有利于对非线性关系进行诊断和描述。但需要注意的是，数据离散化处理必然会损失部分原始数据中的信息。

（3）数据字段分割与合并：根据分析需求，对数据字段进行分割或合并处理，从而使数据更好地满足数据分析或系统集成的需求。

（4）日期时间格式转换：将日期时间数据从一种格式转换为另一种格式，以满足特定分析工具或系统的要求。

2. 商务数据转换的方法与工具

商务数据转换可以采用多种方法和工具，常用的有以下几种。

（1）手动转换：对于小规模数据集或简单的转换需求，可以通过手动方式完成数据转换。但这种方法效率低、易出错，适用于数据量不大且转换规则简单的场景。

（2）编程转换：利用编程语言（如 Python、Java 等）编写脚本进行数据转换。这种方法灵活性强、效率高，但需要具备一定的编程能力。

（3）ETL 工具：ETL（Extract-Transform-Load）工具是专门用于数据抽取、转换和加载的软件工具。ETL 工具提供了丰富的数据转换功能和图形化界面，使数据转换过程更加直观和高效。常见的 ETL 工具有 Informatica、Talend、Pentaho Data Integration 等。

（4）数据库查询与视图：通过编写 SQL（Structure Query Language，结构查询语言）语句或使用数据库视图功能进行数据转换。这种方法适用于对数据库中的数据进行转换，可以直接在数据库层面完成数据的抽取和转换工作。

3. 商务数据转换时的注意事项

在进行商务数据转换时，需要注意以下几点。

（1）明确转换需求：在进行数据转换前，需要明确转换的具体需求和目标，以便选择合适的转换方法和工具。

（2）保持数据一致性：在转换过程中，需要确保转换后的数据与原数据保持一致，避免数据丢失或出现错误。

（3）注意数据隐私与安全：在处理涉及个人隐私或敏感信息的数据时，需要严格遵守相关法律法规和隐私政策要求，确保数据安全。

（4）测试与验证：在转换完成后，需要对转换后的数据进行测试和验证，确保数据满足后续分析或系统的要求。

2.2.4 数据抽取

数据抽取是指从原有数据中抽取部分数据作为数据分析的对象。商务数据抽取（又称数据提取、数据爬取）是指从原始数据源中查找并抽取所需的数据，然后将其转换为指定的数据格式，以便进行后续的数据分析、挖掘和存储。这一过程旨在自动获取企业运营、市场趋势、客户行为等方面的有价值的信息。

1. 从某个字段中抽取部分数据

在 Excel 中可以使用 LEFT 函数、MID 函数和 RIGHT 函数来实现数据提取。

（1）LEFT 函数：语法格式为"=LEFT(text, num_chars)"，表示从指定的单元格中抽取左侧的一个或多个字符。

（2）MID 函数：语法格式为"=MID(text, start_num, num_chars)"，表示从指定单元格的指定位置抽取一个或多个字符。

（3）RIGHT 函数：语法格式为"=RIGHT(text, num_chars)"，表示从指定的单元格中抽取右侧的一个或多个字符。

2. 从不同的数据表中抽取多个字段

利用 Excel 从不同的数据表中抽取多个字段是常见的操作，尤其是在处理大量数据并进行数据分析时。

首先确保所有需要抽取字段的数据表都已经在 Excel 中打开，并且每个数据表都有明确的列名和需要抽取的字段。

如果需要根据某个数据表中的某个关键字段（如 ID、姓名等）抽取另一个数据表中的相关字段，可以使用 Excel 的 VLOOKUP 函数。

（1）在目标数据表中选择一个空白单元格。

（2）输入"=VLOOKUP(lookup_value, table_array, col_index_num, [range_lookup])，"每个参数的含义如下：

lookup_value 是要查找的值，即关键字段。

table_array 是包含数据的区域，即要从中抽取字段的数据表。

col_index_num 是要从 table_array 中抽取的字段的列号。

[range_lookup]是可选参数，如果设置为 TRUE 或省略，将进行近似匹配；如果设置为 FALSE，将进行精确匹配。

（3）按 Enter 键，Excel 将显示与 lookup_value 匹配的行中的指定字段。

2.3 商务数据分析方法

企业对数据的需求不同，分析数据时采用的方法也就不同。一般来说，常见的商务数据分析方法包括直接观察法、对比分析法、逻辑树分析法、"七问"分析法、AB 测试法、转化漏斗法及杜邦拆解法等，熟悉这些方法并加以应用，可以提高数据分析的效率和准确率。

2.3.1 直接观察法

直接观察法是指直接观察数据的大小、发展趋势，或找到异常数据等。如果数据比较简单，运营者就可以采用直接观察法。店铺账号后台、电子商务平台提供的数据分析工具或第三方平台提供的数据分析工具也会展示数据分析的结果，运营者通过直接观察数据分析结果也能得出一些结论。图 2-2 所示为某品牌 6 月的交易指数折线图。

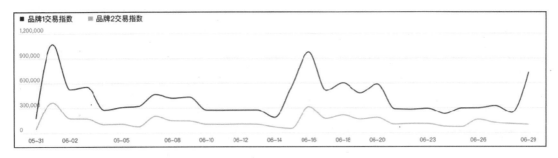

图 2-2　某品牌 6 月的交易指数折线图

2.3.2　对比分析法

对比分析法也称比较分析法，是将两个或两个以上的数据进行对比，分析它们之间的差异，进而揭示这些数据背后隐藏的规律的分析方法。对比分析法中最常用的是同比分析法和环比分析法。

同比是指将今年第 N 月的数据与去年第 N 月的数据相比较。相关计算公式如下：

$$同比增长率=（本期数据-上期同期数据）÷上期同期数据×100\%$$

例如，某店铺的一款商品，2023 年 6 月的销售额为 38867 元，2024 年 6 月的销售额为 46870 元，则该款商品的销售额同比增长了约 20.59%。

环比是指报告期水平与其前一期水平之比，表明现象逐期的发展速度。相关计算公式如下：

$$环比增长率=（本期数据-上期数据）÷上期数据×100\%$$

例如，某店铺 2024 年 5 月的总销售额为 213561 元，2024 年 6 月的总销售额为 183256 元，则该店铺的总销售额环比下降了约 14.19%。

2.3.3　逻辑树分析法

逻辑树又称演绎树、问题树和分解树，其操作原理是将要研究的问题拆解成若干子问题，并将子问题分层罗列，逐步向下扩展。运营者在运用逻辑树分析法时，需要遵循以下 3 个原则。

（1）要素化原则

将相同或相似的问题总结归纳成要素，即把复杂问题中的各个组成部分提炼出来，形成易于管理和分析的基本单元。遵循要素化原则，可以简化问题，使分析过程更加清晰、有条理。

（2）框架化原则

将各个要素按照一定的逻辑关系组织成框架，形成一个完整的分析体系。这个框架需要遵守"不重不漏"的原则，即确保所有相关要素都被纳入分析范围，且没有重复。框架化有助于建立问题的整体结构，确保分析过程的系统性和完整性。

（3）关联化原则

框架内的各要素之间需要保持必要的相互关系，这些关系应该是简单而不孤立的，即每个要素都与其他要素存在一定的联系。关联化原则有助于运营者深入理解问题之间的内在联系，从而找到问题的根源和解决方案。

在运用逻辑树分析法时，运营者还需要注意以下几点。

（1）明确问题：首先需要明确要研究的问题是什么，确保问题的具体性和单一性。避免将多个问题混在一起进行分析。

（2）逐层分解：从最高层的问题开始，逐层向下分解，直到将问题拆解成若干具体的、可操作的子问题。每个子问题都应该是独立的、可解决的。

（3）逻辑清晰：在分解问题的过程中需要保持逻辑的清晰性和连贯性。每个子问题都应该是上一层问题的直接结果或组成部分，避免出现逻辑上的跳跃或断裂。

（4）关注细节：在分解问题的过程中需要关注细节，确保没有遗漏重要的子问题或因素。同时需要对每个子问题进行深入的分析和研究，以便找到针对性解决方案。

（5）整合结果：在所有子问题都解决之后，需要将结果整合起来，形成对原始问题的完整解答。解答应该是基于对所有子问题的分析和解决方案的综合考虑得出的。

2.3.4 "七问"分析法

"七问"分析法也称 5W2H 分析法，是一种解决问题的实用工具。这种方法通过 5 个以 W 开头的英语单词和两个以 H 开头的英语单词进行设问，从而发现解决问题的线索。"七问"的具体内容如表 2-2 所示。

表 2-2　　　　　　　　　　　　　"七问"的具体内容

七问	含义	具体内容
What（何事）	明确任务的性质，以及需要完成什么工作	研究对象是什么，研究目的是什么，等等
Why（何因）	了解为什么需要完成这项任务，动机和目的是什么	为什么会产生这种效果，为什么要这么做，为什么会出现这种情况，等等
Who（何人）	确定谁将执行任务，涉及利益相关者或责任人	客户是谁，谁来负责，谁来完成，等等
When（何时）	确定任务的时间表，包括起始时间、截止时间和关键时间点	什么时间，什么时机，等等
Where（何地）	确定任务在哪里完成，涉及地点或地理位置	什么地方，在哪里做，从哪里入手，等等
How（如何做）	确定任务如何完成，包括所需的方法、工具和流程	怎么做，如何实施，采用什么方法，等等
How much（何价）	确定任务的成本、资源需求和预算	做到什么程度，有多少数量，费用是多少，等等

2.3.5 AB 测试法

AB 测试法是指设计两个或多个数据分析版本，其中 A 版本一般为当前版本，B 版本或其他版本为设想版本，通过测试比较这些不同的数据版本，找出最好的数据分析版本。

开展大型的营销活动时，需要保证营销方案的科学性和有效性。在确定最终的营销方案之前，运营者可以采用 AB 测试法对几种营销方案进行测试，从中选择最优方案，以节省资金。

2.3.6 转化漏斗法

转化漏斗法基于业务流程，将复杂的转化过程拆解成若干简单的步骤，然后分析每一步的转化效率，从而找到转化率低的环节进行优化。这个过程类似于漏斗，如图 2-3 所示。用户在进入漏斗顶端后，随着流程的推进，逐渐流失，最终在漏斗底部完成转化。转化漏斗法是十分常见和有效的数据分析方法，无

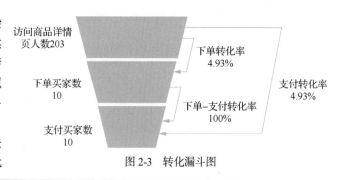

图 2-3　转化漏斗图

论是分析用户注册转化效果，还是分析下单转化效果，都非常有用。运营者在使用转化漏斗法时，一般需要重点关注以下 3 点。

（1）从开始到结束，整体转化率为多少。

（2）每一个环节的转化率是多少。

（3）哪个环节的转化率最低，导致该环节转化率低的原因可能是什么。

2.3.7　杜邦拆解法

杜邦拆解法基于杜邦分析法的原理（通过主要的财务比率之间的关系来综合分析企业财务状况，评价企业盈利能力和股东权益回报水平），基本思想是将企业净资产收益率逐级分解为多项财务比率乘积，从而深入分析企业经营业绩。图 2-4 所示为使用杜邦拆解法分析网店销售额的结构图。

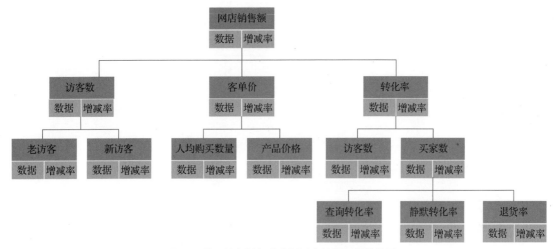

图 2-4　使用杜邦拆解法分析网店销售额的结构图

实训 2　使用八爪鱼采集器收集招聘数据并进行加工整理

【实训目标】

通过实训，学生能够掌握八爪鱼采集器的使用方法，利用其收集招聘数据，并运用商务数据预处理和数据分析方法对数据进行整理加工和深入分析。

【实训内容】

（1）熟悉八爪鱼采集器的操作界面，掌握其基本功能，学会如何使用八爪鱼采集器收集招聘数据。

（2）收集招聘数据，并对收集的数据进行整理和加工，包括数据清洗、数据转换等。

（3）运用数据分析方法对招聘数据进行深入分析，如对招聘需求趋势、招聘职位分布情况、薪资水平等进行分析。

（4）撰写招聘数据分析报告，提炼数据分析结果并进行可视化呈现。

【实训步骤】

（1）组建学生团队，每个团队成员需熟悉八爪鱼采集器的操作，并分工协作，共同收集招聘数据。

（2）整理收集到的招聘数据，进行商务数据预处理，确保数据的准确性和完整性。

（3）运用商务数据分析方法对招聘数据进行分析，得出有价值的结论和见解。

（4）撰写招聘数据分析报告，包括数据收集的方法、数据整理加工过程、分析方法和结果呈现等内容。

（5）安排团队代表上台演讲，分享团队的成果和分析结果，并进行交流讨论。

【实训要求】

（1）实训分为课内和课外两个阶段，课外完成数据收集和加工，课内进行数据分析和报告撰写。

（2）每个团队的展示时间为10分钟左右，包括报告内容和答辩环节。

（3）团队需要充分利用八爪鱼采集器和其他数据分析工具进行实践，确保实训成果的质量和准确性。

第3章
数据可视化

在当今数据驱动的时代，每天人们都面临着海量的数据。如何从这些数据中迅速获得有价值的信息，成为我们必须面对的挑战。通过直观的图形和图像，我们能够更好地理解、分析和解读数据，捕捉其中的关键信息。

【学习目标】

（1）了解数据可视化的定义、作用、主要展现形式及其在不同商务场景中的应用。

（2）熟悉商务数据可视化效果的关键影响因素，理解商务数据可视化的一般步骤。

（3）掌握根据商务需求选择合适数据可视化方法的能力，能够运用数据可视化技术有效分析并解决商务问题。

（4）熟悉数据透视表的创建与应用方法，能够高效统计和分析数据。

（5）学会利用标签云工具进行热词分析，以洞察数据背后的趋势和热点。

（6）熟练掌握图表制作的高级技巧，包括颜色搭配原则、字体选择策略、布局调整方法等，以提升图表的可读性和视觉吸引力。

【案例导入】

京东手机"618"数据实时"战报"

作为京东一年一度的促销盛典，"618"期间的产品销量无疑是国人关注的焦点。自2015年起，京东运用数据可视化手段对销售情况进行实时展示。京东"618"的"购PHONE狂，Party On"大数据可视化展示，运用了真实的实时数据，展示了手机的实时销售额、销售量、销售品牌与销售地点，酷炫的效果在促销盛典现场掀起了阵阵热潮，场面十分震撼。另外，京东内部也通过数据可视化应用实时了解全平台的销售状态及整体销售动向。

【思考】

1. 数据可视化为什么会受到电子商务领域的重视？

2. 电商平台可以使用哪些数据可视化方法呈现各类电商数据？

3.1 数据可视化基础知识

3.1.1 认识数据可视化

1. 数据可视化的概念

数据可视化是关于数据视觉表现形式的科学技术研究，是将数据通过图形、图表或其他视觉手段呈现的过程。这种方法有助于用户理解、分析数据，发现数据中的模式和趋势，从而做出更明智的决策。数据可视化的基本思想是将数据项用图元（图形元素，可以编辑的最小图形单位）表示，大量的数据集构成数据图像，同时将数据的各个属性值以多维数据的形式表示，使人们可以从不同的维度观察数据，从而对数据进行更深入的观察和分析。

2. 数据可视化的作用

数据可视化是向最终用户传达概念的一种快速、简便的方法，其主要有以下几个作用。

（1）促进数据理解。数据可视化借助直观的图形与图表，将繁复的数据转换为非专业人士亦能轻松理解的视觉展现形式，可以有效消除数据解读的障碍，使数据信息的传达更为畅通无阻。

（2）揭示数据趋势与异常。通过折线图、柱状图等可视化工具，数据随时间或其他变量的变化趋势得以清晰呈现。同时，图形化的表达方式让异常值（如异常偏高的销售额或偏低的用户满意度）更加凸显，便于用户及时发现潜在问题并深入分析其成因。

（3）提升数据故事的吸引力。数据可视化运用图表、图形及动画等多元素，以直观且生动的方式展现数据的特征、趋势及模式，极大地增强了数据故事的趣味性和吸引力。

（4）强化论点支撑。在报告、演讲或文章中，数据可视化成为强有力的论据，可以为论点或意见提供坚实的支撑。直观的图形展示能够更具说服力地论证某个观点的正确性，或揭示现象背后的深层次原因，进而提升论述的可信度与影响力。

（5）聚焦数据重点。数据可视化通过突出关键数据点、运用不同颜色或大小以区分数据的重要性，并结合交互式元素，来有效引导用户的注意力，使他们能够迅速捕捉并理解数据中的核心信息。

3. 数据可视化的展现形式

数据可视化有众多展现形式，不同的数据类型要选择不同的展现形式。展现形式除常用的柱形图、线状图、条形图、面积图、饼图、散点图、仪表盘、走势图外，还有和弦图、圈饼图、金字塔图、漏斗图、K线图、关系图、网络图、玫瑰图、帕累托图、数学公式图、预测曲线图、正态分布图、迷你图、行政地图、GIS（Geographic Information System，地理信息系统）地图等。每种形式都有其独特的用途和优势，能够直观地展示数据的不同方面。

4. 数据可视化的应用场景

数据可视化在多个领域都有广泛应用，如业务报告、市场分析、客户分析、产品分析、供应链分析、质量控制、风险管理及人力资源分析等。通过数据可视化，企业可以更好地了解业务状况，发现市场机会，优化产品设计，提高运营效率。

图3-1所示为员工流失情况可视化平台，该平台运用折线图、饼状图及条形图等多种直观表现形式，全面而精确地呈现了新老员工的离职率、离职人数及其变化趋势等核心数据。该平台能够突出显示流失率较高的部门，使管理层能够迅速把握当前员工流失概况，极大地便利了管理层快速定位问题所在，从而能够更有针对性地制定并采取相应的改善措施。

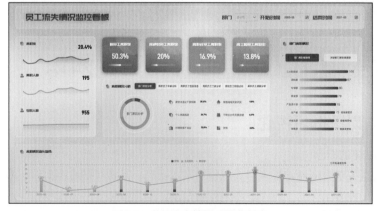

图3-1　员工流失情况可视化平台

3.1.2　商务数据可视化

商务数据可视化是指借助图形化手段，清晰地展示商务数据，以便用户对数据进行深入的观察与分析。数据分析人员不能为了实现某种功能而让可视化图形显得枯燥乏味，也不能为了让可视化图形显得绚丽多彩而降低数据的可读性。

1. 商务数据可视化效果的影响因素

商务数据可视化效果的影响因素有字体、图形、统一、配色、注释、数据控制，如图 3-2 所示。

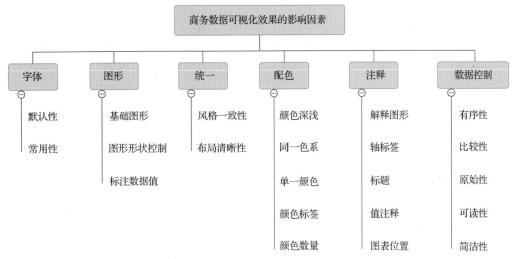

图 3-2　商务数据可视化效果影响因素

（1）字体

字体直接影响文本的易读性，并能强化或削弱图表所意图传达的信息。为确保图表的一致性和专业性，建议采用默认或常用的字体。例如，微软雅黑因其清晰美观，非常适合用于中文数据的展示；而谷歌的 Roboto 字体，以其现代感和高可读性，特别适用于数据密集型的展示场景。

（2）图形

优先采用基础图形，如直方图、条形图、散点图和折线图，以高效传达信息。在图形设计中，需细致控制图形形状，如条形图的宽度和间距等。同时，直接在图形元素上标注数据值，可使用户一目了然地获取具体数据，这比单纯依赖图形形状或颜色变化来传达数据更为直接和准确。

（3）统一

统一性是确保用户轻松接收并理解信息的核心要素。一个设计精良、风格统一的可视化作品，能显著提升信息传递效率和观众的阅读体验。统一性包括设计风格的一致性、布局的清晰性。此外，还需突出显示关键信息，避免用户在海量数据中迷失方向。

（4）配色

在数据可视化中，图表配色时需考虑颜色深浅、同一色系、单一颜色、颜色标签和颜色数量等要素。利用颜色的深浅来表达数据指标值的强弱和大小，是数据可视化设计的常用技巧。

（5）注释

注释对于提升数据可视化效果至关重要。我们可对几何图形、颜色及形状编码进行注释。对于包含坐标轴的图表，应使用详细且准确的轴标签，以帮助用户理解数据的维度信息。标题作为图表的主要注释，有助于用户快速理解图表的主旨。值注释则用于解释图表中的具体数据点或数据范围，从而深化数据分析。图表位置的选择同样关键，它能有序引导用户的视线流动，并增强用户对数据的理解。

（6）数据控制

在数据可视化结果中，对数据的良好控制能显著提升可视化效果。数据控制需注意以下五个方面：有序性、比较性、原始性、可读性和简洁性。有序性要求数据按照一定的逻辑或时间顺序排列，以确保信息的连贯性和易理解性；比较性通过对比不同数据集来揭示差异和共性；原始性要求保持数据的原始性和真实性，避免不必要的修改或歪曲；可读性关注图表是否易于被用户理解和接受，包括选择合适的字体大小、颜色对比度、图表类型及清晰的标签和注释等；简洁性则要求在数据可视化中去除冗余元素，仅保留必要的信息和图表元素。

2. 商务数据可视化步骤

商务数据可视化图表与图形的设计与制作必须从用户的角度出发。数据分析人员应该在了解数据的内容、理解用户对数据信息挖掘的需求、掌握一定的可视化分析技巧的基础上，依据相关数据处理工作原则，开展一系列数据分析与可视化工作，以保证数据可视化的质量。商务数据可视化步骤如图 3-3 所示。

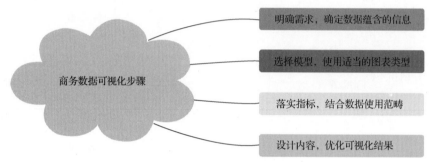

图 3-3　商务数据可视化步骤

（1）明确需求，确定数据蕴含的信息。

在进行商务数据可视化之前，首要任务是明确用户对数据可视化的具体需求，包括深入理解用户期望通过数据可视化解决何种问题或实现何种目标。接下来，需细致分析哪些数据指标对用户决策具有最高价值，并确保这些关键指标在可视化过程中得到充分的突出与强调。

（2）选择模型，使用适当的图表类型。

在确定需求后，就可以为数据选择合适的图表类型。数据的类型不同，其适合的图表类型也不同，如果数据分析人员选用不合适的图表类型，就会很容易造成误解。

（3）落实指标，结合数据使用范畴。

数据可视化操作面对的数据有许多高维的指标，因此数据分析人员需要落实可用指标，并在数据可使用的范畴内提取信息。

（4）设计内容，优化可视化结果。

在获取数据信息、匹配数据使用场景后，数据分析人员需要进行内容展示设计。可通过优化数据可视化结果来吸引用户的关注。

3. 商务数据可视化的工具

目前，市面上的数据可视化工具非常丰富，从单机版到云端版，从个人免费版到企业收费版，各有侧重。常用的数据可视化工具有 Excel、Power BI、图表秀等。

（1）Excel

Excel 拥有强大的数据可视化功能，不仅包含大量的图表类型，而且可以对图表进行各种编辑操作。除此以外，Excel 还能创建数据透视图和数据透视表，能够极大提升交互体验。图 3-4 为一个 Excel

数据透视图/表示例，展示了一所学校的学生成绩信息。其中，数据透视图直观展现了学生成绩分布、趋势等关键信息，数据透视表则可灵活筛选专业、汇总各科成绩，深入分析学生学习情况。

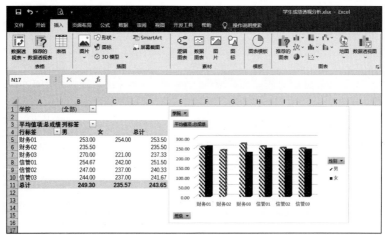

图 3-4　Excel 数据透视图/表示例

（2）Power BI

Power BI 是微软公司开发的商业分析工具，可以很好地集成 Microsoft Office。其操作界面相对比较简洁，新用户很容易上手和使用。用户可以自由导入文件、文件夹和数据库等，并创建报告。Power BI 还可以实现自然语言问答，用户可使用 Power BI 软件、网页、手机应用来查看数据。

Power BI 可以将企业资源计划（Enterprise Resource Planning，ERP）等信息系统的数据直接延伸到桌面，实现信息从系统到用户的"无缝对接"，让决策者更好地使用商务数据。Power BI 平台界面如图 3-5 所示。

图 3-5　Power BI 平台界面

（3）图表秀

图表秀是一款互联网在线编辑的数据可视化工具，拥有众多精美的图表模板。登录该网站后，选择需要的图表模板，单击"编辑数据"按钮就可以开始编辑数据，完成后单击"保存"按钮就能保存制作的内容。图 3-6 为在图表秀平台首页单击"新建图表"选项后的默认模板，用户单击右上角的"编辑数据"按钮后可自行编辑此模板中的各项数据。

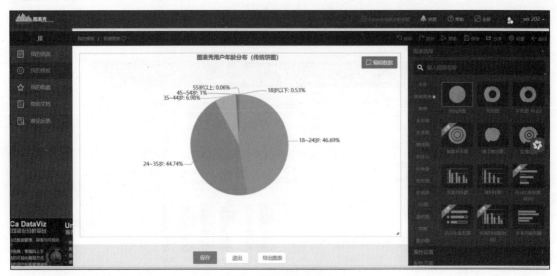

图 3-6　图表秀平台界面

4. 商务数据可视化交互

商务数据可视化交互是指在数据可视化过程中，通过使用信息轮播、动画展示等动态效果，自动切换数据信息以完成数据可视化信息阐释的过程。

商务数据可视化交互可增强可视化结果中视图数据展示的丰富性与可理解性，提高用户在交互过程中的参与度与反馈度，确保数据从分析到阐释的连贯性、操作自然性。

在进行数据可视化设计时，应遵循以下几项核心原则。

（1）适量性原则

在构建数据可视化展示时，需谨慎使用动画效果。过度依赖自动播放等复杂的呈现方式可能会使设计显得烦琐，反而阻碍信息的有效传达。因此，应保持动画效果的适度性，以确保信息传递的清晰与高效。

（2）统一性原则

统一性原则强调在数据可视化设计中保持一致性。具体而言，相同的动画效果应赋予相同的含义，用户在进行相同操作时，动画的反馈需保持一致。这样做能够消除用户的困惑，提升其对数据的理解流畅度。

（3）易理解性原则

数据可视化的内容和结果应便于用户理解和接受。通过简洁的图形变化和适度的动态展示，为用户营造一个可控、可选的环境，使其能够轻松获取数据可视化信息，从而提升信息解读的效率与准确性。

3.2　数据可视化常用图表

制作图表是数据可视化的重要环节，可以帮助揭示数据背后的故事并传达关键信息。相较于文字表格，图表能够更加有效地传递信息。

Excel 对各类图表进行了详细的分类和归纳。打开 Excel 后，在"插入"选项卡的"图表"组中可以看到 Excel 提供的主要图表模板。Excel 2016 及之后的版本中还提供树状图、旭日图、直方图、箱形图、瀑布图、漏斗图、地图、组合图等模板。表 3-1 展示了数据可视化中的常用图表。

表 3-1　　　　　　　　　　　　　　　　数据可视化中的常用图表

图表类型	说明	示例		
表格	最基本的数据可视化图表，也是组织、整理数据的手段 应用场景：数据记录和管理			
散点图	用于显示两个或多个变量之间的关系 应用场景：关联分析、数据分发			
折线图	用于显示随时间变化的趋势 应用场景：数据随时间变化的趋势、系列趋势的比较			
柱形图	用于显示连续变量的分布 应用场景：分类数据的比较			
饼图	用于显示某部分占整体的比例或百分比 应用场景：序列比率、序列大小比较			

（续表）

图表类型	说明	示例
热力图	通过对色块着色来表示数据的大小 应用场景：比较大量数据	
树状图	用于以嵌套格式显示分层数据，其中矩形代表数据点，其大小代表相对比例 应用场景：加权树数据、树数据比例	
甘特图	用于显示多个任务随时间的进展情况 应用场景：项目进度、状态随时间的变化、项目过程	
雷达图	一种多变量图表，用于展示多个变量相对于中心点的相对强度或性能 应用场景：尺寸分析、系列比较、系列权重分析	

在数据可视化中,实际常用的图表类型并不多。本节将深入探讨广泛使用的图表类型,介绍它们各自的特点及最适合的应用场景,也会对同一图表类型的不同变体进行比较,分别介绍它们的优缺点,帮助用户做出最合适的选择。

3.2.1 制作表格

表格中的项目被组织为行和列。表格可用于展示大量数据,有利于体现数据的全面性。在制作表格时,除了可以添加文本和数字,还可以添加图片等。数据可视化人员可以对表格进行美化,将单元格中的数据转变成更加易于阅读的形式。

表格是展现行与列数据的优选形式,特别适合展示多个度量单位的不同数据。例如,某一销售报告表格可能包含销售数量、销售金额、利润率等多个度量单位的数据,这些数据可以在同一表格中清晰展示,便于用户进行横向比较和分析。

1. 边框和背景

设计表格时,要注意让设计元素不显眼,以突出数据本身。过粗的边框可能会分散观者的注意力,因此,使用细的边框或适当的留白来划分表格内容是更为合适的选择。这种方法不仅优化了视觉效果,还提升了数据的可读性,确保了数据的清晰展示。

图 3-7(a)所示为使用粗边框的效果,这种表格样式可以提升表格内容的清晰度,但不能突出重点。可以使用灰色边框降低边框的视觉存在感,如图 3-7(b)所示,或者干脆不用边框,如图 3-7(c)所示,让数据本身成为焦点。

组别	指标A	指标B	指标C
1组	$X.X	Y%	Z,ZZZ
2组	$X.X	Y%	Z,ZZZ
3组	$X.X	Y%	Z,ZZZ
4组	$X.X	Y%	Z,ZZZ
5组	$X.X	Y%	Z,ZZZ

(a)

组别	指标A	指标B	指标C
1组	$X.X	Y%	Z,ZZZ
2组	$X.X	Y%	Z,ZZZ
3组	$X.X	Y%	Z,ZZZ
4组	$X.X	Y%	Z,ZZZ
5组	$X.X	Y%	Z,ZZZ

(b)

组别	指标A	指标B	指标C
1组	$X.X	Y%	Z,ZZZ
2组	$X.X	Y%	Z,ZZZ
3组	$X.X	Y%	Z,ZZZ
4组	$X.X	Y%	Z,ZZZ
5组	$X.X	Y%	Z,ZZZ

(c)

图 3-7　3 种表格样式

2. 热力图

热力图通过颜色的深浅来表示数据的大小。这样不仅可以增强视觉上的吸引力,还能有效地突出数值的相对重要性,使复杂的数据集变得直观、易懂。通过热力图,用户能够一眼看出数据的热点区域,快速识别需要关注的部分。

为减轻用户解读表格数据的负担,可以运用颜色饱和度作为视觉线索。它能够帮助用户迅速锁定关键的数据。例如,在图 3-8 中,蓝色的深浅代表数值的大小,颜色越深,数值越大。这种直观的表示让识别最小(11%)和最大(58%)的数值变得简便。此外,图表中的图例为用户提供了参考,进一步优化了阅读体验。

低-高	A	B	C
类型1	15%	22%	42%
类型2	40%	16%	20%
类型3	35%	17%	34%
类型4	30%	29%	26%
类型5	55%	30%	58%
类型6	11%	25%	49%

图 3-8　热力图

图 3-8(彩色)

3.2.2 制作饼图

1. 饼图

饼图通过圆内扇形面积的大小来反映部分数据占总体数据的比例，主要用于反映总体内部的结构及其变化，适用于研究结构性问题。饼图通常只能用于展示一个数据系列，可方便地比较每个部分所占的比例，其各部分百分比之和为100%，主要用来分析各个组成部分对事件的影响，如图3-9所示。

绘制饼图时要注意以下几点。

（1）数据项中不能有负值。

（2）如果要显示比例数据，必须保证各项数据和为100%。

（3）饼图中的类别不要太多，3~5个为宜。

2. 圆环图

圆环图是饼图的变体。它看起来就像中间被挖空的饼图，像一个甜甜圈，因此这种图表也被称为"甜甜圈图"，如图3-10所示。

图 3-9 饼图

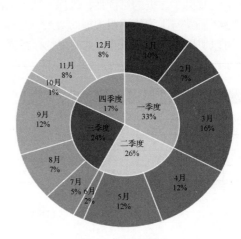

图 3-10 圆环图

在圆环图中绘制的每个数据系列都会向图表添加一个圆环，第一个数据系列显示在图表的中心。由于圆环图具有循环性质，因此并不容易理解，尤其是在显示多个数据系列的时候。

由于外环和内环的比例不能准确表示数据的大小，即外环上的数据所占面积可能大于内环上的数据所占面积，而其实际值却更小，因此，在数据标签中显示值或百分比在圆环图中非常有用。然而，鉴于圆环图的设计特性，其外环与内环的比例并不精确对应数据的大小或比例关系，因此在需要直接对比不同数据点的大小时，圆环图可能并非理想之选。相比之下，堆叠柱形图或堆叠条形图则更为合适，因为它们能够更直观地展现各个数据点的大小，并且清晰地揭示这些数据点之间的比较和关联关系。

3.2.3 制作条形图

条形图极大地降低了解读数据的难度，是理解和比较数据的简便工具。它通过条形的长度直接反映数值的大小，让信息的传递变得直接且高效。

1. 条形图

条形图通过横向和纵向的条形来直观展示各个数据的大小及其相互间的比较，常被用于描绘不同类别或项目之间的对比情况。在增添数据系列时，分析的复杂度会相应提升，因此应谨慎使用多系列图表，并留意条形间距可能引发的视觉分组效应。

条形图在揭示不同数据间的差异方面具有显著优势，常用于对比不同时期或不同类别的数据。当条形图以纵向方式呈现时，通常称之为柱形图。在柱形图中，水平轴往往代表分组类别，而垂直轴则反映各分组类别的具体数值。相比之下，横向条形图的坐标轴表示与柱形图恰好相反。为了明确区分，本书将纵向条形图称为柱形图，横向条形图称为条形图，如图 3-11 所示，其中图 3-11（a）为条形图，图 3-11（b）为柱形图。

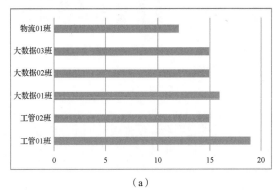
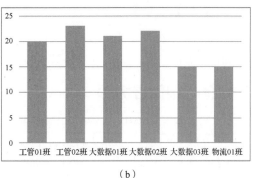

图 3-11 条形图和柱形图

2. 堆叠条形图

堆叠条形图适用于比较总量及其内部构成，看起来有些复杂，尤其是图表中颜色有多种时。对于底部系列[紧邻 y 轴的部分，图 3-12（a）所示的蓝色部分]以外的组件[图 3-12（b）所示的蓝色部分]，由于缺乏一致的基准线，比较起来较为困难。堆叠条形图可以按绝对数值或各列总和达 100%展示，具体选择哪种取决于想要传达的信息。使用 100%堆叠条形图时，可以在图中或脚注中以不显眼的方式展示每个类别的绝对数值，以帮助用户理解数据。

图 3-12（彩色）

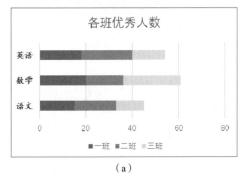
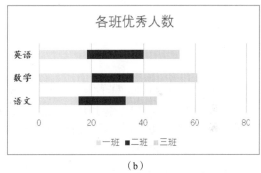

图 3-12 堆叠条形图

3. 注意事项

（1）避免使用三维图表，如圆柱形柱状图，因为透视效果可能导致图形大小与实际数据不匹配，从而造成误解。同样，尽量减少使用以面积为基础的图表（如饼图），因为用户对面积大小的感知并不敏感，这可能会引起混淆。

（2）避免使用双 y 轴图表，如图 3-13（a）所示，因为它们会让用户分辨哪个数据系列对应哪个 y 轴，这会降低图表的可读性。建议分别展示两个 y 轴，如图 3-13（b）（侧重趋势）和图 3-13（c）（侧重数值）所示，这样可以清晰地展示数据趋势和具体数值，从而提高信息的清晰度和易读性。这种方法不仅简化了视觉呈现，还有助于用户更快地理解和分析数据。

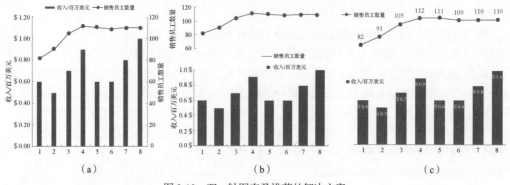

图 3-13　双 y 轴图表及推荐的解决方案

3.2.4　制作直方图

直方图是各条形之间没有空隙的柱形图。直方图用条形的宽度和高度来表示统计分组数据，是以组距（宽度）为底边，以落入各组的数据频数（高度）为依据，由按比例构成的若干矩形排列而成的图表。直方图主要用于表示分组数据的频数分布特征，是分析总数数据分布特征的工具之一，柱形图和直方图的对比如图 3-14（a）和图 3-14（b）所示。

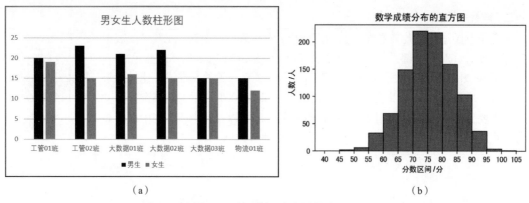

图 3-14　柱形图和直方图的对比

柱形图和直方图的区别：柱形图中各矩形的高度表示分组类别的频数，宽度是固定的；而直方图中各矩形的高度表示该组距内的频数，宽度则表示组距。

生成直方图有两种方式：一是先对数据进行归类，然后使用柱形图制作直方图；二是直接使用 Excel 提供的直方图制作功能。

3.2.5　制作折线图

折线图是展示连续数据的理想选择，它将数据点以线条相连，直观地展示了数据的发展趋势。这种图表特别适合展示时间序列数据，如按天、月、季度或年来展示数据变化。在折线图的众多变体中，标准线图因其直观性而广受欢迎，标准线图提供了时间跨度上的连续视角，是分析和呈现数据的强大工具。折线图如图 3-15 所示。

在绘制折线图时，确保时间轴上数据间隔的一致性至关重要。例如，如果折线图最初以十年为间隔展示数据，然后突然转变为展示每一年的数据，这会使不同时间点之间的距离看起来相等，从而误导用户。因此，在绘制折线图时，应该保持时间点的均匀分布，以确保数据的准确性和图表的真实性。这样的细节处理不仅体现了对数据的尊重，也提升了图表作为沟通工具的有效性。

图 3-15　折线图

3.2.6　制作散点图

散点图可以显示多个数据点在直角坐标系平面上的分布情况，并能反映因变量随自变量变化的大致趋势，进而通过函数计算来找到变量之间的准确关系。这种图表在科学研究中广泛使用，在商业分析中同样具有价值。例如，在商业环境中，散点图可以用来分析销售额与推广费用之间的关系，如图 3-16 所示，从而帮助企业提高运营效率和优化成本控制。散点图能够为决策者提供直观的数据视图，使复杂的数据关系变得清晰可见。

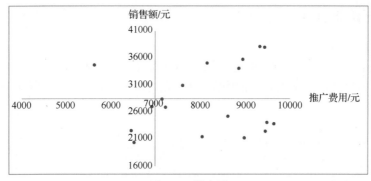

图 3-16　散点图

相比于散点图，气泡图是展示 3 组数据的分布和联系的最佳图表类型。该类图表的横坐标轴和纵坐标轴分别表示两组数据，气泡大小则能直观体现第 3 组数据的情况，如图 3-17 所示。

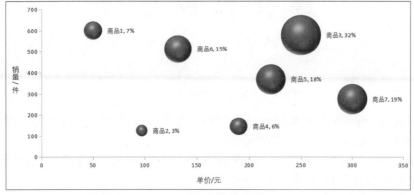

图 3-17　气泡图

3.2.7 制作雷达图

将评价某一系统的各指标要素构成坐标轴，再由各要素之间的数值构成环绕的网，就形成了雷达图。雷达图主要用来评估某个事件多个指标的综合水平，可以对多组变量进行多种项目的对比，反映数据相对中心点和其他数据点的变化情况。雷达图常用于多项指标的全面分析，可以明晰各项指标变化情况和好坏趋向，如图 3-18 所示。

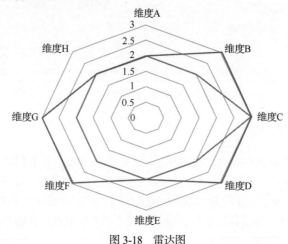

图 3-18 雷达图

3.2.8 图表制作与美化要点

1. 可视化图表的构成要素

商务数据可视化图表包含丰富的构成要素，不同构成要素具有不同的作用，并可以对其进行调整，数据可视化人员可以灵活选择所需的构成要素。在绘制图表前，需了解可视化图表的构成要素，如图 3-19 所示。

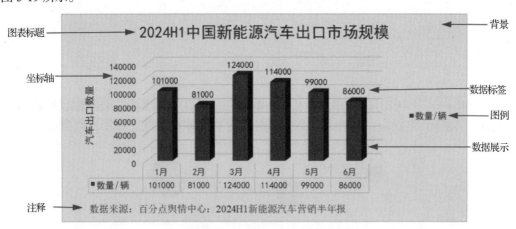

图 3-19 商务数据可视化图表的构成要素

（1）图表标题：标题是对图表主题的简洁概括，有助于用户快速理解图表内容。标题应当简短有力，且能够准确传达图表所要表达的核心信息。

（2）图例：图例是用于标识图表中不同数据系列的符号、颜色或图案等。它可以帮助用户理解图表中各个数据系列的含义，从而更好地分析数据。

（3）坐标轴：坐标轴是图表中用于划定数据范围、标识数据度量范围和数值大小的元素。它包括坐标轴标题、轴标签、轴线、轴刻度线和坐标网格线等部分，可根据实际情况添加。

（4）数据展示：数据展示是图表的核心部分，通过不同的形状（如柱形、线形、扇形、点等）来展示具体的数据。形状的选择应根据数据类型和所要传达的信息来确定。

（5）数据标签：数据标签直接显示在数据点上或数据形状旁边，提供具体的数值。数据标签有助于用户更准确地理解数据，并可以与图例结合使用。

（6）注释：注释用于提供关于数据的额外信息，如数据来源、数据计算的说明等。注释可以提高图表的可信度，并帮助用户更好地理解图表。

（7）背景：背景是图表的绘图区域，应保持简洁以突出数据。在某些情况下，可以通过调整背景颜色或添加网格线来增强数据的可读性。

综上所述，商务数据可视化图表的构成要素包括图表标题、图例、坐标轴、数据展示、数据标签、注释和背景等。这些元素共同构成了完整、清晰且易于理解的商务数据可视化图表。请注意，制作可视化图表时可能需要根据具体的图表类型和展示需求，对构成元素进行精简或调整。

2. 图表制作要点

制作图表的目的在于更清晰地表示和传递数据中的信息。在制作图表的过程中，我们需要规避误区，制作出既符合规范又美观大方，并且能够准确传达信息的图表。表 3-2 所示为图表制作的共性要求。

表 3-2　　　　　　　　　　　　　　图表制作的共性要求

要求	内容
图表信息要完整	结合具体需求在图表中添加标题、单位、资料来源等。其中，标题说明图表的主题，单位是对图表中数据单位的说明，资料来源可提高数据的可信度
图表的主题应明确，在标题中清晰可见	在图表的标题中直接说明观点或需要强调的重点信息
避免生成毫无意义的图表	在某些情境下，表格比图表更能有效传递信息
y 轴刻度从 0 开始	若使用非 0 起点坐标，必须要有充足的理由，并且要添加截断标记

（1）柱形图

① 柱形图强调数据的准确性，柱形图的 y 轴刻度无特殊原因必须从 0 开始，即必须有清晰的零基线，否则可能出现不必要的误解。图 3-20（a）和图 3-20（b）所示分别为 y 轴刻度从 0 开始和从 8000 开始的柱形图。

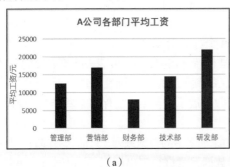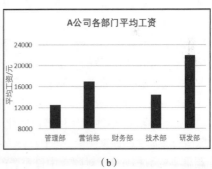

图 3-20　柱形图零基线标注

② 比较分类项目时，若分类标签文字过长，会导致文字重叠或倾斜，可改用条形图。

③ 同一数据系列使用相同的颜色。

④ 图表的 x 轴不要使用倾斜的标签，以避免增加阅读难度。

（2）条形图

① 制图前首先将数据由大到小排列，以方便阅读。

② 分类标签特别长时，可将其放在数据条与数据条之间的空白处。

③ 同一数据系列使用相同的颜色。

（3）饼图

① 数据从大到小、以时钟的 12 点为起点顺时针旋转排列，示例如图 3-21 所示。

② 饼图的数据项不应过多，建议保持在 5 项以内。

③ 不要使用爆炸式的"饼图分离"，对于想要强调的扇区，可以单独分离出来，示例如图 3-22 所示。

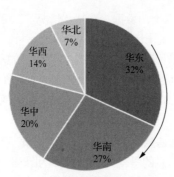 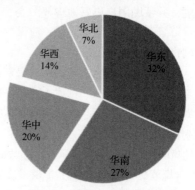

图 3-21　饼图数据排列方式示例　　　　图 3-22　分离个别扇区示例

④ 不建议使用图例，可将标签直接标在扇区内或扇区旁。

⑤ 当使用不同颜色填充扇区时，推荐使用白色的边框线，以更好地区分不同扇区。

（4）折线图

① 选用的折线应相对粗一些，需要比坐标轴、网格线更为突出。

② 折线一般不超过 5 条，否则容易使图表显得凌乱，数据系列过多时建议分开制图。

③ 图表 x 轴不要使用倾斜的标签，以免增加阅读难度。

④ y 轴刻度一般从 0 开始。

3. 图表美化要点

（1）最大化数据墨水笔

最大化数据墨水笔是指图表中每一滴墨水都要有存在的理由。好的图表要尽可能将墨水用在数据元素上，而不是非数据元素上。数据元素是指图表中能直接展示数据信息的元素，如柱形图中的柱形、折线图中的折线、饼图中的扇区等。

想要最大化图表的数据墨水笔，可以从以下 4 个方面出发。

① 去除所有不必要的非数据元素。若非出于某种特殊需要，应尽可能去除不必要的非数据元素，如去掉图表网格线、不必要的背景填充色、无意义的颜色变化、装饰性图片、不必要的图标框等。

② 弱化和统一剩下的非数据元素。如果出于数据展示的需要，需保留某些非数据元素（如坐标轴、网格线、填充色等），应注意使用淡色弱化。

③ 去除所有不需要的数据元素。不要在图表中添加太多的数据系列，只抽取关键的、重要的数据。

④ 强调重要的数据元素。对图表中最重要的数据元素进行突出标识，可以通过着重颜色或加粗文字等方式实现。

（2）选择合适的字体

选用合适的字体可以提高图表的美观度。例如，文字用微软雅黑或宋体，数字和字母选用 Arial。

（3）图表的色彩应该柔和、自然、协调。

图表的色彩应运用得当。此外，在表示强调和对比时可选用对比色，如表示店铺产品的盈亏情况时可选用对比色（如深色和浅色、暖色和冷色）。

3.3 数据透视表

数据透视表（Pivot Table）是一种可以从原始数据表中提取、统计、汇总数据并将结果以更直观、更易理解的方式展示出来的数据报表。通过数据透视表，用户可以轻松地分析大量数据，发现其中的规律、趋势和关联，从而做出更明智的决策。

3.3.1 数据透视表的功能

数据透视表是一个非常强大的数据分析工具，它允许用户从原始数据表中提取、汇总和重组数据，以生成自定义的报告和摘要。表 3-3 所示为数据透视表的主要功能。

表 3-3   数据透视表的主要功能

功能	内容
数据汇总与分类	数据透视表可以根据用户定义的标准对原始数据进行自动分类和汇总。例如，数据透视表可以按照月份、地区、产品类别等对原始数据进行分组，并计算各组的总和、平均值等
交互式分析	数据透视表提供了交互式的数据分析环境。用户可以通过拖曳字段到不同的区域（如行区域、列区域、值区域等）来即时更改数据透视表的布局和显示的数据
灵活的数据展示	数据透视表可以以多种方式展示数据，包括表格形式、图表形式等。用户可以根据需要选择最合适的展示方式
多维数据分析	通过组合多个字段，数据透视表支持复杂的多维数据分析，用户可以同时查看多个维度（如时间、地理位置、产品类型等）的数据分布情况
数据过滤和切片	数据透视表提供了强大的数据过滤功能，允许用户根据特定条件筛选数据。此外，通过使用切片器（Slicer），用户可以更直观地选择和过滤数据透视表中的特定部分
计算字段和计算项	用户可以在数据透视表中自定义计算字段和计算项，以满足特定的分析需求。例如，可以创建一个新的计算字段来显示利润率
与原始数据的动态链接	数据透视表与原始数据保持动态链接。当原始数据发生变化时，只需刷新数据透视表，即可更新其中的汇总和分析结果
易于共享和发布	创建好的数据透视表可以轻松地与他人共享或发布到 Web 上，以便其他人查看和分析

3.3.2 数据透视表的创建步骤

在 Excel 等电子表格制作软件中，创建数据透视表通常包含以下步骤。

（1）准备原始数据：确保数据源没有空行或空列，并且只有一行标题。数据源应该是整齐、规范的表格数据，包含所需的分析字段。

（2）启动数据透视表功能：在 Excel 中，可以通过单击"插入"选项卡下"图表"选项组中的"数据透视表"下拉按钮来启动数据透视表功能。

（3）设置数据源：指定原始数据表作为数据透视表的数据源。

（4）配置数据透视表：选择要在数据透视表中显示的字段，并设置它们的汇总方式和显示方式。

（5）生成数据透视表：根据配置生成数据透视表，并可以根据需要进行进一步的调整。例如，可以更改数据透视表的样式，使用数据透视表的筛选和排序功能来细化数据显示。

完成以上步骤后，数据透视表创建完成，用户可以根据实际需求对其进行进一步的调整。

3.3.3 创建数据透视表时的注意事项

1. 数据透视表缓存

在新建数据透视表或数据透视图时，Excel 会将报表数据的副本存储在内存中，并将其保存为工作簿文件的一部分。这样每张新的报表均需要占用额外的内存和磁盘空间。但是，如果将现有数据透视表作为同一个工作簿中新报表的数据源，则两张报表就可以共享同一个数据副本。

2. 位置要求

如果要将某个数据透视表用作其他报表的数据源，则两个报表必须位于同一工作簿中。如果源数据透视表位于另一工作簿中，则需要将其复制到要新建报表的工作簿中。不同工作簿中的数据透视表和数据透视图是独立的，它们在内存和工作簿文件中有各自的数据副本。

3. 更改会同时影响两个报表

在刷新新报表中的数据时，Excel 也会更新源报表中的数据。如果对某个报表中的项进行分组或取消分组，也将同时影响另一个报表。如果在某个报表中创建了计算字段或计算项（使用用户创建的公式进行字段或者字段中项的计算），也将同时影响另一个报表。总之，无论是从源报表到新报表，还是从新报表回溯到源报表，两个报表之间的更改都是同步的。

4. 数据透视图

用户可以基于其他数据透视表创建新的数据透视表或数据透视图，但是不能直接基于其他数据透视图创建报表。创建数据透视图时，Excel 会基于相同的数据创建一个相关联的数据透视表（为数据透视图提供源数据的数据透视表）。如果更改其中一个报表的布局，另一个报表会随之更改。因此，可以基于相关联的报表创建一个新报表。对数据透视图所做的更改将影响相关联的数据透视表，对数据透视表所做的更改也将影响相关联的数据透视图。

3.3.4　数据透视图

图表是展示数据最直观、最有效的手段。数据透视图通常有一个与之相关联的数据透视表。数据透视图以图形的形式表示数据透视表中的数据，它提供了更直观、更易于理解的数据可视化方式。

创建数据透视图的方法有两种：通过数据透视表创建和通过数据区域创建。

方法一：如果已经创建了数据透视表，可以利用数据透视表直接创建数据透视图，操作步骤如下。

（1）单击数据透视表中的任意单元格。

（2）单击"数据透视表分析"选项卡下"工具"选项组中的"数据透视图"按钮，打开"插入图表"对话框。

（3）在"插入图表"对话框中根据实际需要选择图表类型，单击"确定"按钮，即可得到数据透视图。该数据透视图的布局（即数据透视图字段的位置）由数据透视表的布局决定。

方法二：通过数据区域创建。

（1）在工作表中选择数据区域中的任意单元格。

（2）单击"插入"选项卡下"图表"选项组中的"数据透视图"下拉按钮，在下拉列表中选择"数据透视图"选项，打开"创建数据透视图"对话框。

（3）在"创建数据透视图"对话框中，系统一般会自动选定整个数据区域作为数据透视图的数据区域，如果要透视分析的数据区域与此有出入，可以在"表/区域"文本框内进行修改。

（4）选择放置数据透视图的位置，有"新工作表"和"现有工作表"两个单选项，默认选中"新工作表"单选项。如果选中"新工作表"单选项，则系统会自动创建一个新的工作表，并将数据透视图放在该新工作表中。如果选中"现有工作表"单选项，则可以在"位置"文本框中指定放置与该数据透视图相关联的数据透视表的单元格区域或第一个单元格的位置。

（5）单击"确定"按钮，在新工作表中插入数据透视图和与其相关联的数据透视表，工作界面右侧将出现"数据透视图字段"窗格。

3.3.5 制作数据透视表与数据透视图

3-1 制作数据透视表与数据透视图

📝 **步骤 1：**打开文件"案例素材\第 3 章\手机销量数据.xlsx"，选中需要处理的数据，单击"插入"选项卡中的"数据透视表"下拉按钮，在下拉列表中选择"表格和区域"选项，打开"来自表格或区域的数据透视表"对话框。"表/区域"文本框中将自动填充数据，选中"现有工作表"选项，单击"A10 单元格"，位置文本框中会自动填充数据，如图 3-23 所示，最后单击"确定"按钮。

图 3-23 创建数据透视表

📝 **步骤 2：**在"数据透视表字段"窗格中选中所有字段，此时 Excel 将自动生成数据透视表，如图 3-24 所示。也可以拖动字段，观察透视表的变化。

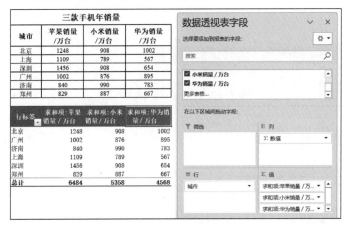

图 3-24 选择全部字段

📝 **步骤 3：**将数据透视表中的标签名称改为合适的标题。选中该标题，单击鼠标右键，在弹出的快捷菜单中选择"值字段设置"命令，在打开的"值字段设置"窗口中修改标签名，如图 3-25 所示。

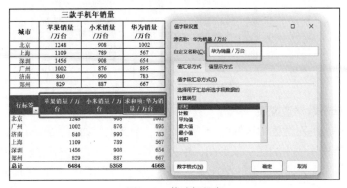

图 3-25 修改标签名

步骤4：单击"开始"选项卡下"样式"选项组中的"条件格式"下拉按钮，在下拉列表中选择"数据条"选项，如图3-26（a）所示；添加数据条，让数据透视表更直观，如图3-26（b）所示。

（a）　　　　　　　　　　　　　　　　（b）

图3-26　添加数据条

步骤5：在"数据透视表分析"选项卡中单击"字段、项目和集"下拉按钮，在下拉列表中选择"计算字段"选项，如图3-27（a）所示；在弹出的对话框中将"名称"改为"城市销量/万台"，设置"公式"为"='苹果销量/万台'+'小米销量/万台'+'华为销量/万台'"，如图3-27（b）所示，单击"确定"按钮。

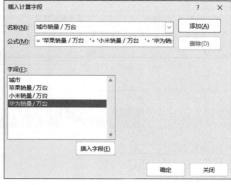

（a）　　　　　　　　　　　　　　　　（b）

图3-27　插入计算字段

步骤6：新生成的字段名称如图3-28所示。

行标签	苹果销量/万台	小米销量/万台	华为销量/万台	求和项：城市销量/万台
北京	1248	908	1002	3158
广州	1002	876	895	2773
济南	840	990	783	2613
上海	1109	789	567	2465
深圳	1456	908	654	3018
郑州	829	887	667	2383
总计	6484	5358	4568	16410

图3-28　新生成的字段名称

步骤7：选中数据透视表，单击"数据透视表分析"选项卡下"工具"选项组中的"数据透视图"按钮，在弹出的对话框中选择组合图中的第二个选项，如图3-29所示。

步骤8：选中图表中的任一条形图，单击鼠标右键，在弹出的快捷菜单中选择"更改系列图表类型"命令。将"华为销量和"的图表类型改为"簇状柱形图"，并取消选中"次坐标轴"复选框，如图3-30所示。

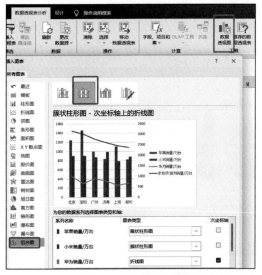

图 3-29　设置组合图　　　　　　　　　　图 3-30　修改部分字段

步骤 9：在"数据透视图工具"下的"设计"选项卡中选择合适的图表样式，在"快速布局"下拉列表中选择第 3 个选项，如图 3-31 所示。

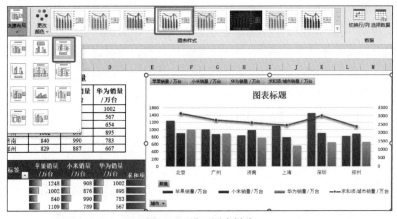

图 3-31　设置图表样式

步骤 10：更改图表标题为"手机连锁店销量统计"，选中折线图，单击右上方的"图表元素"按钮，在弹出的列表中选中"数据标签"复选框，如图 3-32 所示。选中折线图，单击鼠标右键，在弹出的快捷菜单中选择"排序" > "降序"。

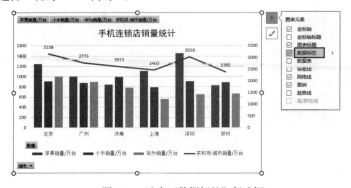

图 3-32　选中"数据标签"复选框

对数据透视图进行美化，最终效果如图 3-33 所示。

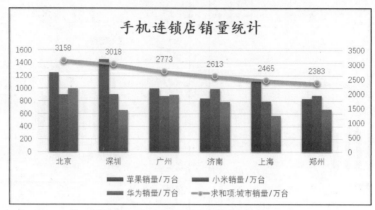

图 3-33　手机连锁店销量统计效果

3.4　标签云可视化

3.4.1　标签云的定义

标签云（又称文字云、词云）是通过视觉化方式展示一组关键词或标签的图形，其中每个关键词的显示大小通常与其出现频率或重要性相关。频繁出现的关键词会显示得较大，而出现较少的关键词则显示得较小。常见于博客、微博、文章分析等。本节以"图表秀"工具为例介绍利用标签云对文本数据进行可视化描述的方法。

3.4.2　"图表秀"工具的使用

（1）打开图表秀网站 https：//www.tubiaoxiu.com/，注册并登录后，进入在线图表制作工具页面。

（2）单击页面中间的"新建图表"按钮，如图 3-34 所示，进入图表编辑页面。

3-2　图表秀

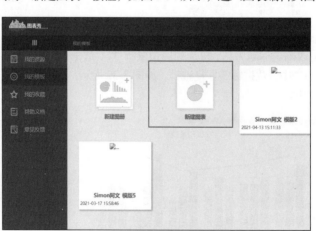

图 3-34　单击"新建图表"按钮

（3）"图表秀"工具提供了多种多样的图表，这里选择"标签云"选项，如图 3-35 所示，再选择具体的图表类型。

图 3-35　选择"标签云"选项

（4）单击"编辑数据"按钮，在右侧可以编辑相关数据，如在"内容"和"数据值"列中分别输入所需要的内容，如图 3-36 所示。

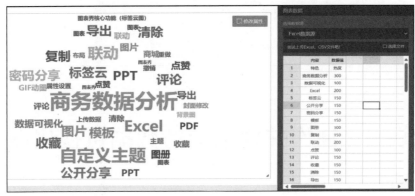

图 3-36　编辑数据

（5）也可以导入 Excel 文件，如这里导入文件"案例素材\第 3 章\男装热词榜.xlsx"，显示热词和搜索人数指数等，如图 3-37 所示。

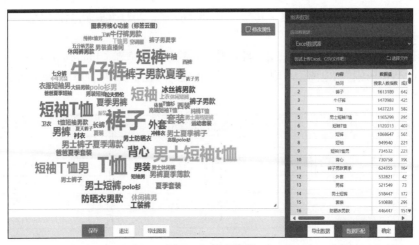

图 3-37　导入文档

（6）完成属性设置后，即可单击"标签云"下方的"确定"按钮及正下方的"保存"按钮，返回图表编辑页面，标签云图绘制完成。

（7）单击图表编辑页面上方的"预览"按钮，就可以在浏览器中查看绘制的标签云图。单击任意热词，就可以看到相关指数，如图 3-38 所示。

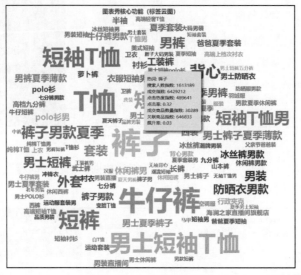

图 3-38　生成的标签云图

实训 3　制作并优化商务数据可视化图表

【实训目标】

掌握制作商务数据可视化图表的方法，能对商务数据可视化图表进行适当优化。

【实训内容】

制作中国移动电商用户规模图表。

艾媒咨询数据显示，中国移动电商用户规模从 2018 年的 6.08 亿逐年上升，2019 年达 7.13 亿，2020 年达 7.88 亿，2021 达到 8.42 亿，2022 年达到 8.69 亿，2023 年达到 11.39 亿。

【实训步骤】

为了确保数据的质量，需要先根据项目背景，对数据进行整理，再将其放入 Excel 表格。整理 2018 年至 2023 年中国移动电商用户规模，并计算相应的环比增长率。计算结果如表 3-4 所示。

表 3-4　　　　　　　　　　　　　　　　　　中国移动电商用户规模

年份	移动电商用户规模/亿	环比增长率
2018	6.08	—
2019	7.13	17.27%
2020	7.88	10.52%
2021	8.42	6.85%
2022	8.69	3.21%
2023	11.39	31.07%

（1）打开文件"实训素材\第 3 章\中国移动电商用户规模.xlsx"，选中数据区域 A2:C8，单击"插入"选项卡下"图表"选项组中的"查看所有图表"按钮，打开"插入图表"对话框；在"所有图

表"选项卡下，选择"组合图"，勾选"环比增长率"的"次坐标轴"复选框，如图 3-39 所示。此时，在预览区域中可以看见生成的图表样式，确认无误后单击右下角的"确定"按钮。

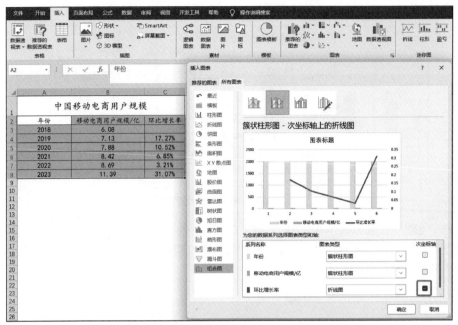

图 3-39　设置组合图

（2）重构数据源。选中图表，在"图表工具-设计"选项卡下，单击"选择数据"按钮，在"选择数据源"对话框中选中"年份"复选框，然后单击"删除"按钮，将时间序列删除，如图 3-40 所示。

（3）此时，图表只剩下两个数据系列，但还需要使 x 轴显示年份。选中"移动电商用户规模/亿"，单击"选择数据源"对话框中"水平（分类）轴标签"下的"编辑"按钮，打开"轴标签"对话框，在表格中选中"年份"列

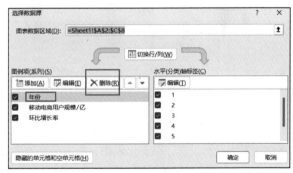

图 3-40　删除年份

下的数据区域 A3:A8，如图 3-41 所示。然后在"轴标签"对话框中单击"确定"按钮，即可使 x 轴显示年份。对"环比增长率"也进行同样的操作。

图 3-41　显示年份

（4）按需增删图表元素。设置好行、列数据后，还需要对图表元素进行调整。选中图表，单击其右上方的"图表元素"按钮，在弹出的列表中只选中需要的图表元素对应的复选框。在此处，可以取消选中"网格线"复选框，选中"数据标签"复选框，如图 3-42 所示。

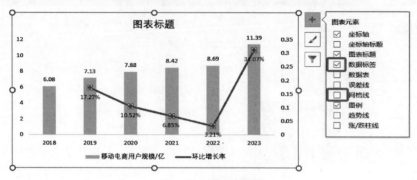

图 3-42 增删图表元素

（5）选中主纵坐标轴标签，单击鼠标右键，在弹出的快捷菜单中选择"设置坐标轴格式"命令，打开"设置坐标轴格式"窗格，在"标签"栏中将标签位置设置为"无"，如图 3-43 所示。对次纵坐标轴标签进行同样的设置。

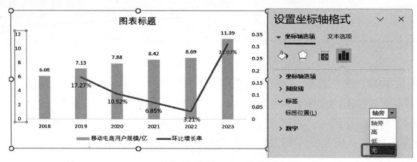

图 3-43 设置标签位置

（6）修改图表标题为"2018—2023 年中国移动电商用户规模及预测"，可以对表格字体、大小、图例位置等进行设置，以美化表格，图表最终效果如图 3-44 所示。

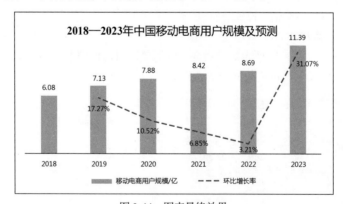

图 3-44 图表最终效果

【实训成果】

3～5 人一组，以小组为单位，完成商务数据可视化图表的制作，并对图表进行适当的优化，最后将其呈现出来。

第4章
市场数据分析

市场数据分析是指对市场数据进行收集、整理、分析和解读，从而帮助企业洞察市场变化、发现市场机会、评估市场风险，为企业的决策提供科学、准确的数据支持。市场数据分析不仅关注历史数据的挖掘和分析，更注重对未来市场趋势的预测和判断，它要求企业具备强大的数据收集能力、处理能力和分析能力，以及敏锐的市场洞察力和判断力。

【学习目标】

（1）深入理解行业数据分析的基本概念、方法和流程。

（2）熟悉并掌握分析市场潜力、市场需求量变化趋势的实用技巧，培养对市场和行业变化的敏锐感知，学会正确应对和预测市场趋势。

（3）能够识别并分析行业商品属性、商品属性需求及商品搜索关键词，洞察市场趋势。

（4）熟练运用统计方法和专业分析工具进行市场数据分析，提升分析效率和准确性。

（5）掌握识别竞争对手的方法，能够准确识别并分析主要竞争对手。

（6）熟练运用竞品数据和竞店数据分析技巧，深入了解竞争对手的优势与劣势。

（7）学会撰写市场数据分析报告，能够清晰、准确地呈现分析结果，为决策提供支持。

【案例导入】

小家电市场趋势分析

近年来，大家电行业趋于饱和进入存量市场，蓬勃发展的小家电成为"明星"。而进入2023年，由于创新乏力、消费复苏不及预期，小家电市场的发展也开始放缓。某企业想要加盟代理某小家电品牌，但对小家电的市场行情不是很了解，该企业领导安排员工进行小家电市场分析，从而辅助决策。该企业的数据分析人员第一时间查找关于小家电销售情况的行业报告，想要从中获取相关的统计数据。

根据美云智数发布的《2023小家电行业趋势洞察报告》，2023年社会消费品零售总额稳中有升，但升势趋缓。数据分析人员了解到，人们消费趋于谨慎，性价比是主要考虑因素，同时更加关注健康养生。例如，养生、净化消毒、个护按摩等产品普遍受到关注。2023年与2021年消费观变化对比和2023年1—8月健康类主销小家电如图4-1和图4-2所示。

图4-1　2023年与2021年消费观变化对比

（注：词的字号越大，其销售额越高）

图4-2　2023年1—8月健康类主销小家电

此外，5G、物联网、人工智能（Artificial Intelligence，AI）快速发展，智能化已成为家电行业最主要的趋势。图4-3所示为2018—2022年小家电线上销售额占比趋势，可以看出，小家电销售额呈逐年上升趋势。

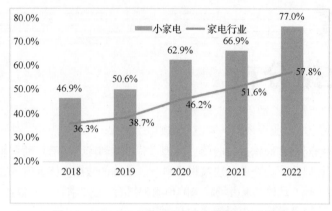

图4-3 2018—2022年小家电线上销售额占比趋势

【思考】

1. 如何利用市场数据分析不同群体的独特需求？
2. 市场数据分析的内容包括哪些？
3. 如何分析商品属性？

4.1 行业数据分析

行业环境是影响企业发展的重要因素，也是判断市场环境的基本指标。行业数据分析是指企业在进入新行业之前，对同类或相似企业从稳定性、集中度、发展速度和发展趋势等方面所做的数据分析。

4.1.1 行业数据

1. 行业数据的概念

行业与行业之间在经济特性、竞争环境、利润前景方面存在巨大差别。行业经济特性的变化取决于行业总需求量和市场成长率、技术变革的速度、该市场的地理边界（当地的、区域性的或全国范围的）、买方和卖方的数量及规模、卖方的产品或服务、规模经济对成本的影响程度、到达购买者的分销渠道类型。行业之间的差别体现在竞争重视程度上，如价格、产品质量、性能特色、服务、广告和促销、新产品的革新等。在某些行业中，价格竞争占统治地位；而在有些行业中，竞争集中在产品质量或性能及品牌形象与声誉上。

2. 影响行业数据的因素

由于行业之间在特征和结构方面有很大的差别，因此企业进行行业竞争分析必须从以下几点出发。

（1）市场规模。大市场常能吸引企业的注意，它们认为这可以帮助它们在市场中占据稳固的地位。

（2）竞争对手的数量及相对规模。具体分析行业是被众多小企业细分还是被几家大企业垄断。

（3）是否到达购买者的分销渠道类型。企业在选择分销渠道时，应综合考虑市场覆盖面、销售速度、价格策略及用户体验等多个方面，以制定最适合自身发展和市场需求的分销策略。

（4）生产能力利用率能在很大程度上决定企业的成本生产效率，生产过剩往往会降低价格和利润率，而生产紧缺则会提高价格和利润率。

（5）产品生产工艺革新和新产品技术变革的速度。

（6）市场增长速度。市场增长速度快可吸引其他企业进入，市场增长缓慢会使市场竞争加剧。

（7）行业在成长周期中所处的阶段。分析行业是处于初始发展阶段、快速成长阶段、成熟阶段、停滞阶段还是衰退阶段。

（8）消费者的数量及相对规模。

（9）竞争的范围。市场是当地的、区域性的还是全国范围的。

（10）在整个供应链中企业向前整合或向后整合的程度。在完全整合企业、部分整合企业和非整合企业之间往往存在竞争差异及成本差异。

（11）竞争对手的产品服务是强差别化的、弱差别化的、无差别化的还是统一的。

（12）行业中的企业能否实现采购、制造、运输、营销或广告等方面的规模经济。

（13）行业中的某些活动可以经过学习和经验积累实现效能的提升，因此单位成本往往会随着累计产量的增加而降低。也就是说在某些行业中，随着生产活动的持续进行和产量的不断累积，企业会逐渐积累起生产和管理方面的经验和知识，这种学习和经验效应会促使单位产品的生产成本随着累计产量的增长而逐渐降低。

（14）必要的资源及进入和退出市场的难度。壁垒高往往可以保护现有企业，壁垒低则使该行业易于进入。

（15）行业的盈利水平与同行业平均水平的对比。高利润行业会吸引新进入者，行业环境萧条往往会加速竞争对手的退出。

3. 行业数据采集

行业数据采集是市场行情分析的基础。为了确保分析结果的准确性和可靠性，企业需要及时收集相关的行业数据。行业数据采集是指通过收集、整理和分析特定行业内的相关数据，了解该行业的市场现状、发展趋势和竞争格局。对企业来说，行业数据是制定市场策略、优化产品设计和提高竞争力的重要依据。通过掌握行业数据，企业可以更好地把握市场机遇、规避潜在风险，从而做出更明智的决策。

（1）行业数据采集的目的

行业数据采集的目的是，根据行业特性确定数据指标筛选范围，制作符合业务要求的数据报表模板；在确保数据来源可靠的基础上，通过合适的数据采集方式完成行业数据报表的制作，为后续行业市场分析提供基础数据。

（2）行业数据采集的内容

行业数据指标应根据企业类型、经营规模、发展目标等进行选择，数据指标可以很宽泛，也可以很精练。一般情况下，数据指标至少应包括行业规模、龙头企业、行业大盘等信息。

① 行业规模：行业规模相关指标包括市场总营业额、平均利润、平均成本、企业数量、企业类型、企业资产总规模、企业融资渠道、企业地理分布等。行业规模直接决定了企业可以获得多少利润，该行业容得下多少公司。

② 龙头企业：行业内龙头企业的信息，一般包括企业名称、主营业务、企业类型（组织结构、所跨行业、规模、是否为上市公司等）、总股本、总资产、净资产、销售区域利润和增长率等指标。

③ 行业大盘：对互联网零售企业而言，行业数据采集以行业大盘（报表）信息为主，主要包括行业访客数、行业浏览量、行业搜索点击人数、行业搜索点击次数、行业搜索点击率、行业收藏人数、行业收藏次数、行业加购人数、行业加购次数、行业客单价、行业搜索人气、行业交易指数等指标。

（3）行业数据采集的步骤与渠道

① 行业数据采集的步骤

进行行业数据采集时，可先查找相关行业协会网站或权威专业网站，初步了解行业信息；然后通过网络查找信息，可变换关键词对同一问题进行多角度信息收集，力求信息全面。此外，如果部分数据比较难获得，则可以考虑电话咨询或上门走访。

② 行业数据采集的渠道

行业数据来源多种多样，包括市场调研报告、行业协会统计数据、竞争对手的公开报告、用户调查等。在选择数据来源时，需要考虑数据的准确性、可靠性和时效性。

主要采集渠道可分为行业内部和行业外部。内部数据是重要的信息来源，包括销售数据、客户数据、产品数据等。这些数据可以反映企业的经营状况。外部数据主要来自市场调研、公开报道、行业报告等。这些数据可以帮助企业了解行业的发展趋势和市场竞争情况。行业数据采集的渠道如表 4-1 所示。

表 4-1　　　　　　　　　　　　　　　　行业数据采集的渠道

采集渠道	采集的数据
金融机构	公开发布的各类年度数据、季度数据、月度数据等
政府部门	宏观经济数据、行业经济数据、产量数据、进出口贸易数据等
行业协会	年度报告数据、公报数据、行业运行数据、会员企业数据等
社会组织	国际性组织、社会团体公布的各类数据等
行业年鉴	农业、林业、医疗、卫生、教育、环境、装备、房产、建筑等各类行业的数据
公司公告	资本市场各类公司发布的定期年报、半年报、公司公告等
报纸杂志	在报纸杂志中获取的允许公开引用、转载的数据
中商调研	研究人员、调研人员通过实地调查、行业访谈获取的一手数据

（4）行业数据采集常用工具

① 生意参谋

生意参谋是淘宝网为商家提供的一款数据可视化工具。通过生意参谋，商家可以实时了解自己店铺的运营数据，包括流量、访问者数量、付款金额、转化率、客单价等关键指标。如果购买了市场洞察服务，商家还可以查看同行业其他店铺的数据信息，这有助于商家了解行业动态，进行产品竞争对手分析，从而制定更有效的销售策略。生意参谋平台如图 4-4 所示。

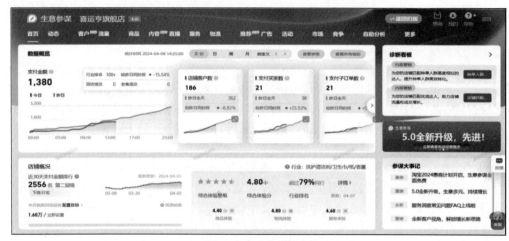

图 4-4　生意参谋平台

生意参谋的七大功能包括首页、实时直播、经营分析、市场行情、自助取数、专题工具和帮助中心，它们为商家提供了全方位的数据支持。商家可以通过实时直播功能查看店铺实时流量交易数据，通过经营分析功能了解店铺的经营情况，通过市场行情功能掌握行业趋势和竞争情况，等等。

要使用生意参谋，商家需要登录千牛卖家中心，单击淘宝页面右上方"千牛卖家中心"进入。这款工具不仅降低了商家获取数据的门槛，解决了数据之间不一致的问题，还可以帮助商家读懂数据，解决了数据不标准等问题。

② 飞瓜数据

飞瓜数据提供短视频及直播数据查询、运营及广告投放效果监控等功能。该平台专注于抖音、快手、B 站等平台的数据分析，提供多维度的达人榜单排名、电商数据等。用户可以通过飞瓜数据了解热门视频、音乐，查看各类排行榜，同时监控电商数据和商品表现，从而更好地制定运营策略。飞瓜抖音平台如图 4-5 所示。

图 4-5　飞瓜抖音平台

③ 灰豚数据

灰豚数据是一个专注于短视频和直播电商数据分析的平台。它提供商品分析、竞品调研、消费者梳理和社媒洞察等核心功能，致力于帮助用户找准品牌发力点、探测市场新机会。灰豚数据还提供营销管理功能（如达人管理、官 V 管理等）和运营服务（如直播代运营等），为用户提供全方位的数据支持和服务。灰豚数据平台如图 4-6 所示。

图 4-6　灰豚数据平台

例如，在灰豚数据监测首页的赛道大盘中可以看到男装不同类目在抖音的整体时间走势情况，如图 4-7（a）所示；还可进行多个类目的对比，挖掘红海、蓝海品类，如图 4-7（b）所示。

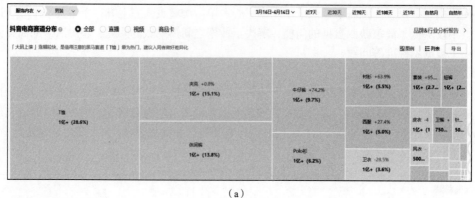

（a）

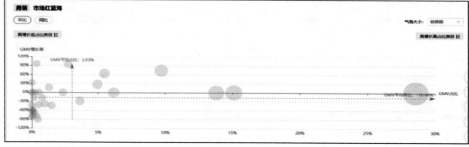

（b）

图 4-7　灰豚数据平台男装行业数据

④　蝉妈妈

蝉妈妈是国内知名的提供抖音、小红书数据分析服务的平台。它提供抖音、小红书等多个平台的数据分析服务，包括达人、商品、直播、短视频等多维度数据。蝉妈妈还提供智能匹配带货达人的功能，以及全域营销服务。此外，蝉妈妈还设立了直播间核心数据指标，如直播转化率等，以帮助用户更直观地了解主播的带货能力。蝉妈妈平台如图 4-8 所示。

图 4-8　蝉妈妈平台

4.1.2　行业集中度分析

行业集中度又称为行业集中率，可以反映某个行业的饱和度、垄断程度。行业集中度可以通过赫芬达尔指数（HHI）来反映该行业的饱和度和垄断程度，从而可以用于判断行业的发展前景。

1．赫芬达尔指数

赫芬达尔指数是衡量行业集中度的综合指数，它通过计算市场上所有企业市场份额的平方和来反映市场的集中程度，即一个行业中各竞争主体所占行业总收入或总资产百分比的平方和。

2．赫芬达尔指数计算方法

赫芬达尔指数的计算方法如下。

（1）获取竞争对手的市场份额，可忽略所占市场份额较小的竞争对手。

（2）计算市场份额的平方值。

（3）将计算的市场份额平方值相加。

赫芬达尔指数的计算公式如下。

$$HHI=SUM[(X_i/X)^2]$$

在上述计算公式中，X 代表市场的总规模，X_i 代表第 i 个企业的规模，X_i/X 代表第 i 个企业的市场占有率。HHI 越大，行业集中度越高，行业的垄断程度也越高，当某个行业的市场被完全垄断时，HHI=1。

3．赫芬达尔指数的作用

（1）反映大企业市场占有率的变化：由于 HHI 计算的是市场份额的平方和，规模较大的企业的市场份额的平方会显著影响 HHI；因此，当大企业的市场占有率发生变化时，HHI 会有明显的波动。例如，一个占有 20% 的市场份额的企业，其市场份额的平方是 4%（0.2 的平方），这对 HHI 的影响是显著的。如果这个企业的市场份额增加或减少，HHI 将相应地发生变化。

（2）对小企业市场份额变化的敏感度：对于所占市场份额很小的小企业，其市场份额的平方值将非常小，对 HHI 的整体影响也就相对较小。例如，一个占有 1% 的市场份额的小企业，其市场份额的平方仅为 0.01%（0.01 的平方），这样的变化在 HHI 中可能不会引起显著的变化，除非大量小企业同时发生较大幅度的市场份额变化。

（3）反映大企业对市场的影响：由于 HHI 对大企业的市场份额变化敏感，因此它能够有效地捕捉到这些企业对市场的潜在影响。大企业市场份额的增加或减少可能会显著影响市场的竞争格局和消费者的选择。

假设某男装行业的市场中有 5 家企业，这 5 家企业的市场占有率分别为 0.16、0.14、0.1、0.35和 0.25。实际应用中通常会对 HHI 求倒数，并四舍五入得到整数，用以直观地说明行业的集中度情况。计算 HHI 的过程如下所示。

$$HHI=0.16×0.16+0.14×0.14+0.1×0.1+0.35×0.35+0.25×0.25$$
$$=0.0256+0.0196+0.01+0.1225+0.0625=0.2402$$

得到的 HHI 为 0.2402。对这个值求倒数，并四舍五入到小数点后一位，如下所示。

$$集中度的倒数=1/HHI=1/0.2402≈4.2$$

如果想用整数来直观地描述集中度，可以对 4.2 进行四舍五入，得到的结果是 4。这意味着在这个男装行业中，有 4 家企业具有相等的市场份额。这种方法简化了市场结构，提供了一个快速理解市场竞争状况的数字指标。

【课堂实操 4-1】分析男装套装子行业的集中度

4-1　分析男装套装子行业的集中度

　　步骤 1：打开文件"案例素材\第 4 章\行业集中度.xlsx"，在 C1 单元格中输入"市场份额"，选择 C2 单元格，在编辑栏中输入"=B2/SUM($B$2:$B$51)"，表示该品牌交易指数除以表中所有品牌交易指数之和。选中 C2 单元格，向下拖动 C2 单元格右下角的填充柄到 C51 单元格。效果如图 4-9 所示。

C2 | =B2/SUM($B$2:$B$51)

	A	B	C
1	品牌	交易指数	市场份额
2	花花公子（PLAYBOY）	254, 090	0. 03032
3	CHINISM	246, 385	0. 02940
4	啄木鸟（TUCANO）	242, 419	0. 02893
5	乐希源	240, 756	0. 02873
6	卡早	236, 996	0. 02828
7	卡帝乐鳄鱼（CARTELO）	236, 865	0. 02826
8	乔巴先生	233, 622	0. 02788
9	稻草人（MEXICAN）	229, 680	0. 02741
10	班尼路（Baleno）	223, 921	0. 02672
11	雅鹿	221, 091	0. 02638
12	太子龙（TEDELON）	218846	0. 02611
13	画子木（HUAZIMU）	213, 132	0. 02543
14	真维斯（Jeanswest）	211, 856	0. 02528

图 4-9　计算各品牌的市场份额

步骤 2：在 D1 单元格中输入“市场份额平方值”，选择 D2 单元格，在编辑栏中输入“=C2*C2”，表示对品牌市场份额进行平方运算。选择 D2 单元格，单击鼠标右键，在弹出的快捷菜单中选择“设置单元格格式”命令，打开“单元格格式”对话框。在“分类”中选择“数值”，“小数位数”设置为“8”。设置完成后，拖动 D2 单元格右下角的填充柄至 D51 单元格，效果如图 4-10 所示。

D2 | =C2*C2

	A	B	C	D
1	品牌	交易指数	市场份额	市场份额平方值
2	花花公子（PLAYBOY）	254, 090	0. 03032	0. 00091926
3	CHINISM	246, 385	0. 02940	0. 00086436
4	啄木鸟（TUCANO）	242, 419	0. 02893	0. 00083675
5	乐希源	240, 756	0. 02873	0. 00082531
6	卡早	236, 996	0. 02828	0. 00079974
7	卡帝乐鳄鱼（CARTELO）	236, 865	0. 02826	0. 00079885
8	乔巴先生	233, 622	0. 02788	0. 00077713
9	稻草人（MEXICAN）	229, 680	0. 02741	0. 00075112
10	班尼路（Baleno）	223, 921	0. 02672	0. 00071393
11	雅鹿	221, 091	0. 02638	0. 00069600
12	太子龙（TEDELON）	218846	0. 02611	0. 00068193
13	画子木（HUAZIMU）	213, 132	0. 02543	0. 00064679
14	真维斯（Jeanswest）	211, 856	0. 02528	0. 00063907
15	BABIBOY	211, 204	0. 02520	0. 00063514
16	皮尔卡丹（pierre cardin）	210, 379	0. 02510	0. 00063019
17	虎马（HUMA）	208, 339	0. 02486	0. 00061802
18	欧迈卓（OMZ）	205, 907	0. 02457	0. 00060368
19	南极人（Nanjiren）	200, 560	0. 02393	0. 00057273
20	李宁（LI-NING）	199, 179	0. 02377	0. 00056487

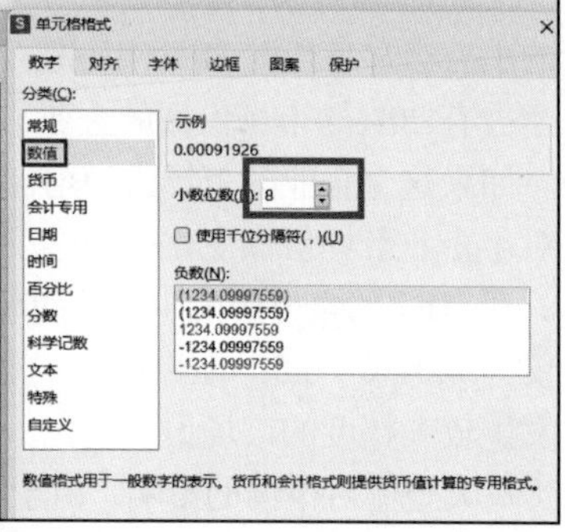

图 4-10　计算市场份额的平方值

步骤 3：在 E1 单元格中输入“赫芬达尔指数”，选择 E2 单元格，在编辑栏中输入公式“=SUM(D2:D51)”，表示对所有品牌的市场份额的平方值求和，按 Ctrl+Enter 组合键返回结果，如图 4-11 所示。

E2 | =SUM(D2:D51)

	A	B	C	D	E
1	品牌	交易指数	市场份额	市场份额平方值	赫芬达尔指数
2	花花公子（PLAYBOY）	254, 090	0. 03032	0. 00091926	0. 0220025
3	CHINISM	246, 385	0. 02940	0. 00086436	
4	啄木鸟（TUCANO）	242, 419	0. 02893	0. 00083675	
5	乐希源	240, 756	0. 02873	0. 00082531	
6	卡早	236, 996	0. 02828	0. 00079974	
7	卡帝乐鳄鱼（CARTELO）	236, 865	0. 02826	0. 00079885	
8	乔巴先生	233, 622	0. 02788	0. 00077713	
9	稻草人（MEXICAN）	229, 680	0. 02741	0. 00075112	
10	班尼路（Baleno）	223, 921	0. 02672	0. 00071393	
11	雅鹿	221, 091	0. 02638	0. 00069600	
12	太子龙（TEDELON）	218846	0. 02611	0. 00068193	
13	画子木（HUAZIMU）	213, 132	0. 02543	0. 00064679	

图 4-11　计算行业集中度

步骤 4：在 F1 单元格中输入“行业集中度倒数”，选择 F2 单元格，在编辑栏中输入公式“=1/E2”，表示计算行业集中度的倒数，按 Enter 键返回结果，如图 4-12 所示。

综合考虑 HHI 和品牌数量，可以判断男装套装市场的品牌集中度较低，市场上有多个品牌共同竞争，没有形成明显的市场垄断。

图 4-12　计算行业集中度的倒数

4.2　市场环境分析

在全渠道运营中，市场环境分析是企业选择进军某一市场领域的前提，也是企业对自身发展方向的预测性指导。市场环境分析具有一定的前瞻性，依据市场环境分析的结果，企业可以了解自己在该行业中的竞争优势及不足，预测自己在该行业中的发展前景，从而判断是否有进入该行业的必要，或者从分析结果中找出最有竞争优势的产品，对其进行开发运营等。市场环境分析主要从市场容量、市场潜力和市场需求分析这三个方面进行分析。

4.2.1　市场容量

1．市场容量的概念

市场容量，也被称为市场规模，是一个重要的经济指标，它描述了在特定时间内，某一特定市场或行业中所能容纳或潜在容纳的产品或服务的总量。这个总量可以用货币单位来衡量，如总销售额或总收入；也可以用数量单位来表示，如总销售量或总产量。市场容量反映了市场的潜力和发展空间，对于企业和投资者来说，了解市场容量是制定市场策略、进行投资决策的重要依据。

2．市场容量分析的作用

市场容量分析在企业战略规划和决策过程中起着至关重要的作用。市场容量分析的具体作用如下。

（1）帮助企业判断是否要进入新行业

通过市场容量分析，企业可以了解行业规模和增长潜力、评估竞争格局、识别市场机会。

① 了解行业规模和增长潜力：分析新行业的整体市场规模、增长率和未来趋势，有助于企业判断该行业是否具有足够的吸引力和盈利空间。

② 评估竞争格局：深入了解行业内的主要竞争者及其市场份额、优势和劣势，以及市场进入壁垒，可以帮助企业找到自身在新行业中的定位，评估自己的发展潜力。

③ 识别市场机会：通过分析消费者需求、行业趋势和潜在的市场空白，企业可以发现未被充分满足的市场需求，从而制定更有效的市场进入策略。

（2）判断企业营收和利润的上限

市场容量分析对预测企业的营收和利润上限至关重要。

① 预测营收潜力：基于市场容量和行业增长率的分析，企业可以估算出在特定行业或市场中的潜在营收。这有助于企业设定合理的营收目标和期望值。

② 评估利润空间：通过分析行业的成本结构、定价策略和利润空间，企业可以预测其在新行业

中的潜在利润，并据此设定更为精准的价格和市场策略。

③ 风险管理：通过对市场容量的深入分析，企业可以更好地识别潜在的市场风险，如市场竞争加剧、消费者需求变化等，从而提前制定应对策略。

总的来说，市场容量分析是企业进行战略规划和决策的重要依据。它不仅能帮助企业判断是否应该进入一个新行业，还能预测企业在该行业中的营收和利润潜力，从而指导企业做出更明智的决策。

3. 分析市场容量

企业在进行市场容量分析之前，需要明确分析目的，即明确是要了解目标行业历年的市场容量变化情况，还是要了解目标行业未来几年的市场容量；然后根据分析目的通过淘宝网、京东商城等电子商务平台和360趋势、百度指数、艾瑞网、艾媒网等平台收集相应的数据，并对数据进行相应的处理和分析。具体步骤如下。

（1）确定分析目标：明确通过市场容量分析想要达成的目标，并据此得到分析方案。

（2）搜集整合数据：为了保证后期分析、预测的准确性与可靠性，需要尽可能搜集整合权威数据，如通过艾瑞网、艾媒网、易观国际、前瞻网等平台发布的年度报告采集目标行业的市场容量数据。

（3）进行市场容量分析与预测：根据搜集、整合的数据进行市场容量分析与预测。

企业进行市场容量分析时需要注意两点：一是市场的发展是动态的，企业在收集数据时要考虑时间因素；二是在分析某行业的市场容量数据时，企业还可以对相关子行业的数据进行分析，以避开规模小、竞争激烈的子行业。子行业市场容量分析的步骤如下。

（1）明确分析目标。

（2）采集并整理数据。

（3）创建数据透视表。

（4）插入饼图。

（5）插入切片器。

（6）分析子行业市场容量。

市场容量的分析方法有很多，较方便实用的方法是使用 Excel。分析人员可使用生意参谋、飞瓜等第三方平台来采集某行业的子行业数据，然后利用 Excel 整理和汇总数据，并完成分析工作。

【课堂实操 4-2】分析男装子行业市场容量

获得男装各子行业支付金额较父行业占比数据后，可借助 Excel 分析男装子行业的市场容量，具体操作如下。

✎ **步骤 1：** 打开文件"案例素材\第 4 章\男装市场容量分析.xlsx"，单击"插入"选项卡下"表格"选项组中的"数据透视表"下拉按钮，在下拉列表中选择"表格和区域"选项，如图 4-13 所示。

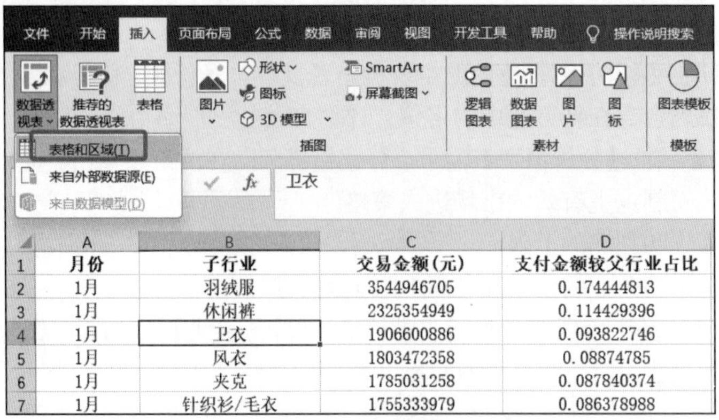

图 4-13　选择"表格和区域"选项

步骤 2：在打开的"来自表格或区域的数据透视表"对话框中设置"表/区域"为$A:$D，选中"新工作表"单选项，如图 4-14 所示，单击"确定"按钮。

步骤 3：Excel 将在新工作表中创建一个空白的数据透视表，并显示"数据透视表字段"窗格；选中"月份""子行业""支付金额较父行业占比"复选框，将"月份"字段拖至"筛选"区域，双击"子行业"字段，将其添加到下方的"行"区域中，用同样的方法将"支付金额较父行业占比"字段添加到"值"区域中。数据透视表将同步统计出男装各子行业支付金额较父行业占比，如图 4-15 所示。

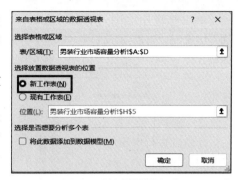

图 4-14　创建数据透视表

图 4-15　添加数据透视表字段

步骤 4：在数据透视表的 B1 单元格中按月份进行筛选，可以选择"10 月"，将"支付金额较父行业占比"字段的数字格式设置成百分比格式，小数位数为 2 位，如图 4-16 所示。

步骤 5：选择数据透视表中的任意数据，单击"插入"选项卡下"图表"选项组中的"数据透视图"按钮，打开"插入图表"对话框，选择"柱形图"选项，然后选择"簇状柱形图"选项，如图 4-17 所示。

图 4-16　设置数字格式后的数据透视表

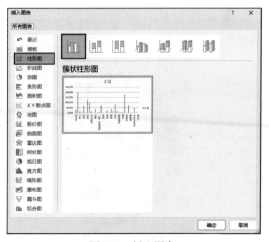

图 4-17　插入图表

步骤6：单击"设计"选项卡下"图表布局"选项组中的"快速布局"下拉按钮，在下拉列表中选择"布局 4"选项，删除下方的图例对象。在"开始"选项卡下的"字体"选项组中将字体格式设置为华文楷体、10号，拖曳图表右下角的控制点，适当放大图表，如图4-18所示。

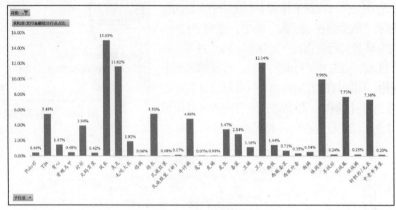

图4-18　设置并美化图表

步骤7：为了更直观地查看市场容量占比情况，单击"设计"选项卡下"类型"选项组中的"更改图表类型"按钮，在打开的"更改图表类型"对话框中选择"饼图"选项，然后选择"复合饼图"，更改数据透视图的类型，效果如图4-19所示。

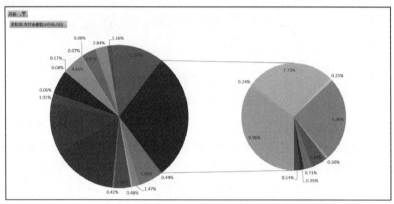

图4-19　更改图表类型效果

步骤8：对图表进行格式设置，隐藏图表上的字段按钮，删除图例。选中饼图，单击鼠标右键，在弹出的快捷菜单中选择"排序">"降序"命令，效果如图4-20所示。

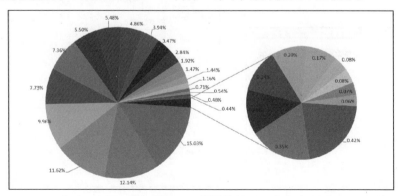

图4-20　设置排序

步骤 9：选中图表，单击"图表元素"按钮 ✚，在弹出的列表中选择"数据标签">"最佳位置"，如图 4-21 所示。

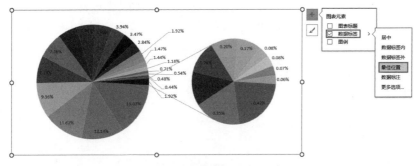

图 4-21　设置图表元素位置

步骤 10：在图表的数据标签上单击鼠标右键，在弹出的快捷菜单中选择"设置数据标签格式"命令，打开"设置数据标签格式"窗格；在"标签选项"栏中选中"类别名称""百分比""显示引导线"复选框，在"分隔符"下拉列表中选择"空格"选项；如果需要保留两位小数，可以在"数字"栏中设置"类别"为"数字">"百分比"，小数位数为"2"。效果如图 4-22 所示。

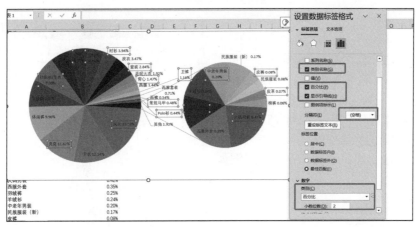

图 4-22　设置数据标签格式

步骤 11：在图表中选中饼图系列，打开"设置数据系列格式"窗格，切换到"系列选项"选项卡，在"系列分割依据"下拉列表中选择"百分比值"选项，然后设置"值小于"为"1%"，如图 4-23 所示。

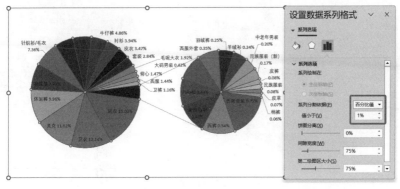

图 4-23　设置数据系列格式

步骤 12：在"数据透视图分析"选项卡中单击"插入切片器"按钮，在弹出的对话框中选中"月份"复选框，然后单击"确定"按钮。此时，"月份"切片器已插入。在切片器上单击鼠标右键，在弹出的快捷菜单中选择"切片器设置"命令，弹出"切片器设置"对话框，取消选中"显示页眉"复选框，如图 4-24 所示，然后单击"确定"按钮。

图 4-24　设置切片器

步骤 13：在"切片器"选项卡下的"按钮"选项组中设置"列"为 4，如图 4-25 所示。

步骤 14：编辑图表标题，调整图表大小和绘图区大小。将切片器置于图表的空白区域，然后按住 Shift 键同时选中切片器和图表后单击鼠标右键，在弹出的快捷菜单中选择"组合">"组合"命令，组合图表和切片器，效果图如图 4-26 所示。

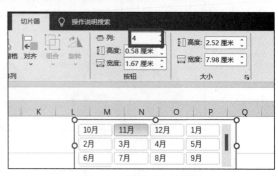

图 4-25　设置切片器列数

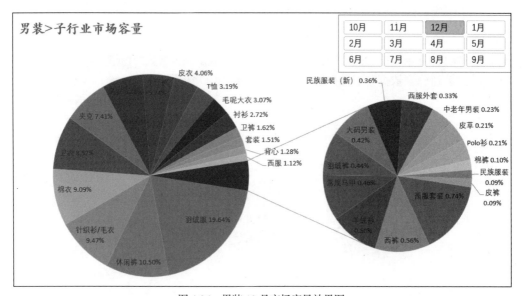

图 4-26　男装 12 月市场容量效果图

完成以上操作后就可以查看男装的各个子行业在各个月份的市场容量情况。通过图 4-26 可以发现，12 月时，羽绒服的市场容量最大，占比为 19.64%，休闲裤占比 10.50%。

分析男装子行业的市场容量时，不能只看绝对数据，而要综合考虑季节、商品子类目等多种因素，这样才能更加全面地了解子行业市场容量。按住 Ctrl 键的同时单击月份按钮可以进行多选，如选中连续的 3 个月，分析每个季度子行业的市场容量。

分析数据时，一定不能只看表面数据，要综合考虑多个因素的影响，管理者如果忽略数据背后的因素，极有可能做出错误的决定。

4.2.2　市场潜力

1. 市场潜力的概念

市场潜力指的是在特定时期和特定条件下，某一市场对某一产品的购买量的最乐观估计。它代表了在给定的市场环境和条件下，市场需求所能达到的最大数值。分析市场潜力有助于企业确定经营目标，挖掘潜在的市场机会，以提高产品销售额和企业效益。

为了准确评估市场潜力，企业通常需要进行深入的市场调研和分析。这包括对市场的细分，以识别不同群体的特征和需求；对市场规模、增长率等数据的分析，以了解市场的整体状况和趋势；对未来市场需求的预测，以判断市场的发展方向。此外，对竞争对手的分析和对消费者行为的深入研究也是评估市场潜力的重要环节。

2. 市场潜力分析

市场潜力分析旨在评估市场未来的增长潜力和发展空间。通过对市场规模、增长率、竞争格局等指标的综合分析，企业可以了解市场的成熟度和发展趋势，从而制定合理的市场拓展战略。

进行市场潜力分析时首先需要明确目标电商行业大类下的子类目，然后通过蛋糕指数计算公式选定相关行业，创建蛋糕指数雷达图，判断相关行业市场容量的大小，从而选择具有市场潜力的行业；接着从客户品牌偏好、价格偏好、属性偏好等方面综合分析最有市场潜力的目标行业的市场需求，选择最有竞争力的产品。

蛋糕指数是分析市场潜力的重要指标，可以用来评估行业未来的发展空间。蛋糕指数的计算公式如下。

$$蛋糕指数 = 支付金额较父行业占比 \div 父行业卖家数占比$$

蛋糕指数越大，市场潜力越大。蛋糕指数与市场容量关系反映的市场特点及参考策略如表 4-2 所示。

表 4-2　　　　　　　　蛋糕指数与市场容量关系反映的市场特点及参考策略

关系	市场特点	参考策略
蛋糕指数大，市场容量小	行业中的企业数量较少，市场竞争力较弱	最好进行进一步的分析，如果该行业的市场容量呈较明显的增长趋势，企业可以考虑进入该行业
蛋糕指数大，市场容量大	行业中的企业数量较少，市场容量较大，是典型的蓝海市场的特征	值得进入
蛋糕指数小，市场容量大	行业中的企业数量较多，竞争比较激烈	如果企业在该行业的某方面存在明显竞争优势，可以考虑进入该行业
蛋糕指数小，市场容量小	行业中的市场容量小，但不能确定企业数量	企业可以保持观望态度，及时关注该行业的发展趋势，并做进一步分析

子行业市场潜力的分析步骤如下。

（1）采集并整理数据。

（2）创建数据透视表。

（3）计算蛋糕指数。

（4）创建数据透视图。

（5）插入切片器。

（6）分析蛋糕指数。

3. 市场潜力影响因素

影响市场潜力的因素众多，包括当地的工资水平、劳动力就业水平、人口数量及市场的进入便利条件，如空间距离、交通通信状况和市场进入制度等。例如，如果一个地区工资水平高、劳动力就业率高且人口数量多，那么该地区居民的购买力就强，市场潜力也就相对较大。市场潜力主要受两个因素的影响，即产品因素和环境因素。

（1）产品因素

产品因素包括产品特点、渠道、销售方式、价格等。

① 产品特点

➢ 创新性：独特或新颖的产品更能吸引消费者的注意。

➢ 品质：高品质的产品更容易获得消费者的信任。

➢ 定制化：根据不同消费者的需求提供定制化产品，以满足市场的多样化需求。

② 渠道

➢ 多样性：通过多种渠道销售产品，如线上平台、实体店、批发等，以扩大市场覆盖面。

➢ 效率：高效的分销渠道可以确保产品能够快速到达消费者手中。

③ 销售方式

➢ 营销策略：创新的营销策略（如促销活动、捆绑销售等）可以激发消费者的购买欲望。

➢ 客户服务：优质的客户服务可以改善消费者的购买体验，进而促进销售。

④ 价格

➢ 定价策略：合理的定价策略能够平衡利润和市场需求，过高或过低的价格都可能影响市场潜力。

➢ 价格弹性：了解消费者对价格的敏感度，以便在必要时进行价格调整。

（2）环境因素

环境因素大致可以分为宏观环境和微观环境。环境因素具有复杂性、多变性，企业若能根据环境变化，及时调整营销策略，那么就能在一定程度上把握市场先机。

① 宏观环境

➢ 经济环境：整体经济状况、通货膨胀率、利率等都会影响消费者的购买力和市场潜力。

➢ 政治法律环境：政策法规的变化可能会对市场潜力产生正面或负面的影响。

➢ 社会文化环境：消费者的文化习惯、价值观念等会影响他们对产品的接受程度。

➢ 技术环境：新技术的出现可能会创造新的市场需求或改变现有的市场格局。

② 微观环境

➢ 竞争者：竞争者的数量、策略和市场份额都会影响市场潜力。

➢ 消费者：消费者的需求、偏好和消费习惯是决定市场潜力的关键因素。

➢ 供应商：供应商的质量和价格策略会影响产品的成本和市场定位。

➢ 中间商：分销商、零售商等中间商的态度和策略也会影响产品的市场潜力。

【课堂实操4-3】分析男装市场潜力

🔗　**步骤1**：打开文件"案例素材\第4章\男装市场潜力分析.xlsx"，同【课堂实操4-2】步骤1～步骤2，在"数据透视表字段"窗格将"子行业"字段添加到"行"区域，单击"数据透视表分析"选项卡下"计算"选项组中的"字段、项目和集"下拉按钮，在下拉列表中选择"计算字段"选项，如图4-27所示。

图4-27　选择"计算字段"选项

🔗　**步骤2**：在弹出的"插入计算字段"对话框的"名称"文本框中输入"蛋糕指数"，在"公式"文本框中输入"="，如图4-28所示；在"字段"列表框中选择"父行业有交易卖家数占比"字段，然后单击"插入字段"按钮，将该字段插入公式。

🔗　**步骤3**：编辑公式为"=父行业有交易卖家数占比/父行业卖家数占比"，如图4-29所示，然后单击"确定"按钮，即可在数据透视表中插入"蛋糕指数"字段。

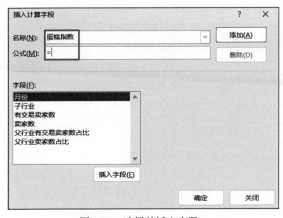

图4-28　选择并插入字段

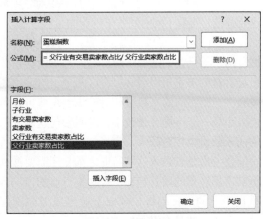

图4-29　编辑字段公式

步骤 4：在"数据透视表字段"窗格中将"蛋糕指数"字段添加到"值"区域，如图 4-30 所示，然后在数据透视表中设置"蛋糕指数"字段的数字格式为百分比格式。

步骤 5：单击"数据透视表分析"选项卡下"筛选"选项组中的"插入切片器"按钮，在弹出的"插入切片器"对话框中选中"月份"和"子行业"复选框，如图 4-31 所示，单击"确定"按钮。

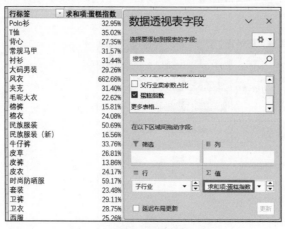

图 4-30　添加"蛋糕指数"字段

图 4-31　"插入切片器"对话框

步骤 6：在"月份"切片器中单击"5 月"按钮，在"子行业"切片器中按住 Ctrl 键单击要分析的子行业按钮，如图 4-32 所示。

步骤 7：系统给出筛选数据后的数据透视表，对"蛋糕指数"字段进行降序排列，效果如图 4-33 所示。

图 4-32　使用切片器筛选数据

图 4-33　降序排列"蛋糕指数"字段

步骤 8：为数据透视表创建雷达图并设置图表格式，查看 5 月各子行业的蛋糕指数，如图 4-34 所示。在"月份"和"子行业"切片器中对各项数据进行筛选，查看不同时间各子行业的蛋糕指数。

根据图 4-34 可以得出，5 月"Polo 衫"和"T恤"两个子行业的蛋糕指数最高。基于蛋糕指数与市场容量的关系可以得知，若这两个子行业市场容量较大，则当前商家数量相对较少，企业可以考虑进入市场；若市场容量较小，说明参与这两个行业的商家数量也相对较少，市场竞争不激烈。然而，企业在考虑是否进入这些行业之前，还需要深入分析其市场容量的增长趋势。若这些行业的市场容量呈现明显的增长趋势，那么企业可以考虑把握时机，进入这些具有潜力的市场。

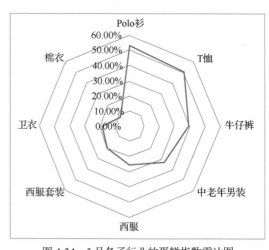

图 4-34　5 月各子行业的蛋糕指数雷达图

4.2.3　市场需求分析

市场需求分析主要是估计市场规模的大小及产品潜在需求量，是市场行情分析的核心。通过对消费者的需求、购买行为和消费趋势的研究，企业可以了解市场对产品的需求，从而调整产品策略、优化产品组合、提高市场竞争力。

在某些领域，特定产品的市场需求会受到特定情况的影响。以 T 恤、羽绒服、凉鞋和雪地靴为例，其市场需求通常会随季节的更替而发生变化。同样地，像粽子、月饼这样的节庆食品，在节日临近或结束时，其市场需求也会有显著的变化。因此，对企业来说，密切关注目标行业市场需求的动态变化，并根据市场状况灵活调整产品库存，是取得成功的关键。

市场需求量变化趋势分析是市场需求分析的重要组成部分。通过对市场需求量变化趋势的研究，能帮助企业更好地把握市场需求动态。市场需求量变化趋势分析可以采用时间序列分析法、回归分析法等统计方法。这些方法可以帮助企业了解市场需求量的变化规律和发展趋势，为企业制定合理的市场策略提供参考。

4-2　分析休闲裤市场需求量变化趋势

【课堂实操 4-4】分析休闲裤市场需求量变化趋势

✎　**步骤 1:** 打开文件"案例素材\第 4 章\休闲裤市场需求量变化趋势.xlsx"，如图 4-35 所示，对"交易指数"（支付金额指数化后的指标）和"客群指数"（支付成交人数指数化后的指标）的变化趋势进行分析。

月份	类目名	搜索人气	搜索热度	访问人气	浏览热度	收藏人气	收藏热度	加购人气	加购热度	客群指数	交易指数
2023年1月	男装 > 休闲裤	815725	3480240	1765719	5851105	567336	755871	693628	1308425	645541	9964274
2023年2月	男装 > 休闲裤	698914	2170404	1060197	5098697	486199	614098	601447	974495	503748	7893368
2023年3月	男装 > 休闲裤	810084	3348992	1536518	5602434	583909	861619	694025	1316043	638452	9742753
2023年4月	男装 > 休闲裤	827048	3423086	1784173	5799985	592301	967663	698010	1410843	659229	9984512
2023年5月	男装 > 休闲裤	948895	3946946	1968841	6277942	621261	1157824	726120	1780675	701986	11589522
2023年6月	男装 > 休闲裤	942207	3956315	1961536	6217324	598606	994072	722364	1764416	712511	14559380
2023年7月	男装 > 休闲裤	865679	3521790	1934175	5627057	585773	846315	697262	1377577	692898	10153944
2023年8月	男装 > 休闲裤	770113	3318432	1394261	5482972	547288	708591	660044	1219058	623479	9190167
2023年9月	男装 > 休闲裤	745750	3293399	1315984	5477230	529525	698179	650913	1189134	617278	9234566
2023年10月	男装 > 休闲裤	861833	3616556	1942445	5973405	594050	896119	699440	1438314	649968	9817928
2023年11月	男装 > 休闲裤	859589	3597867	1942976	6139725	586618	757227	704913	1491676	692091	10850326
2023年12月	男装 > 休闲裤	809594	3423852	1464290	5835523	548841	707861	691108	1293068	639601	9853085
2024年1月	男装 > 休闲裤	769663	3349218	1352881	5590263	510305	679859	672224	1216099	627783	9649762
2024年2月	男装 > 休闲裤	696842	2183365	1023706	5109472	466967	596943	593247	882891	498801	7849113
2024年3月	男装 > 休闲裤	758739	3347376	1349107	5563822	547705	711649	682496	1264087	622248	9365535

图 4-35　休闲裤市场需求量变化趋势

✎　**步骤 2:** 选中 A1:A25 单元格区域，然后按住 Ctrl 键选中 K1:L25 单元格区域，单击"插入"选项卡下"图表"选项组中的"推荐的图表"按钮；在弹出的"更改图表类型"对话框中单击"所有图表"选项卡，在左侧选择"组合图"选项，在右侧分别设置"客群指数"和"交易指数"数据系列的图表类型为"簇状柱形图"和"折线图"，并选中"客群指数"数据系列的"次坐标轴"复选框，如图 4-36 所示，单击"确定"按钮。

✎　**步骤 3:** 对插入的图表进行格式设置。设置图表标题为"男装休闲裤市场需求量变化趋势"，图例位置为"顶部"；左边垂直轴为"交易指数"，单位是"百万"，右边垂直轴为"客群指数"，单位是"万"；选中折线图，在"设置数据系列格式"窗格中选择"平滑线"，最终效果如图 4-37 所示。

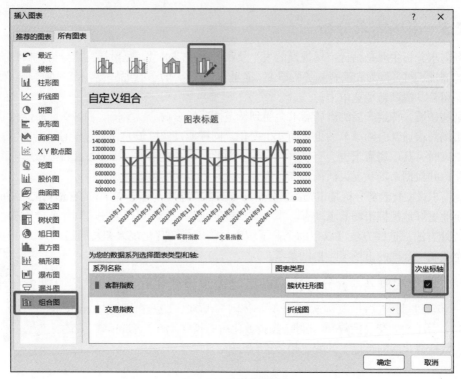

图 4-36　设置组合图

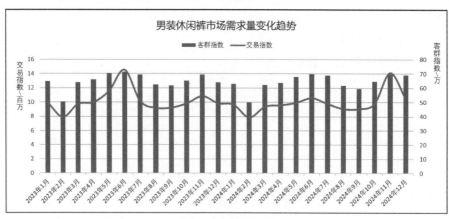

图 4-37　组合图效果

4.3　市场选品分析

在多元化的商品市场中，电商运营者能否取得成功往往取决于他们能否从众多商品中精准挑选出既满足市场需求又符合自身经营定位的商品。为了实现这一目标，运营者必须深入分析市场上目标商品的相关数据，确保选品决策有充分的数据支持。通过这种方式，运营者能够更准确地把握市场发展趋势，从而选择出高质量且满足客户需求的商品，为电商业务的成功奠定坚实基础。

4.3.1　行业商品属性分析

商品属性是指商品本身所固有的性质，是商品在不同领域的差异性（不同于其他商品的性质）

的集合。也就是说，商品属性是商品性质的集合，是商品差异性的集合。例如，在时尚服饰行业，商品属性包含时尚性、舒适性、耐用性、品牌等；在食品饮料行业，商品属性包含口感、营养成分、安全性、品牌等。通过对不同行业的商品属性的分析，企业可以更好地了解消费者的需求和偏好，从而有针对性地优化产品设计、提升产品品质等，提高产品的市场竞争力并获得更大的市场份额。

4-3　分析男装牛仔裤子行业不同属性的市场表现

【课堂实操 4-5】分析男装牛仔裤子行业不同属性的市场表现

📝　**步骤 1**：打开文件"案例素材\第 4 章\男装牛仔裤子行业不同属性市场表现.xlsx"，如图 4-38 所示。

属性	属性名	交易金额	支付子订单数	支付件数	件单价	支付人数	客单价	人均支付件数
裤门襟	拉链	29181043	255911	276812	105.42	223053	130.83	1.24
裤门襟	拉链	29114527	253764	285799	101.87	220125	132.26	1.3
裤门襟	拉链	38754377	332333	351899	110.13	281982	137.44	1.25
裤门襟	拉链	35020917	302281	339037	103.3	257646	135.93	1.32
裤门襟	拉链	33234494	285334	299075	111.12	243746	136.35	1.23
裤门襟	拉链	29945051	257437	262734	113.97	220027	136.1	1.19
裤门襟	拉链	27246367	232491	255409	106.68	198673	137.14	1.29
裤门襟	拉链	26614789	228789	240885	110.49	195086	136.43	1.23
裤门襟	拉链	28762765	241414	250762	114.7	204928	140.36	1.22
裤门襟	拉链	28475503	229477	237505	119.89	192240	148.12	1.24
裤门襟	拉链	20931758	174726	190057	110.13	151243	138.4	1.26
裤门襟	拉链	26422575	216935	222061	118.99	187051	141.26	1.19
裤门襟	拉链	28181492	235270	255575	110.27	203521	138.47	1.26

图 4-38　男装牛仔裤子行业不同属性数据

📝　**步骤 2**：创建数据透视表，在"数据透视表字段"窗格中将"属性"字段拖至"筛选"区域，将"属性名"字段拖至"行"区域，将"交易金额"和"客单价"字段拖至"值"区域，如图 4-39 所示。

📝　**步骤 3**：在数据透视表中单击 B2 单元格右侧的下拉按钮，在下拉列表中选择"腰型"选项，然后在"客单价"列中选中任意单元格并单击鼠标右键，在弹出的快捷菜单中选择"值汇总依据"＞"平均值"命令，如图 4-40 所示。

图 4-39　添加数据透视表字段

图 4-40　选择"平均值"命令

📝　**步骤 4**：由于在数据透视表中不能直接创建散点图，因此需要先复制数据到新位置，再创建散点图。选中数据透视表中的数据单元格区域，按 Ctrl+C 组合键进行复制，如图 4-41 所示。

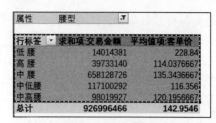

图 4-41　复制数据

✿　**步骤 5**：新建一个工作表，在 A1 单元格中粘贴数据，然后选中 B2:C6 单元格区域，在"插入"选项卡中单击"插入散点图或气泡图"下拉按钮，在下拉列表中选择"散点图"类型下的第一个选项，如图 4-42 所示，插入散点图。

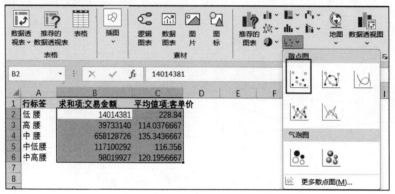

图 4-42　选择散点图

✿　**步骤 6**：对散点图进行格式设置。添加标题，删除网格线，添加坐标轴标题，设置纵坐标轴最小值为 100，文字方向为竖排，设置横坐标轴交易金额的单位为百万元，自定义数据标签。效果如图 4-43 所示。

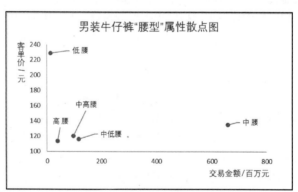

图 4-43　"腰型"属性散点图

✿　**步骤 7**：在工作表中分别计算出平均客单价和平均交易金额。选中纵坐标轴，在"设置坐标轴格式"窗格中打开"坐标轴选项"选项卡，在"横坐标轴交叉"组中选中"坐标轴值"单选项，并输入客单价的平均值。展开"标签"栏，在"标签位置"下拉列表中选择"低"选项，如图 4-44 所示。

✿　**步骤 8**：采用同样的方法设置横坐标轴选项，然后分别设置横、纵坐标轴的线条格式，散点图效果如图 4-45 所示。

✿　**步骤 9**：采用同样的方法制作其他属性的散点图，分析商品不同属性的市场表现。图 4-46 所示为牛仔裤"裤脚口款式"属性散点图。

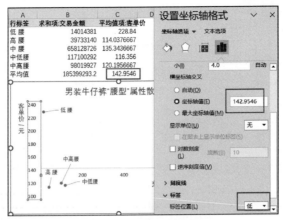

图 4-44　设置纵坐标轴选项

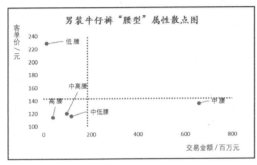

图 4-45　散点图效果

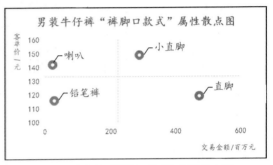

图 4-46　牛仔裤"裤脚口款式"属性散点图

4.3.2　商品属性需求分析

商品属性需求分析是市场研究中的重要工作，它涉及对消费者在购买商品时所看重的各种属性的深入理解和分析。这些属性可能包括商品的功能、性能、外观、品牌、价格等。通过商品属性需求分析，企业可以更好地把握市场动态，从而优化产品设计，提升产品的市场竞争力。以下是进行商品属性需求分析时需要考虑的几个方面。

（1）功能需求：消费者购买商品首先是为了满足某种使用需求，因此商品的功能是最基本的属性。企业需要了解消费者对商品功能的具体需求，如产品的性能、可靠性、易用性等。

（2）外观需求：商品的外观是消费者对商品的第一印象，对很多消费者来说，外观也是影响购买决策的重要因素。企业需要关注消费者对商品外观的偏好，如颜色、款式、材质等。

（3）品牌需求：品牌在一定程度上代表了商品的质量，也是消费者在购买商品时考虑的重要因素之一。企业需要了解消费者对品牌的认知度和忠诚度，以及品牌对购买决策的影响程度。

（4）价格需求：价格是消费者在购买商品时考虑的重要因素之一。企业需要了解消费者对价格的接受程度，以及价格与商品质量、品牌等因素之间的关系。

运营者可以在飞瓜数据平台轻松完成商品属性需求分析。在飞瓜数据平台选择"数据大盘"＞"商品数据大盘"，在"常规类目"中选择"服饰内衣"＞"男装"，查看近 90 天的商品信息，如图 4-47（a）所示；也可以选择"工具箱"，在"品类分析"界面中选择品类和分析周期，进行商品分析，如图 4-47（b）所示。

在"商品分析"或"推广趋势"中可以查看统计时间内所选商品的属性，包括销售趋势、商品价格分布、品类宣传卖点、热卖品类、商品潜力类目、商品发货地、商品来源等，如图 4-48（a）、图 4-48（b）所示。

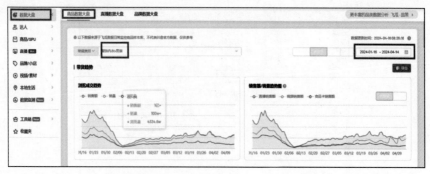

（a）

（b）

图 4-47　在飞瓜数据平台进行商品属性需求分析

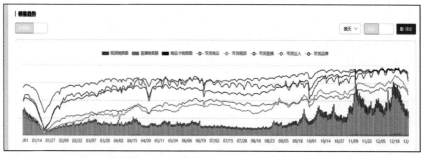

（a）

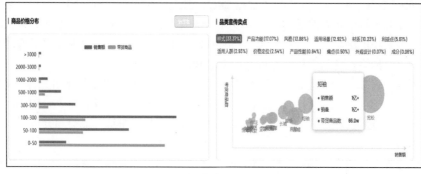

（b）

图 4-48　在飞瓜数据平台查看商品属性

【课堂实操 4-6】分析男装牛仔裤子行业热销属性

步骤 1：打开文件"案例素材\第 4 章\男装牛仔裤子行业热销属性.xlsx"，如图 4-49 所示。

属性	属性值	交易金额	支付件数	件单价
材质成分	棉100%	27793209	180169	154.26
材质成分	聚酯纤维100%	2967088	41016	72.34
材质成分	棉90% 聚酯纤维10%	1856064	23559	78.78
材质成分	棉85% 聚酯纤维15%	1132341	14147	80.04
材质成分	棉95% 聚氨酯弹性纤维(氨纶)5%	937462	6826	137.34
材质成分	棉80% 聚酯纤维20%	883373	10573	83.55
材质成分	棉70% 聚酯纤维30%	435788	6779	64.28
材质成分	棉85% 粘胶纤维(粘纤)15%	182270	2702	67.46
材质成分	有机棉	128914	538	239.62
材质成分	棉	117160	840	139.48
材质成分	棉90% 聚氨酯弹性纤维(氨纶)10%	106065	563	188.39
材质成分	棉85% 聚氨酯弹性纤维(氨纶)15%	105755	1208	87.55

4-4　分析男装
牛仔裤子行业热销
属性

图 4-49　牛仔裤热销属性数据

步骤 2：创建数据透视表，在"数据透视表字段"窗格中将"属性"字段拖至"筛选"区域，将"属性值"字段拖至"行"区域，将"交易金额"和"件单价"字段拖至"值"区域，如图 4-50 所示。

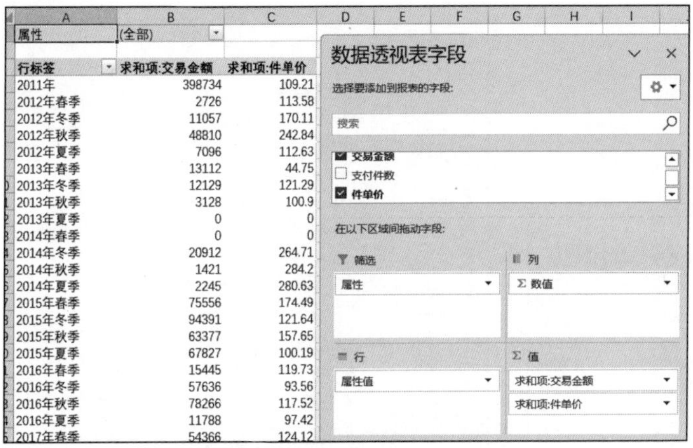

图 4-50　添加数据透视表字段

步骤 3：在数据透视表中单击 B2 单元格右侧的下拉按钮，在下拉列表中选择"服装款式细节"选项，然后单击"行标签"右侧的下拉按钮，在下拉列表中选择"值筛选">"前 10 项"选项，如图 4-51 所示。

图 4-51　选择"前 10 项"选项

步骤4： 在弹出的对话框中设置各项筛选参数，如图4-52所示，然后单击"确定"按钮。

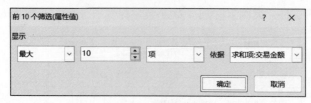

图 4-52　设置筛选参数

数据透视表的筛选结果如图4-53所示。

步骤5： 为数据透视表创建图表。打开"插入图表"对话框，在左侧选择"组合图"选项，在右侧分别设置"交易金额"和"件单价"数据系列的图表类型为"簇状柱形图"和"带数据标记的折线图"，并选中"件单价"数据系列的"次坐标轴"复选框，如图4-54所示，然后单击"确定"按钮。

行标签	求和项:交易金额	求和项:件单价
多口袋	49094119	111.55
裤口褶边	7430802	78.82
拉链装饰	3827594	118.55
立体剪裁	104665252	106.22
拼接款	8063301	101.85
贴布	5196439	117.76
五袋款	53372036	116.4
绣花	5138592	124.28
印花	9677415	109.65
撞色	5239899	101.36
总计	251705449	1086.44

图 4-53　数据透视表的筛选结果

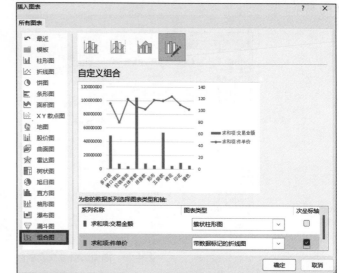

图 4-54　创建组合图

步骤6： 在图表中的字段按钮上单击鼠标右键，在弹出的快捷菜单中选择"隐藏图表上的所有字段按钮"命令，如图4-55所示。

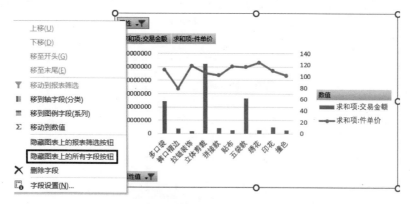

图 4-55　选择"隐藏图表上的所有字段按钮"命令

步骤 7：选中"交易金额"数据系列并单击鼠标右键，在弹出的快捷菜单中选择"排序"＞"降序"命令，如图 4-56 所示。

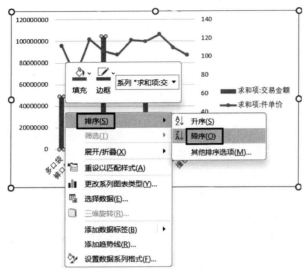

图 4-56　降序排列交易金额

交易金额降序排列后的图表效果如图 4-57 所示。

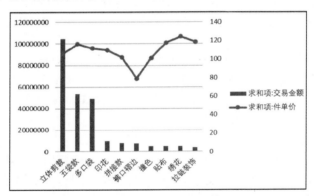

图 4-57　交易金额降序排列后的图表效果

步骤 8：对图表进行格式设置，然后在"数据透视图分析"选项卡中单击"插入切片器"按钮，在弹出的对话框中选中"属性"复选框，单击"确定"按钮，插入"属性"切片器，如图 4-58 所示。

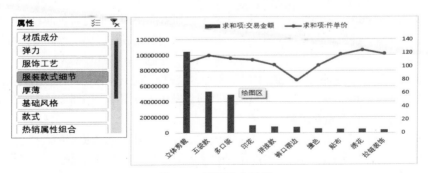

图 4-58　"属性"切片器

步骤9：在"属性"切片器中单击"弹力"按钮，查看交易金额排在前10位的"弹力"热销属性，如图4-59所示。

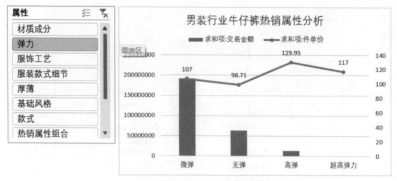

图4-59 "弹力"的热销属性

通过图4-58和图4-59可以看出：在"服装款式细节"属性中，热销属性有"立体剪裁""五袋款""多口袋"；在"弹力"属性中，交易金额最高的为"微弹"属性。

4.3.3 商品搜索关键词分析

商品搜索关键词分析是指对消费者在搜索引擎或在线商店中输入的关键词进行深入的研究，以确定他们的购物意图、需求和偏好。企业搜索关键词分析有助于商家优化产品列表、改进搜索引擎优化（Search Engine Optimization，SEO）策略、提高网站的可见性，并最终提升销售额。

（1）关键词

关键词反映了目标客户群体的搜索特征，能在一定程度上反映目标客户群体对商品的关注点和需求。以时尚服饰为例，通过商品搜索关键词分析，企业可以发现消费者对不同款式、材质、品牌的搜索偏好。根据这些信息，企业可以调整商品组合、优化商品描述和标签、制定具有针对性的营销策略，以满足消费者的需求并提高销售业绩。

（2）关键词研究工具

使用关键词研究工具可以发现商品或服务相关的热门搜索词，常用的词频和词云分析工具如下。

① Wordle：Wordle 是一个用于从文本生成词云图的游戏工具，可以快速分析文本或网站的词频，并以多种风格展示。它支持文字字体选择和用户自定义颜色。词云图生成后，可以保存在网络中以供查看、下载和分享。Wordle 目前主要支持英文。

② WordItOut：可以根据用户输入的文本生成各种样式的词云。用户可以根据需要对词云进行再设计，如设置颜色、字符、字体、背景和文字位置等。但 WordItOut 不能识别中文，如果输入中英混合的文本，词云可能只显示英文文本。

③ WordArt：WordArt 是在线词云工具，不需要注册就能使用，而且对热词数量没有限制，支持设置字体、形状等，在线词云支持交互查看。用户在网站上完成词云图的绘制后，可以将其印在衣服、杯子等物品上。WordArt 需要用户上传指定字体才能支持中文词云展示。

④ 微词云：支持自动文本分析，提供了大量的形状模板，也支持自定义模板。其支持的字体种类很多，图片颜色种类也很多，还支持渐变色。微词云操作比较简单，但需要注册，免费版生成的图片有水印，而且对词汇数量有限制。

⑤ FineBI：一款国产商业智能分析工具，操作简单，个人版是永久免费的。

⑥ Tableau：国内外知名度比较高的商业智能分析工具，可视化功能很强大，制作可视化图表很方便，不过需要付费才能使用。

需要注意的是，由于词频和词云分析工具会不断更新和改进，因此大家在使用前最好查看工具的官方网站以获取最新信息和教程。处理包含敏感信息的文本时，请确保选择可信赖的工具并遵循相关的数据保护规定。

【课堂实操 4-7】市场搜索关键词分析

在飞瓜抖音平台"商品" > "商品热搜词"里选择"服饰内衣" > "男装"，收集近 30 天的热搜词，采集时间为 2024 年 3 月 1 日至 2024 年 3 月 31 日。将收集到的数据用 WordArt 工具进行关键词分析

🖊　**步骤 1**：打开文件"案例素材\第 4 章\市场搜索关键词分析.xlsx"，找到"搜索词"一列，然后选择 B2 单元格，同时按 Shift 键和 B100 单元格，选中所有热搜词，然后按 Ctrl+C 组合键进行复制。

🖊　**步骤 2**：使用 WordArt 工具进行词云分析。输入网址 https：//wordart.com/，进入网站，单击"CREATE Free Word Cloud"按钮，进入编辑界面。编辑界面分为左右两部分，左侧用于调整文字云相关的参数，如文字云的形状、字体和文字排列方式等，右侧是文字云效果的预览区域，如图 4-60 所示。

图 4-60　WordArt 编辑界面

🖊　**步骤 3**：导入热搜词时，可以单个导入，在下方的输入框中按行输入内容；也可以批量导入，单击"Import"按钮，在打开的窗口中粘贴文字，每个词占一行，如图 4-61 所示。输入完成后单击"Import words"按钮。

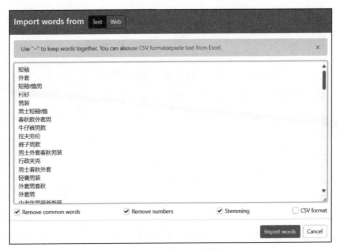

图 4-61　批量导入热搜词

🖉　**步骤 4**：由于输入的文本是中文，单击右侧的 "Visualize" 按钮进行预览时会发现中文不能正常显示，这是因为 WordArt 自带的字体不支持中文，需要上传中文字体。单击下方 "FONTS" 按钮，单击 "Add fonts" 按钮，添加 "Alibaba-PuHuiTi-R" 字体；然后回到编辑界面，将字体设置为 "Alibaba-PuHuiTi-R"（也可以直接单击 "Visualize" 按钮，字体添加一次即可），得到图 4-62 所示的词云图。

图 4-62　男装市场热搜词词云图

从图 4-62 中可以看出，"短袖""外套""衬衫""男装""短袖 T 恤男"等是企业经常使用的搜索词。

4.4　市场竞争数据分析

市场竞争数据分析是企业制定市场策略的重要依据。通过对市场竞争数据的深入分析，企业可以更好地了解行业趋势、竞争对手情况、消费者需求等信息，从而更好地做出决策。

4.4.1　竞争对手的识别

竞争对手是指可能会对企业的发展造成一定影响的企业与组织。识别竞争对手是进行竞争数据分析的第一步。

1. 竞争对手的界定

竞争对手即生产、销售同类商品或替代品，提供同类服务或替代服务，以及价格区间相近、目标客户类似的相关企业。

通常来说，竞争对手之间存在资源争夺，所以企业可以根据争夺资源的不同来界定竞争对手。

① 争夺客户资源：争夺客户资源是竞争对手最本质的表现。企业都在努力吸引新客户和留住老客户，因为客户的数量和忠诚度直接关系到企业的生存和发展。

例如，在智能手机市场，苹果和三星一直在争夺高端用户，他们通过不断创新产品功能、提升用户体验和提高品牌影响力来吸引和留住客户。

② 争夺市场资源：市场资源包括市场份额、渠道、经销商等，是企业能否提高销售额、增强品牌影响力的关键因素。

例如，在快消品领域，可口可乐和百事可乐一直在争夺超市、便利店等零售渠道的货架空间。谁能获得更好的陈列位置和更多的货架空间，谁就更有可能吸引消费者的注意，从而提高销售额。

③ 争夺营销资源：营销资源包括广告时段、广告位、代言人等。在有限的营销资源中，谁能获得更多的曝光机会，谁就更有可能提高品牌知名度和吸引客户。在同时段、同一媒介投放广告的其

他企业就是竞争对手。

例如，在电视台的黄金时段，多个品牌可能会竞相投放广告，如汽车品牌在重大体育赛事期间的广告投放。

④ 争夺人力资源：抢夺同一类型的人力资源，如企业的运营人员、美工人员、客服人员等。优秀的人才是企业最宝贵的资产。在竞争激烈的市场中，谁能吸引和留住顶尖人才，谁就更有可能在产品创新、服务质量等方面领先。

例如，在科技行业，谷歌、苹果和微软等企业经常为了招聘顶尖的软件工程师、数据科学家等专业人才而展开激烈的竞争。

⑤ 争夺物流资源：对于依赖物流的行业（如电子商务），物流资源的稳定性和效率直接影响客户体验和运营成本。因此，对物流资源的争夺也是竞争的一个重要方面。

例如，"双十一"期间，各大电商平台都会与物流公司进行紧密合作，以确保商品能够及时、准确地送到消费者手中。谁能在物流方面做得更好，谁就更有可能赢得消费者的信任。

2. 寻找竞争对手

企业在寻找竞争对手时，可以采用多种方法，其中包括分析商品属性、分析目标客户群体和分析营销活动。

（1）通过分析商品属性寻找竞争对手

商品属性是商品或服务的基本特征和性质，包括功能、品质、价格、设计、包装等。企业可以通过分析商品属性来确定哪些企业是竞争对手。

① 功能相似性：寻找提供具有相似功能或用途的商品的企业。

② 价格区间：识别在同一价格范围内销售商品的竞争对手，这有助于企业了解不同价格的市场定位。

③ 品质和定位：高端品牌可能需要与其他高端品牌竞争，而平价品牌则可能需要与同类平价或略低价品牌竞争。

④ 设计和包装：在商品功能相似的情况下，设计和包装的差异会吸引不同的客户群体，从而形成竞争。

例如，企业想推出一款新型智能手表，这款手表的主要属性如下。

➢ 功能：健康监测（如心率、血氧监测）、运动追踪、智能通知、音乐控制等。

➢ 设计：圆形表盘、不锈钢材质、防水设计。

➢ 电池续航：长达 7 天的待机时间。

➢ 兼容性：与 Android 和 iOS 设备均可配对。

➢ 价格：中高端定价，1000～3000 元。

为了寻找竞争对手，该企业可以分析市场上其他智能手表的商品属性。

➢ 功能对比：寻找同样提供健康监测、运动追踪等功能的智能手表品牌，如 Apple Watch、Fitbit Versa、Garmin Venu 等。

➢ 设计相似性：观察市场上是否有其他采用圆形表盘、不锈钢材质和防水设计的智能手表。这些设计元素可能与某些高端品牌的手表相似，如 Samsung Galaxy Watch、Huawei Watch GT 系列。

➢ 电池续航比较：长电池续航是这款手表的卖点，因此可以寻找也宣称有长续航能力的智能手表，如某些特定型号的 Amazfit、TicWatch 等。

➢ 兼容性考量：由于该手表兼容 Android 和 iOS 设备，因此需要关注同样支持跨平台配对的智能手表品牌。

➢ 价格区间分析：在 1000～3000 元的价格范围内搜索其他智能手表商品，以确定竞争对手。

可以在淘宝中搜索"智能手表"，搜索页面中会显示大量此类商品，如图 4-63 所示，销售此类商品的店铺就是该企业的竞争对手。企业可以通过品牌、功能、通信类型及价格区间等筛选条件进一步缩小范围，找到与自己推出的手表各种属性都相似的商品，销售这些商品的店铺即该企业的竞争对手。

图 4-63　通过分析商品属性寻找竞争对手

（2）通过分析目标客户群体寻找竞争对手

目标客户群体是企业希望吸引和服务的特定消费者群体。通过分析目标客户群体的特征，企业可以找到拥有相同目标客户群体的企业。

① 人口统计特征：考虑年龄、性别、收入、教育水平等因素，找到那些针对相似人口统计特征进行营销的企业。

② 心理和行为特征：分析消费者的购买动机、生活方式、价值观等，以识别与自己品牌有相似吸引力的竞争对手。

③ 需求和偏好：了解目标客户群体的具体需求和偏好，寻找能够满足这些需求并提供相似产品或服务的企业。

企业也可以通过分析目标客户群体寻找竞争对手，如通过设置筛选条件为性别等。图 4-64 所示为适用性别为女的智能手表搜索结果，目标客户群体主要为女性的企业可以将销售这些手表的店铺视为竞争对手。

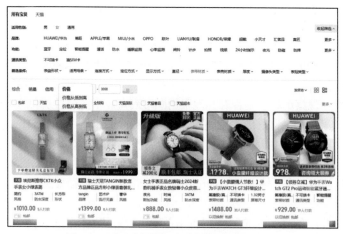

图 4-64　通过分析目标客户群体寻找竞争对手

（3）通过分析营销活动寻找竞争对手

营销活动是企业为推广产品或服务而开展的各种市场活动。通过分析这些活动，企业可以发现与自己有相似营销策略或目标的企业。

① 广告渠道和策略：观察哪些企业在相同的广告渠道（如电视、网络、社交媒体等）上进行投放，并分析其广告内容和策略。

② 促销和折扣活动：注意与自己同时段或同季节开展促销和折扣活动的企业。

③ 公关和品牌建设活动：寻找开展类似公关活动（如赞助活动、慈善捐赠等）或品牌建设活动的企业。

例如，一个新兴的运动品牌专注于生产和销售跑鞋，为了扩大市场份额，可以通过分析营销活动来寻找竞争对手。

➢ 线上广告活动：留意各大搜索引擎和社交媒体平台上的运动品牌广告，特别关注也推广跑鞋的品牌。

➢ 线下活动：留意各大购物中心、体育场馆和公园等场所举办的体育活动或赛事，看是否有其他运动品牌在进行现场推广。

➢ 促销和折扣活动：关注竞争对手的官方网站、社交媒体和电子邮件营销，查看他们是否推出了限时促销、打折或会员优惠等活动。

➢ 品牌合作和赞助活动：注意是否有其他运动品牌与知名运动员、运动队等进行合作。

通过以上分析，可以确定有哪些品牌是该企业在跑鞋市场的竞争对手。接下来企业可以进一步研究竞争对手的营销策略、商品定位和目标客户群体，以便更好地制订营销计划。

4.4.2　竞品数据分析

客户进入线上店铺更多的是通过单品搜索，客户对店铺的第一印象多通过单品产生。从这个角度来说，电商单品显得尤为重要。单品无论是作为形象款、主推款还是引流款，均无法回避市场的竞争。为了提升单品流量或销量，并进一步预测竞品未来的动向，电商企业需要对竞品进行多维度的分析。

竞品是指竞争对手的商品，竞品数据分析主要是对竞争对手的某款单品进行全面分析。竞品数据分析的主要内容如表 4-3 所示。

表 4-3　　　　　　　　　　　　　竞品数据分析的主要内容

内容	说明
竞品基本信息	竞品的款式、颜色、功能、材质、卖点等，企业可以通过查看竞品的详情页来获得这些信息
价格	竞品的定价、成交价等
收藏量	竞品的收藏人数
销售情况	竞品在某个时间段内的销量、销售额
推广活动	竞品是否参加了推广活动，参加了哪些推广活动，活动规则是什么，活动效果如何，等等
竞品评价	竞品的评价人数、评价内容等
竞品的上架、下架时间	竞品的上架时间、下架时间
竞品服务内容	竞品为客户提供的服务，如是否包邮、是否赠送运费险、是否支持 7 天无理由退换货、是否提供免费上门安装服务等

通过分析竞品数据，企业可以了解竞品的价格、基本信息、销量、推广活动、评价等，从而找出自身商品与竞品之间的差距，避开竞品的优势，挖掘自身店铺商品的优势。

【课堂实操 4-8】竞品数据分析

✎ **步骤 1**：打开文件"案例素材\第 4 章\竞品数据分析.xlsx"，如图 4-65 所示。

	A	B	C	D	E	F	G	H	I	J	K	L	M	N	O
1	商品信息	日期	交易金额	访客人数	搜索人数	收藏人数	加购人数	支付人数	支付件数	支付转化率	客单价	UV价值	搜索占比	收藏率	加购率
2	本店商品	2024-9-1	128	184	10	7	7	1	1	0.54%	128	0.7	5.43%	3.80%	3.80%
3	竞品1	2024-9-1	1164	231	64	4	13	8	8	3.46%	145.5	5.04	27.71%	1.73%	5.63%
4	竞品2	2024-9-1	557	146	27	1	4	6	6	4.10%	92.83	3.82	18.49%	0.68%	2.74%
5	本店商品	2024-9-2	256	241	9	5	8	2	2	0.83%	128	1.06	3.73%	2.07%	3.32%
6	竞品1	2024-9-2	2171	251	67	6	23	15	15	5.98%	144.73	8.65	26.69%	2.39%	9.16%
7	竞品2	2024-9-2	388	270	46	4	12	4	4	1.48%	97	1.44	17.04%	1.48%	4.44%
8	本店商品	2024-9-3	128	235	6	7	6	1	1	0.42%	128	0.54	2.55%	2.98%	2.55%
9	竞品1	2024-9-3	1721	275	64	5	17	12	12	4.37%	143.42	6.26	23.27%	1.82%	6.18%
10	竞品2	2024-9-3	188	264	34	10	2	2	2	0.76%	94	0.71	12.88%	2.27%	3.79%
11	本店商品	2024-9-4	0	264	7	3	6	0	0	0.00%	0	0	2.65%	1.14%	2.27%
12	竞品1	2024-9-4	2618	263	71	7	19	18	18	6.84%	145.44	9.95	27.00%	2.66%	7.22%
13	竞品2	2024-9-4	475	300	33	7	11	5	5	1.66%	95	1.58	11.00%	2.33%	3.67%
14	本店商品	2024-9-5	128	279	10	7	6	1	1	0.36%	128	0.46	3.58%	2.51%	2.15%
15	竞品1	2024-9-5	2017	239	63	5	22	14	14	5.86%	144.07	8.44	26.36%	2.09%	9.21%
16	竞品2	2024-9-5	468	285	37	4	18	5	5	1.76%	93.6	1.64	12.98%	1.40%	6.32%

图 4-65　本店商品和竞品的销售数据

✎ **步骤 2**：为本店商品和竞品的销售数据创建数据透视表，在"数据透视表字段"窗格中将"商品信息"字段拖至"列"区域，将"日期"字段拖至"行"区域，将"交易金额"字段拖至"值"区域，如图 4-66 所示。

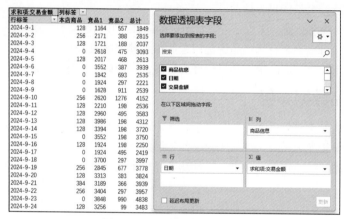

图 4-66　添加数据透视表字段

✎ **步骤 3**：为数据透视表插入折线图并设置图表格式。设置图表标题为"竞品销售金额分析"，将图例放在顶部，隐藏图表上的所有字段按钮，将 3 条折线设置成不同的平滑线，并设置不同的线条宽度，效果如图 4-67 所示。

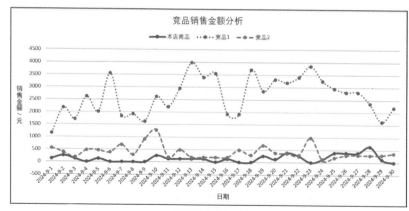

图 4-67　竞品销售金额分析折线图

4.4.3 竞店数据分析

竞店就是竞争对手的店铺，企业通过观察和分析竞店的相关数据，可以掌握竞店的运营情况，从而取长补短，调整并优化运营策略。竞店数据分析的主要内容如表 4-4 所示。

表 4-4　　　　　　　　　　　　　　　　竞店数据分析的主要内容

内容	说明
竞店属性数据	分析竞店的商品品牌是否为原创品牌，并分析其品牌定位、目标客户群体定位、商品风格、商品价位、可提供的服务等
竞店商品类目	分析竞店的商品类目布局、类目销售额等
竞店销售情况	分析竞店在某个时间段内的销售量、销售额、访客数、客单价、支付-转化率等
竞店推广活动	分析竞店开展了哪些推广活动、参加推广活动的商品特点和数量、推广活动的具体内容、推广活动产生的效果等
竞店商品上架、下架时间	分析竞店上架、下架商品的时间、更新商品的频率等

在飞瓜抖音平台中选择"数据大盘">"品牌数据大盘"，然后选择"服饰内衣">"男装"类目，如图 4-68 所示，查阅近 7 天男装品牌数据、销售额 TOP5 品牌、品牌区间分析及销售额涨幅 TOP5 等信息。

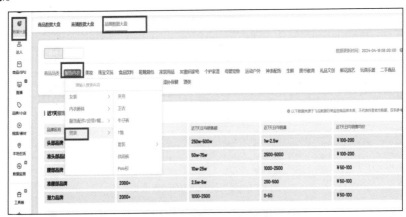

图 4-68　在飞瓜抖音平台查阅店铺数据

在灰豚抖音平台中，可以在"达人">"达人库"中选择"带货类目"下的"服饰内衣">"男装"，查阅同类店铺的相关商品信息，如输入"杉杉"，查看其抖音号、粉丝数、销售额等信息，如图 4-69 所示。

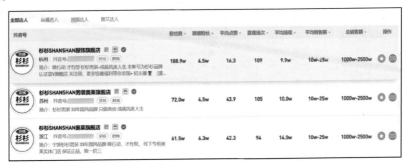

图 4-69　在灰豚抖音平台查阅店铺数据

选择第一个店铺，查看其直播投放数据情况等信息，如图 4-70 所示。

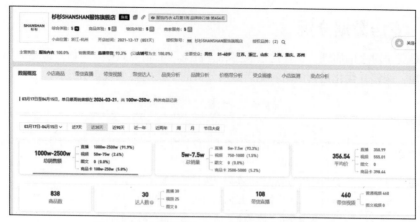

图 4-70　在灰豚抖音平台查看同行业竞店直播数据

【课堂实操 4-9】竞店数据分析

✔　**步骤 1**：打开文件"案例素材\第 4 章\竞店数据分析.xlsx"，如图 4-71 所示。

	A	B	C	D	E	F	G	H	I	J	K	L	M	N
1	类别	日期	交易金额	访客人数	支付转化率	支付人数	搜索人数	收藏人数	加购人数	UV价值	客单价	搜索占比	收藏率	加购率
2	本店	2024-9-11	1632	772	1.42%	11	97	19	25	2.11	148.36	12.56%	2.46%	3.24%
3	竞店1	2024-9-11	7416	6341	1.07%	68	590	184	235	1.17	109.06	9.30%	2.90%	3.71%
4	竞店2	2024-9-11	513	1019	0.39%	4	123	26	19	0.5	128.25	12.07%	2.55%	1.86%
5	本店	2024-9-12	2436	868	1.84%	16	94	19	33	2.81	152.25	10.83%	2.19%	3.80%
6	竞店1	2024-9-12	9398	6541	1.24%	81	670	196	260	1.44	116.02	10.24%	3.00%	3.97%
7	竞店2	2024-9-12	1701	1176	0.94%	11	124	28	25	1.45	154.64	10.54%	2.38%	2.13%
8	本店	2024-9-13	1478	848	1.06%	9	107	26	22	1.74	164.22	12.62%	3.07%	2.59%
9	竞店1	2024-9-13	10895	6313	1.55%	98	664	193	254	1.73	111.17	10.52%	3.06%	4.02%
10	竞店2	2024-9-13	1291	1150	0.70%	8	126	29	22	1.12	161.38	10.96%	2.52%	1.91%
11	本店	2024-9-14	1494	901	1.11%	10	87	25	25	1.66	149.4	9.66%	2.77%	2.77%
12	竞店1	2024-9-14	11500	6422	1.49%	96	678	205	289	1.79	119.79	10.56%	3.19%	4.50%
13	竞店2	2024-9-14	1670	1218	0.74%	9	138	35	25	1.37	185.56	11.33%	2.87%	2.05%
14	本店	2024-9-15	1536	903	1.00%	9	81	24	25	1.7	170.67	8.97%	2.66%	2.77%
15	竞店1	2024-9-15	12842	7472	1.55%	116	685	223	296	1.72	110.71	9.17%	2.98%	3.96%
16	竞店2	2024-9-15	1261	1252	0.80%	10	141	34	33	1.01	126.1	11.26%	2.72%	2.64%

图 4-71　本店和竞店的销售数据

✔　**步骤 2**：为本店和竞店的销售数据创建数据透视表，在"数据透视表字段"窗格中将"类别"字段拖至"列"区域，将"日期"字段拖至"行"区域，将"交易金额"字段拖至"值"区域，如图 4-72 所示。

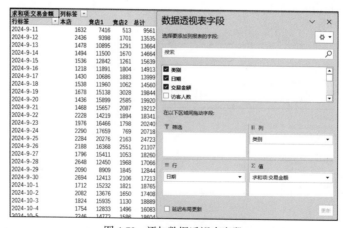

图 4-72　添加数据透视表字段

步骤 3：为数据透视表插入折线图并设置图表格式。设置图表标题为"竞店销售金额分析"，将图例放在顶部，隐藏图表上的所有字段按钮，将 3 条折线设置成不同的平滑线，并设置不同的线条宽度，效果如图 4-73 所示。

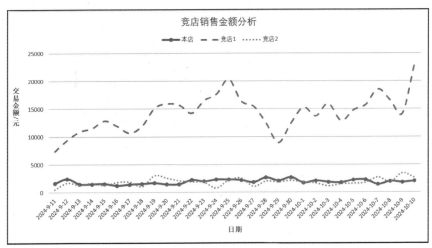

图 4-73　竞店销售金额分析折线图

实训 4　分析市场数据

【实训目标】
掌握分析某行业市场数据的方法，会撰写市场数据分析报告。

【实训内容】
分析男装羊绒衫市场数据。

（1）利用支付金额较父行业占比指标分析男装羊绒衫各子类目的市场容量，要求使用 Excel 的数据透视表和数据透视图。

（2）利用交易指数和月份指标分析男装羊绒衫各子类目的市场变化趋势，同样要求使用 Excel 的数据透视表和数据透视图。

（3）利用支付金额较父行业占比、父行业卖家数占比两个指标分析男装羊绒衫各子类目的市场潜力，要求借助蛋糕指数在数据透视表和数据透视图中进行操作。

【实训步骤】
（1）打开文件"实训素材\第 4 章\男装羊绒衫.xlsx"，以其中的数据为数据源在新工作表中创建数据透视表，并将工作表名称修改为"市场容量"（双击下方的工作表标签即可重命名工作表）。

（2）在"数据透视表字段"窗格中分别将"子类目"和"支付金额较父行业占比"字段添加到"行"区域和"值"区域。

（3）在数据透视表的基础上创建数据透视图，类型为饼图，为图表应用"布局 4"布局样式，将字体格式设置为方正兰亭纤黑简体、10 号，适当放大图表。

（4）设置图表上的数据标签格式，使其显示类别名称、百分比、引导线，将数据标签的数据格式设置为"百分比"并保留一位小数，调整数据标签的位置，如图 4-74 所示。

（5）以文件"男装羊绒衫.xlsx"中的数据为数据源，在新工作表中创建数据透视表，并将工作表命名为"市场变化趋势"，行、列和值对应的字段分别为"月份""子类目""交易指数"。然后创建数据透视图，类型为折线图，适当美化图表。接着插入"子类目"切片器，分别查看3个子类目的市场变化趋势，如图4-75所示。

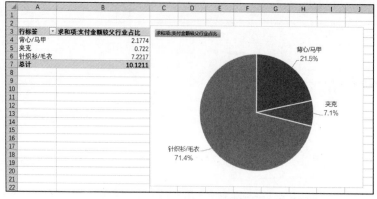

图4-74　设置数据标签格式效果

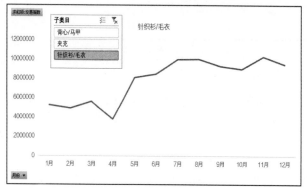

图4-75　子类目市场变化趋势

（6）用相同的方法在新工作表中创建数据透视表，并将工作表命名为"市场潜力"，行和值对应的字段分别为"子类目""蛋糕指数"，其中"蛋糕指数"字段需要通过添加计算字段来创建。然后创建数据透视图，类型为雷达图，适当美化图表。接着插入"月份"切片器，分别查看各月份3个子类目的市场潜力，如图4-76所示。

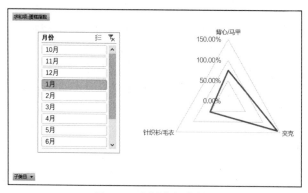

图4-76　市场潜力雷达图

【实训成果】

3～5人一组，以小组为单位，完成市场数据分析，并用Word或PPT展示市场数据分析报告，撰写商务数据分析报告。

第5章
运营数据分析

在互联网时代与行业大数据背景下，商品交易双方都会在线上产生大量数据。运营数据主要是指企业在运营的各个环节（如销售环节、推广环节、采购环节、物流环节、库存环节等）中产生的数据。

运营数据分析主要是对店铺运营过程中产生的销售数据和服务数据进行分析，以帮助企业了解店铺的销售业绩和服务水平，掌握店铺的利润情况，发现店铺服务存在的不足之处，从而及时调整和优化运营策略。通过分析运营数据，企业可以总结运营规律、了解运营效果、分析运营状况、解决运营问题等。本章将从销售数据、推广数据等角度详细介绍运营数据的分析方法。

【学习目标】

（1）了解运营数据分析的基本概念、重要性及其在企业决策过程中的作用。

（2）熟悉运营数据分析中常见的分析方法，以便在不同情境下灵活运用这些方法。

（3）理解和掌握运营数据分析的常用指标并能够灵活运用。

（4）熟练掌握使用数据分析工具（如 Excel）进行运营数据分析的技能，包括店铺交易情况分析、预测店铺利润、流量结构与质量分析等多个方面，以全面提升数据分析能力和业务洞察力。

【案例导入】

"双十一"的兴起及发展

"双十一"是指每年的 11 月 11 日，现已成为我国电子商务平台的标志性购物狂欢节。各大电商平台（如阿里巴巴、京东、唯品会等）利用这一天开展大规模的打折促销活动，以吸引消费者并提高销售额。从 2009 年开始，天猫商城"双十一"的销售额逐年增加。

天猫商城 2009 年"双十一"销售额为 0.5 亿元，2010 年提高到 9.36 亿元，……，2017 年销售额达到 1682.69 亿元（相当于全国线下最大连锁超市当年的销售额）。2020 年，在各种因素的影响下，"双十一"销售额仍然强劲增长，达到 4982 亿元，再次证明了电子商务的韧性和活力。

"双十一"销售额的快速增长离不开数字化运营。阿里巴巴等电商平台通过大数据分析和预测，能够更准确地把握消费者需求，制定更为精准的营销策略。同时，数字化运营还优化了供应链管理、物流配送等环节，提高了运营效率，降低了成本。

"双十一"的成功不仅在于其高销售额，更在于其背后的数字化运营理念和技术支撑。这为电商行业提供了宝贵的启示：只有不断创新和进步，才能满足消费者日益增长的需求，赢得市场竞争的主动权。

【思考】

1. 阿里巴巴如何通过数字化运营实现销售额的快速增长？

2. 数字化运营在电商平台中的作用和价值是什么？

3. 电商行业应如何借鉴"双十一"的成功经验，推动自身的创新和发展？

5.1 销售数据分析

销售不仅是供应链的重要环节，也是商务企业运营的重要环节，销售数据指的是能体现企业销售业绩的数据，常见的销售数据包括交易数据、店铺利润数据、店铺流量数据等。店铺运营过程中产生的销售数据直接体现了店铺的运营成果。通过科学、系统地分析销售数据，运营者可以了解店铺的经营情况，并根据分析结果调整和优化营销策略，从而提高店铺的销售额。

收集销售数据的方法多种多样，包括使用销售时点系统（Point of Sale，POS）自动记录销售额、销售量、库存、客户信息等；利用客户关系管理（Customer Relationship Management，CRM）系统记录客户购买记录、客户信息、客户反馈等数据；通过调查问卷了解消费者对产品的看法、购买意愿、使用体验等；通过网络分析工具了解消费者在网络上的行为，如搜索关键词、浏览产品信息等。

5.1.1 交易数据分析

1. 交易数据的概念

交易数据是反映企业日常经营活动中的实际业务的数据，它描述组织业务运营过程中的内部事件、外部事件或交易记录。交易数据包括各种订单数据、销售记录数据、采购入库数据等，是反映企业运营状况的直接证据。交易数据也称为静态数据，一旦创建，一般不会发生变化。交易数据是企业进行决策、优化运营策略和评估业务性能的重要依据。

2. 交易数据分析的常用指标

交易数据分析旨在从交易数据中提取有价值的信息。它有助于企业理解交易模式、识别市场趋势、预测未来表现，并据此制定更有效的业务策略。通过对交易数据的分析，企业可以洞察市场趋势、识别潜在商机、评估风险，并制定更加精准的营销策略和业务计划。

常见的交易数据分析指标如表 5-1 所示。

表 5-1　　　　　　　　　　　　　　　　常见的交易数据分析指标

指标	说明
销售额	企业在一定时间内通过销售产品或服务所获得的总收入
销售量	一定时间内销售的产品或服务的数量
平均订单价值	每个订单的平均金额，计算公式为：总销售额/订单数量
订单转化率	访问网站或店铺的顾客中，有多少人最终完成了购买行为。计算公式为：完成购买的访客数/总访客数
退货率	销售的产品中，有多少被顾客退回。计算公式为：退货数量/总销售量
客户获取成本	企业获取一个新客户的平均成本，包括营销、广告、销售等方面的所有相关费用
客户生命周期价值	预测一个客户在其与企业关系存续期间为企业带来的总价值
复购率	在一定时间内，有多少客户重复购买了产品或服务
库存周转率	库存转化为销售额的速度。计算公式为：销售成本/平均库存成本
毛利率	销售产品或服务后，企业保留的利润比例。计算公式为：（销售额-成本）/销售额
购物车放弃率	有多少顾客在将产品加入购物车后，最终没有购买产品
客户满意度	客户对购买体验、产品或服务的满意度
支付成功率	在尝试支付的交易中，成功完成支付的百分比
销售增长率	销售额相比前一时期（如去年同期）的增长百分比

对商务企业，特别是电商企业而言，企业的销售额为访问量、转化率和客单价的乘积，因此分析交易数据时，应该着重分析访问量、转化率和客单价这 3 个核心指标。其计算公式如下。

$$销售额=访问量×转化率×客单价$$

（1）访问量

访问量表示潜在客户的数量，它反映了企业网站的吸引力及市场推广的效果。访问量越高，说明企业的品牌知名度越高，曝光率越高。要提高访问量，企业可以考虑优化网站设计、提高搜索引擎排名、加强社交媒体宣传等多种手段。

（2）转化率

转化率是指访问者中实际完成购买行为的百分比。高转化率意味着企业能够更有效地将潜在客户转化为实际购买者。要提高转化率，企业需关注客户体验，确保网站运行顺畅、产品信息准确详尽，同时提供有吸引力的促销活动和优质的客户服务。转化率的计算公式如下。

$$转化率=（转化人数÷点击人数）×100\%$$

（3）客单价

客单价是指在一定周期内客户购买产品的平均金额，即平均每位客户在店里消费了多少金额。提高客单价有助于提高整体销售额。企业可以通过推出高价值产品、提供套餐优惠、鼓励客户增加购买数量等方式来提升客单价。客单价的计算公式如下。

$$客单价=支付成交金额÷成交用户数$$

例如，如果某企业在一个月内实现了 100 万元的总销售额，并接待了 1 万名客户，那么客单价就是 100 元。

在成交用户数（流量）相同的情况下，客单价的高低直接影响店铺销售额，客单价越高，支付成交金额越高。当客单价提升时，企业可以在保持客户数量不变的情况下，提高整体销售额和利润。此外，高客单价还可以帮助企业降低单位产品的营销和运营成本，提高运营效率。

3. 交易数据趋势分析

交易数据趋势分析是评估一个店铺或企业销售状况的重要手段。在商务数据分析中，交易数据趋势分析占据着举足轻重的地位，它不仅能够帮助企业深入了解市场动态，还能为企业决策提供有力支持。首先，通过分析交易数据的变化趋势，企业可以更好地了解市场需求和客户行为，从而制定更加精准的销售策略和市场推广计划。其次，交易数据趋势分析有助于企业发现销售过程中的瓶颈和问题，进而优化销售流程，提高销售效率和客户满意度。最后，通过对历史交易数据的分析，企业可以预测未来的销售趋势和市场变化，为长期规划和战略调整提供依据。

交易数据趋势分析主要包括以下几个方面。

销售额与销售量趋势分析：通过统计店铺的销售额和销售量，分析不同时间段（如月度、季度、年度）的变化趋势，评估销售业绩的稳定性和波动性。通过销售额与销售量趋势分析，企业可以了解销售额与销售量的季节性变化、市场波动等信息，为合理制定销售计划与销售策略提供参考。

订单量与转化率分析：分析订单数量和访客流量转化为实际购买的百分比，了解访客流量的吸引力和店铺的销售效率，从而评估店铺的吸引力和销售策略的有效性。

客单价分析：计算每位客户的平均消费金额（即客单价），分析其与店铺定位和产品定价策略的匹配程度，确保营销策略的合理性。

【课堂实操 5-1】分析某店铺的交易趋势

在生意参谋"交易"模块中采集近 1 个月的销售数据，分析店铺交易情况。在分析时，由于单日数据趋势波动起伏不定，下面以"星期"为周期分析店铺交易的整体趋势，具体操作步骤如下。

5-1　分析某店铺的交易趋势

✎ **步骤 1**：打开文件"案例素材\第 5 章\店铺交易趋势.xlsx"，在 E1 单元格中输入"客单价/元"，选择 E2:E31 单元格区域，在编辑栏中输入"=C2/D2"，按 Ctrl+Enter 组合键计算每日的客单价，如图 5-1 所示。

	A	B	C	D	E
1	日期	销量/件	销售额/元	交易客户数/位	客单价/元
2	2022年10月29日	31	10199.0	29	351.7
3	2022年10月30日	64	21056.0	59	356.9
4	2022年10月31日	75	21600.0	64	337.5
5	2022年11月1日	101	29088.0	84	346.3
6	2022年11月2日	86	24768.0	70	353.8
7	2022年11月3日	40	13160.0	36	365.6
8	2022年11月4日	27	8883.0	26	341.7
9	2022年11月5日	29	9541.0	27	353.4
10	2022年11月6日	44	14476.0	40	361.9
11	2022年11月7日	26	8554.0	25	342.2
12	2022年11月8日	16	5264.0	16	329.0

图 5-1　计算客单价

✎ **步骤 2**：在"日期"列左侧插入两列，并分别输入表头名称"周"和"星期"。选择 B2 单元格，输入公式"=TEXT(C2,"aaaa")"，并按 Enter 键确认，得出星期数据，然后使用填充柄将公式填充到本列其他单元格中。选择 A2 单元格，输入公式"=WEEKNUM(C2,2)&"周""并按 Enter 键确认，得出周数据，然后使用填充柄将公式填充到本列其他单元格中。如图 5-2 所示。

	A	B	C	D	E	F	G
1	周	星期	日期	销量/件	销售额/元	交易客户数/位	客单价/元
2	44周	星期六	2022年10月29日	31	10199.0	29	351.7
3	44周	星期日	2022年10月30日	64	21056.0	59	356.9
4	45周	星期一	2022年10月31日	75	21600.0	64	337.5
5	45周	星期二	2022年11月1日	101	29088.0	84	346.3
6	45周	星期三	2022年11月2日	86	24768.0	70	353.8
7	45周	星期四	2022年11月3日	40	13160.0	36	365.6
8	45周	星期五	2022年11月4日	27	8883.0	26	341.7
9	45周	星期六	2022年11月5日	29	9541.0	27	353.4
10	45周	星期日	2022年11月6日	44	14476.0	40	361.9
11	46周	星期一	2022年11月7日	26	8554.0	25	342.2
12	46周	星期二	2022年11月8日	16	5264.0	16	329.0

图 5-2　计算星期数据和周数据

✎ **步骤 3**：创建数据透视表，在"数据透视表字段"窗格中将"周"字段添加到"筛选"区域，将"星期"字段添加到"行"区域，将"销售额/元"和"销量/件"字段依次添加到"值"区域，由于周数据中最开始一周不是完整的一周，需要将其从数据透视表中删除。因此，在"周"筛选器中取消选择不完整的"44 周"复选框，然后单击"确定"按钮，效果如图 5-3 所示。

1	周	(多项)		在以下区域间拖动字段：
2				
3	行标签	求和项:销量/件	求和项:销售额/元	▼筛选　　　　Ⅲ列
4	星期日	137	44821.0	周　　　　　Σ 数值
5	星期一	142	43463.0	
6	星期二	142	42442.0	
7	星期三	116	34638.0	
8	星期四	94	31455.0	▤行　　　　　Σ 值
9	星期五	148	48692.0	星期　　　　求和项:销量/件
10	星期六	162	53298.0	求和项:销售额/元
11	总计	941	298809.0	

图 5-3　创建数据透视表

步骤 4：插入组合图表，将"销量"系列图表类型设置为"簇状柱形图"，"销售额"系列图表类型设置为"带数据标记折线图"，选中"销售额"系列右侧的"次坐标轴"复选框，单击"确定"按钮，效果如图 5-4 所示。通过该图，企业可以清晰地看到该店铺的销售变化趋势。整体而言，销售额和销量在一周内呈现先降后升的趋势，其中星期四的销售额与销量达到最低点，而从星期五开始，两者均开始上升，并在星期六达到峰值。这表明周末可能是销售的高峰期，客户的购买力在这两天尤为强劲。因此，企业应该考虑在周末加大营销力度，推出促销活动或特别优惠，以吸引更多客户并提升销售额。同时，也需注意库存管理，确保有足够的商品供应以满足周末的高需求。

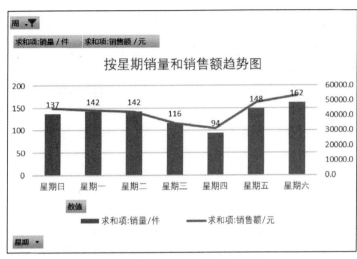

图 5-4 按星期销量和销售额趋势图

步骤 5：创建新的数据透视表，在"数据透视表字段"窗格中将"周"字段拖至"筛选"区域，将"星期"字段拖至"行"区域，将"客单价/元"字段拖至"值"区域。同时在数据透视表中设置"客单价"字段的汇总方式为"平均值"，在"周"筛选器中取消选择不完整的"44 周"，效果如图 5-5 所示。

周	(多项)
行标签	平均值项:客单价/元
星期日	350.3
星期一	336.3
星期二	331.1
星期三	335.2
星期四	356.2
星期五	354.7
星期六	359.4
总计	346.2

在以下区域间拖动字段：

筛选：周

列：

行：星期

Σ 值：求和项:客单价/元

图 5-5 创建数据透视表

步骤 6：插入折线图，如图 5-6 所示。从中可以看出，客单价在一周内呈现先降后升的趋势。从星期日到星期二，客单价逐渐下降，从星期三开始，客单价开始回升，并在星期六达到峰值。这可能是由于周末客户有更多的空闲时间和购物意愿。因此，企业可以在周末加大促销力度，吸引更多客户购买商品，提高销售额。同时，企业也需要关注工作日的客单价情况，通过调整营销策略来提升销售业绩。

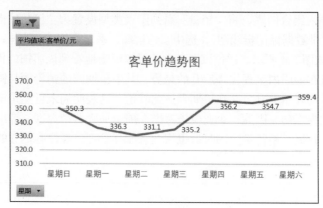

图 5-6　按星期客单价趋势图

4. 借助转化漏斗模型分析整体转化情况

转化漏斗模型用于可视化客户从进入某个过程（如营销、销售、客户注册等）到实现目标（如购买产品、完成注册等）的转化率。该模型通过将一个过程分解为多个步骤，并量化每一步的客户流失情况，帮助企业了解并优化其业务流程。转化漏斗模型的核心是将流程划分为不同的阶段或层级，通常是从最广泛的受众（如所有访问网站的客户）开始，逐步缩小到实现特定目标的客户群体（如完成购买的客户）。在每一个阶段，都会有一部分客户流失，通过比较不同阶段的客户数量和转化率，企业可以了解哪些阶段存在优化空间，以及如何优化这些阶段以提高整体转化率。转化漏斗模型可以展示客户从访问到最终支付的各个环节的转化情况，转化率分析指标主要有有效访问率、咨询转化率、静默转化率、订单支付率、成交转化率等。

① 有效访问率

有效访问率通常是指网站中有效访问次数与总访问次数的百分比，它反映了网站访问者中真正对网站内容感兴趣或有所贡献的用户比例。该指标的计算公式如下。

$$有效访问率=（有效访问次数÷总访问次数）×100\%$$

有效访问次数指的是在一定时间段内，对网站内容或服务进行有意义互动或浏览的独立访问数量。这些访问通常会对网站产生一定的价值，表现出对网站内容的兴趣。

② 咨询转化率

咨询转化率是指潜在客户在与企业进行交流后，转化为实际购买或采取进一步行动的百分比。该指标的计算公式如下。

$$咨询转化率=（咨询成交人数÷咨询人数）×100\%$$

咨询转化率在评估营销和销售活动的有效性方面至关重要，因为它能够直接反映企业在吸引潜在客户并促成交易方面的能力。

提高咨询转化率可以促进企业的业绩增长。咨询转化率提高通常意味着企业能够更有效地将咨询者转化为实际客户，从而提高销售额和市场份额。这不仅能增强企业的盈利能力，还能增强企业的市场竞争力。

③ 静默转化率

静默转化率是指客户访问网店后，不通过咨询，而是通过比较、搜索或其他自助方式直接下单购买的百分比。该指标的计算公式如下。

$$静默转化率=（静默成交人数÷静默访客数）×100\%$$

这个指标反映了店铺或电商平台在无须人工干预的情况下，将潜在客户转化为实际购买者的能力。具体来说，静默转化包括以下几种情况：用户在浏览网站或应用时，通过观看视频、阅读内容、接收电子邮件等间接渠道获取关于产品或服务的信息，并最终做出购买决策；用户在电商平台浏览商品时直接下单购买，而没有进行任何咨询或询问。

了解和跟踪静默转化率对全面评估营销活动的效果和广告投入回报（Return on Investment，ROI）非常重要。通过优化网站或应用的内容等，企业可以提高静默转化率，从而提高销售量和利润。

④ 订单支付率

订单支付率是指付款客户数与下单客户数之比，也可以指支付金额与订单金额之比。订单支付率与客户来源有密切的关系。例如，通过购物车、已买到的商品、商品收藏等渠道访问的客户，其订单支付率通常很高。

订单支付率的计算公式如下。

订单支付率=（付款客户数÷下单客户数）×100%

在商务数据分析中，订单支付率是一个重要的指标，它反映了客户下单后实际完成支付的比例。通过分析订单支付率，企业可以了解客户的支付意愿，进而优化营销策略和支付流程，提高订单支付率和客户满意度。为了提高订单支付率，企业可以采取一系列措施，如优化支付页面设计、提供多种支付方式、保障支付安全性等。这些措施可以降低客户的支付难度和支付风险，提高客户的支付意愿。

⑤ 成交转化率

成交转化率是指产生购买行为的客户人数与店铺或网站的访客人数之比。成交转化率的计算公式如下。

成交转化率=（产生购买行为的客户人数÷店铺或网站的访客人数）×100%

成交转化率能够准确反映企业的整体成交转化情况，该指标反映了企业吸引并转化潜在客户的能力，是衡量企业营销效果的重要指标之一。如果成交转化率过低，企业可以利用转化漏斗模型反推，分析哪些环节出了问题。一般来说，不同行业、不同类目的成交转化率略有不同。

在电商领域，提高成交转化率通常涉及多个方面，包括提高产品质量、优化页面设计、提供优质的客户服务、制定有效的营销策略等。企业还需要关注客户的行为和需求，不断优化购物体验，提高客户的满意度和忠诚度，从而吸引客户复购。

【课堂实操 5-2】分析某店铺的整体转化情况

步骤 1：图 5-7 所示为某电商不同营销环节的人数，根据文件"案例素材\第 5 章\销售整体转换率.xlsx"计算整体转化率。首先计算每个环节的转化率（当前环节人数/上一个环节人数），然后计算每个环节的整体转化率（当前环节人数/总人数，这里总人数即为选购商品环节的当前人数），如图 5-8 所示。

所处环节	当前环节人数
选购商品	1000
添加到购物车	600
购物车结算	450
核对订单信息	225
提交订单	90
选择支付方式	36
完成支付	29

图 5-7 某电商不同营销环节的人数

所处环节	当前环节人数	环节转化率	整体转化率
选购商品	1000	100.00%	100.00%
添加到购物车	600	60.00%	60.00%
购物车结算	450	75.00%	45.00%
核对订单信息	225	50.00%	22.50%
提交订单	90	40.00%	9.00%
选择支付方式	36	40.00%	3.60%
完成支付	29	80.56%	2.90%

图 5-8 每个环节的转化率与整体转化率

步骤 2：计算占位数据。计算初始转化率与当前环节整体转化率的差值，差值除以 2 后获得占位数据，即占位数据=（初始转化率-当前环节整体转化率）÷2，初始转化率为 100%，如图 5-9 所示。

	A	B	C	D	E
1	所处环节	当前环节人数	环节转化率	整体转化率	占位数据
2	选购商品	1000	100.00%	100.00%	0.00%
3	添加到购物车	600	60.00%	60.00%	20.00%
4	购物车结算	450	75.00%	45.00%	27.50%
5	核对订单信息	225	50.00%	22.50%	38.75%
6	提交订单	90	40.00%	9.00%	45.50%
7	选择支付方式	36	40.00%	3.60%	48.20%
8	完成支付	29	80.56%	2.90%	48.55%

图 5-9　计算占位数据

步骤 3：插入堆积条形图。漏斗图是在堆积条形图的基础上得来的。按住 Ctrl 键选择数据源，即同时选中所处环节、整体转化率与占位数据 3 列，单击"插入"选项卡下"图表"选项组中的"条形图"按钮，选择"堆积条形图"，效果如图 5-10 所示。

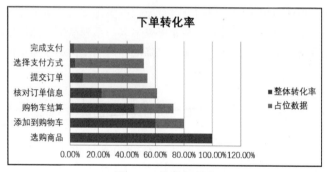

图 5-10　堆积条形图

步骤 4：设置坐标轴格式。选中坐标轴后，单击鼠标右键，在弹出的快捷菜单中选择"设置坐标轴格式"命令，如图 5-11（a）所示；在弹出的对话框中选中"逆序类别"复选框，如图 5-11（b）所示。

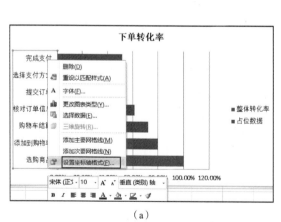

（a）　　　　　　　　　　　　　　　（b）

图 5-11　设置坐标轴格式

调整顺序后获得图 5-12 所示的图表。

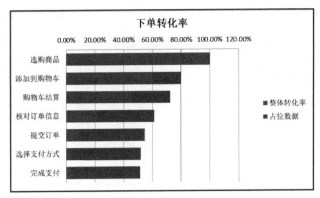

图 5-12　逆序调整后的图表

步骤 5：将辅助列数据填充调整为无填充，选中占位数据，如图 5-13（a）所示；单击鼠标右键，打开快捷菜单，从中选择设置数据系列格式，打开"设置数据系列格式"对话框，单击"填充与线条"图标按钮，在"填充"下面的选项里面选择"无填充"，如图 5-13（b）所示，此时占位数据的颜色就会消失。

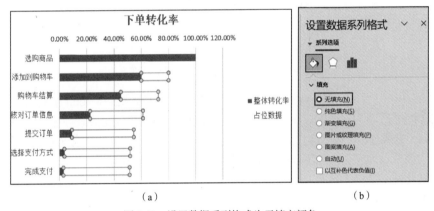

（a）　　　　　　　　　　　　　　　　　（b）

图 5-13　设置数据系列格式为无填充颜色

步骤 6：调整数据顺序。选中占位数据，单击鼠标右键，在弹出的快捷菜单中选择"选择数据"命令，如图 5-14 所示，打开"选择数据源"对话框；在"图例项（系列）"列表框中选中占位数据，如图 5-15 所示，单击"上移"按钮，将占位数据调整至"图例项"区域中第一位后。调整数据顺序后的图表如图 5-16 所示。

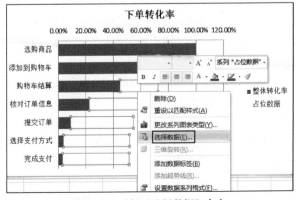

图 5-14　选择"选择数据"命令

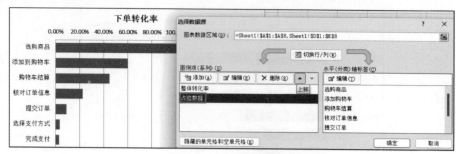

图 5-15　选中占位数据

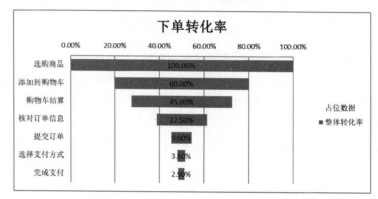

图 5-16　调整数据顺序后的下单转化率图表

从图 5-16 中可以看出，该店铺的整体转化率为 2.90%，这意味着在 1000 个初始客户中，只有 29 个客户成功完成了支付。同时，图中显示"提交订单"及"选择支付方式"这两个环节的客户流失率相对较高。造成这两个环节客户流失率较高的原因可能是客户体验不佳或支付方式受限等问题。因此，企业应该重点关注这两个环节，找出客户流失的原因，并采取相应的措施进行优化，以提升店铺的整体转化率。

5. 单品转化分析

除了分析整体的转化情况，企业还需要对指定商品的转化情况进行分析。在分析单品转化情况时，企业一般从流量和关键词两个维度着手。

（1）单品流量转化分析

在电子商务或零售领域中，单品流量转化分析是指对特定商品（单品）的流量与转化情况进行深入分析和研究。通过分析单品的流量转化情况，企业可以了解不同流量渠道的转化效果，从而制定更有效的运营推广策略。店铺单品流量与转化数据分析的步骤如下。

① 数据收集：使用电商平台自带的数据分析工具或第三方数据分析工具收集单品流量数据。数据应包括访问量、独立访客数、页面浏览量、跳出率、停留时间等关键指标。还需要收集转化数据，包括购买量、转化率、客单价等。

② 数据整理与清洗：去除重复数据、处理异常数据，以确保数据的准确性和可靠性。对缺失数据进行合理估计或插值，以保证分析的完整性。

③ 数据分析：包括流量分析、转化率分析、趋势分析。

流量分析：分析单品的流量来源，包括搜索引擎、付费广告、社交媒体、广告、电子邮件营销等渠道，了解各渠道的贡献度和客户行为特点。分析不同来源流量的质量和转化率，了解哪些来源的流量转化率更高。

转化率分析：计算单品的转化率，即浏览该单品的客户中最终完成购买的客户的百分比。分析转化率的变化趋势，找出影响转化率的关键因素，如价格、促销活动、商品描述、图片质量等。

趋势分析：通过对比不同时间段的流量和转化数据，分析单品的市场趋势和发展潜力。

④ 制定策略：针对流量高的单品，优化商品描述和页面设计，提升客户体验和购买意愿。对于转化率低的单品，分析原因并采取相应措施，如调整价格、开展促销活动、提升商品质量等。根据市场趋势和客户需求，制订新品上市计划或调整库存策略。

⑤ 持续优化：定期对单品流量与转化数据进行分析，及时调整销售策略和运营计划。关注客户反馈和评价，及时调整商品设计，以提高客户满意度和忠诚度。

【课堂实操 5-3】分析店铺单品流量与转化数据

下面利用已下载并整理到 Excel 中的单品流量转化数据来分析单品的流量和转化情况，具体操作如下。

步骤 1：打开文件“案例素材\第 5 章\单品流量转化分析.xlsx”，分别计算下单转化率（下单买家数/访客数）和支付转化率（支付买家数/访客数），如图 5-17 所示。

	A	B	C	D	E	F	G	H	I	J	K	L	M
1	来源	访客数	浏览量	浏览量占比	店内跳转人数	跳出本店人数	收藏人数	加购人数	下单买家数	支付件数	支付买家数	支付转化率	下单转化率
2	淘内免费其他	688	1,724	30.93%	304	580	19	143	84	82	78	11.34%	12.21%
3	我的淘宝	432	1,182	21.21%	343	191	21	48	67	63	61	14.12%	15.51%
4	购物车	353	1,042	18.69%	216	230	10	93	81	82	79	22.38%	22.95%
5	手淘搜索	255	404	7.25%	160	133	5	31	4	4	4	1.57%	1.57%
6	手淘拍立淘	235	399	7.16%	75	194	9	24	7	6	6	2.55%	2.98%
7	手淘首页	193	331	5.94%	159	63	7	28	5	5	5	2.59%	2.59%
8	直通车	44	73	1.31%	39	8	0	5	1	0	0	0.00%	2.27%
9	手淘旺信	39	124	2.22%	29	26	3	8	12	12	12	30.77%	30.77%
10	手淘其他店铺商品详情	37	87	1.56%	30	17	2	8	5	5	5	13.51%	13.51%
11	手淘问大家	32	54	0.97%	30	6	0	3	1	1	1	3.13%	3.13%
12	智钻	14	19	0.34%	13	3	0	4	0	0	0	0.00%	0.00%
13	手淘我的评价	11	40	0.72%	11	6	1	3	0	0	0	0.00%	0.00%
14	淘宝客	11	28	0.50%	10	7	0	1	0	0	0	0.00%	0.00%
15	手淘消息中心	8	25	0.45%	7	5	0	1	1	2	1	12.50%	12.50%
16	手淘找相似	7	7	0.13%	4	3	0	1	0	0	0	0.00%	0.00%
17	手淘其他店铺	5	22	0.39%	5	4	0	2	1	1	1	20.00%	20.00%
18	手淘微淘	3	9	0.16%	2	2	0	0	0	0	0	0.00%	0.00%
19	每日好店	1	2	0.04%	1	0	0	0	0	0	0	0.00%	0.00%
20	WAP淘宝	1	1	0.02%	0	1	0	0	0	0	0	0.00%	0.00%
21	手淘扫一扫	1	1	0.02%	1	0	0	0	0	0	0	0.00%	0.00%

图 5-17　计算下单转化率和支付转化率

步骤 2：为当前数据创建数据透视表，在“数据透视表字段”窗格中将“来源”字段添加到“行”区域，将“下单转化率”“支付转化率”字段添加到“值”区域，将“下单转化率”“支付转化率”字段的值设置为保留两位小数的百分比数据，如图 5-18 所示。

1			
2			
3	行标签	求和项:下单转化率	求和项:支付转化率
4	WAP淘宝	0.00%	0.00%
5	购物车	22.95%	22.38%
6	每日好店	0.00%	0.00%
7	手淘拍立淘	2.98%	2.55%
8	手淘其他店铺	20.00%	20.00%
9	手淘其他店铺商品详情	13.51%	13.51%
10	手淘扫一扫	0.00%	0.00%
11	手淘首页	2.59%	2.59%
12	手淘搜索	1.57%	1.57%
13	手淘旺信	30.77%	30.77%
14	手淘微淘	0.00%	0.00%
15	手淘问大家	3.13%	3.13%
16	手淘我的评价	0.00%	0.00%
17	手淘消息中心	12.50%	12.50%
18	手淘找相似	0.00%	0.00%
19	淘宝客	0.00%	0.00%
20	淘内免费其他	12.21%	11.34%
21	我的淘宝	15.51%	14.12%
22	直通车	2.27%	0.00%
23	智钻	0.00%	0.00%
24	总计	139.99%	134.46%

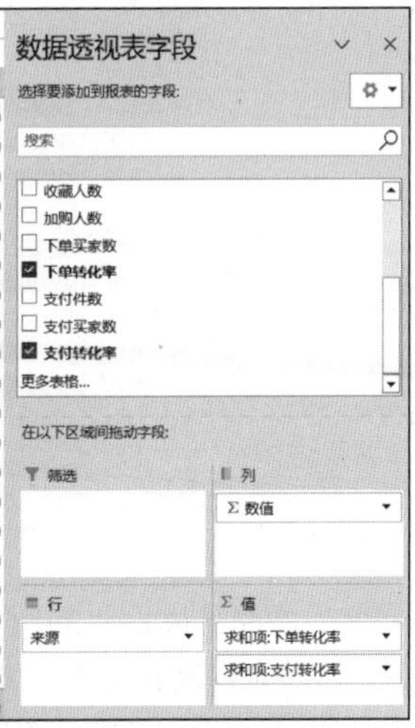

图 5-18　添加数据透视表字段

步骤3：以当前数据透视表为基础创建数据透视图，如图 5-19 所示。由图 5-19 可知，各流量渠道的下单转化率与支付转化率相差不大，说明该店铺在客户下单到支付的转化环节做得不错。

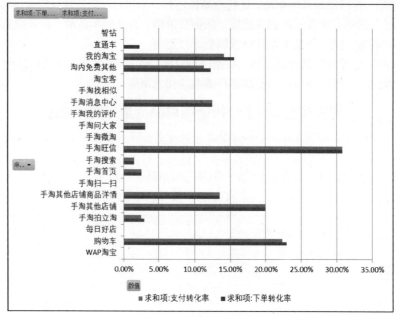

图 5-19　创建数据透视图

步骤4：为了确定哪个渠道的转化率最高，在"数据透视表字段"窗格中将"访客数"字段添加到"值"区域，将"访客数"数据系列坐标设置为次坐标轴，调整图表大小，如图 5-20 所示。

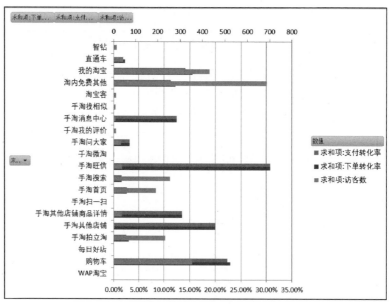

图 5-20　分析流量转化情况

由图 5-20 可知，该商品最重要的两个流量渠道为淘内免费其他和我的淘宝，这两个流量渠道的转化率不是太高，如果能提高转化率，则能给店铺的销量带来较大的提升。手淘旺信的转化率最高，说明该渠道的流量质量很好，店铺应该进一步加大"引流"力度。

（2）单品关键词转化分析

单品关键词转化分析是电子商务和 SEO 中非常关键的一环，它主要关注特定商品（单品）的关键词在搜索引擎中的表现及关键词如何促进实际的销售。通过单品关键词转化分析，企业可以更加精准地了解客户需求和市场变化，制定更加有效的营销策略和优化方案，从而提高单品在搜索引擎中的曝光度和转化率，进而提升整体销售额。

以下是进行单品关键词转化分析的关键步骤和要点。

① 关键词选择与分组：根据单品的特性、目标受众和市场竞争情况，选择与之相关的关键词；按照品牌、商品特性、使用场景等对关键词进行分类。

② 关键词搜索量分析：使用工具（如 Google Keyword Planner、百度指数等）分析关键词的搜索量，了解客户的搜索需求。注意搜索量的季节性变化和长期趋势，为未来的营销活动做好准备。

③ 关键词排名监测：使用搜索引擎排名监测工具跟踪单品关键词在搜索引擎结果页中的排名情况。分析排名变化的原因，如网站内容更新、竞争对手策略调整等。

④ 关键词转化率分析：使用网站分析工具（如 Google Analytics）追踪从搜索引擎进入网站的客户行为。计算关键词的转化率，即该关键词带来的访问量中最终完成购买的比例。分析转化率高的关键词，了解它们的共性和特点，以便进行优化。

⑤ 竞争对手分析：分析竞争对手在关键词选择、排名和转化率等方面的表现。

⑥ 优化策略制定：根据关键词转化分析结果，制定具有针对性的优化策略。对于转化率高的关键词，可以加大投入，如提高广告预算、优化网站内容等。对于转化率低的关键词，可以考虑调整关键词策略或优化网站结构，以提升客户体验。

⑦ 持续优化与监测：定期对单品关键词转化进行分析，根据市场变化和客户需求调整关键词策略和优化方案。持续关注搜索引擎算法的变化和新兴趋势，以便及时调整策略。

通过分析单品的关键词转化效果，企业可以及时调整关键词的内容，提升转化效果。利用关键词的访客数和支付转化率指标就可以得到关键词的转化效果。

【课堂实操 5-4】分析某店铺使用的咖啡关键词的转化效果

✍　**步骤 1**：将某店铺使用的咖啡关键词的转化数据整理到 Excel 中，打开文件"案例素材\第 5 章\关键词转化分析.xlsx"，分别计算下单转化率（下单客户数/访客数）和支付转化率（支付客户数/访客数），如图 5-21 所示。

	A	B	C	D	E	F	G	H	I	J
1	产品名称	访客数	浏览量	收藏人数	加购人数	下单客户数	支付件数	支付客户数	下单转化率	支付转化率
2	官方正品无糖冷萃研磨苦咖啡	951	2,638	69	106	27	27	26	2.84%	2.73%
3	咖啡机专用进口现磨咖啡粉	1,504	4,664	211	524	201	195	185	13.36%	12.30%
4	提神速溶蓝山咖啡	8,336	33,635	1,068	1,268	1,026	978	946	12.31%	11.35%
5	提神速溶拿铁研磨咖啡粉	6,591	31,389	242	2,048	1,089	1,062	1,038	16.52%	15.75%
6	冬装原味三合一速溶咖啡	23,355	63,924	1,648	3,094	533	513	504	2.28%	2.16%
7	无蔗糖二合一微研磨袋装咖啡	1,609	6,825	189	388	117	114	112	6.96%	6.66%
8	无蔗糖正品低脂冻干咖啡	7,143	15,903	471	772	122	112	111	1.71%	1.55%
9	原味奶香咖啡条	5,620	15,599	423	721	122	116	112	2.17%	1.99%
10	原味特浓咖啡粉	7,294	21,267	615	1,282	503	480	467	6.90%	6.40%
11	正品无糖低脂咖啡	20,724	51,937	1,597	2,411	280	252	251	1.35%	1.21%

5-2　分析某店铺使用的咖啡关键词的转化效果

图 5-21　计算下单转化率和支付转化率

✍　**步骤 2**：选中 A1:B11、J1:J11 单元格区域，单击"插入"选项卡下"图表"选项组中的"插入组合图"下拉按钮，选择"簇状柱形图-次坐标轴上的折线图"，将"访客数"数据系列的图表类型设置为"簇状柱形图"，坐标轴设置为主坐标轴；将"支付转化率"数据系列的图表类型设置为"折线图"，坐标轴设置为次坐标轴。单击"确定"按钮，效果如图 5-22 所示。

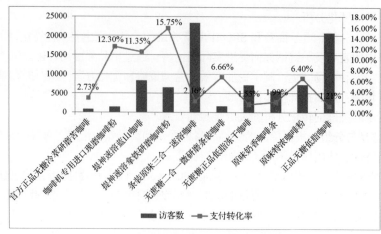

图 5-22　咖啡关键词转化效果分析

由图 5-22 可知，关键词"条装原味三合一速溶咖啡""正品无糖低脂咖啡"访客数较多，但支付转化率均较低，说明关键词可能过于宽泛，吸引了大量非目标受众的访问者。这些访问者可能只是出于好奇而访问，并没有明确的购买意向。关键词还可能与实际商品的相关性不高，导致吸引的访问者并非真正的潜在买家。而"提神速溶蓝山咖啡""提神速溶拿铁研磨咖啡粉"关键词的访客数不多但支付转化率很高，说明关键词可能非常精准地吸引到了目标受众，这些访问者对商品有明确的需求和购买意向。该店铺可以通过拓展关键词，发现更多与商品相关的关键词，并尝试进行广告投放或优化 SEO，以吸引更多潜在买家。

5.1.2　店铺利润分析

1. 店铺利润分析的概念

店铺利润是指在一定经营期间内，店铺通过销售商品和提供服务所获得的总收入减去所有成本后的剩余金额。这个剩余金额直接反映了店铺的盈利水平，是衡量店铺经营状况的重要指标之一。

店铺利润分析是指对店铺运营过程中的各项财务数据进行深入挖掘和分析，以评估店铺的盈利能力、运营效率和揭示其潜在问题。店铺利润分析涉及对各种成本和费用的计算，包括原材料成本、人工成本、租金、水电费等。通过对比不同时期的利润数据，可以发现店铺盈利的变化趋势，并找出影响利润的关键因素。这有助于店铺经营者及时发现经营问题，制定相应的调整和改进措施，以提高店铺的盈利水平。此外，店铺利润分析还可以帮助店铺经营者确定哪些商品或服务是店铺的核心盈利点，以及哪些商品或服务可能存在亏损风险。这些信息可帮助店铺制定商品策略和调整市场定位，有助于店铺在竞争激烈的市场环境中保持领先优势。

2. 店铺利润分析的过程

店铺利润分析是一个综合性过程，涉及多个方面。店铺利润分析的主要过程如下。

（1）基础数据收集

收集店铺的基础数据，包括销售额、成本、费用等。这些数据是利润分析的基础，因此必须确保数据的准确性和完整性。

（2）销售额分析

销售额是店铺利润的主要来源，因此需要对销售额进行深入分析。可以通过比较不同时间段的销售额，了解销售额变化趋势；还可以分析不同商品或服务的销售额，找出畅销商品或潜力商品。

（3）成本分析

成本是影响利润的关键因素之一，因此需要对店铺的各项成本（包括商品成本、运营成本、人力成本等）进行详细分析。通过比较不同成本项的比例和变化趋势，找出成本控制的重点和优化方向。影响成本的因素主要有商品成本、推广成本和固定成本。

　　商品成本：是影响企业总成本的关键因素之一。主要指生产商品所需的全部费用，一般包括商品采购成本、运输成本、人工成本、商品损耗等。不同的采购渠道所产生的花费不同，运营者应对不同采购渠道的花费进行统计分析，选择花费最少的渠道来采购商品，以降低商品成本。

　　推广成本：推广商品或服务过程中所产生的各项费用的总和。这些费用涵盖从市场调研、品牌定位、广告制作到广告投放等多个环节。运营者需要定期对推广效果进行分析，评估不同推广方式的推广成本和推广效果，从而选择 ROI 最高的推广方式。

　　固定成本：不随生产或销售数量的变化而变化的成本，通常包括租金、保险、行政和管理人员的工资等。即使企业没有生产或销售任何商品，固定成本仍然需要支付，因此，它对企业的总成本结构有重要影响。

　　（4）利润计算与分析

　　在收集和分析完销售额、成本数据后，可以计算出店铺的利润，然后对利润（包括利润率、利润变化趋势等）进行深入分析。通过利润分析，可以了解店铺的盈利能力和提升空间。

　　在商务数据分析，特别是线上店铺的商务数据分析中，利润指电商企业成交金额与总成本的差额，计算公式为利润=成交金额-总成本；利润率包括销售利润率、成本利润率等，用于衡量销售、成本等的价值转化情况，计算公式分别为销售利润率=（利润÷成交金额）×100%、成本利润率=（利润÷总成本）×100%。

　　（5）比较与对标

　　为了更全面地了解店铺的盈利状况，可以将店铺的利润数据与同行业其他店铺进行比较，找出自身的优势和不足。还可以对标行业内的优秀店铺，学习其成功的经验和方法。

　　（6）制定优化策略

　　根据利润分析的结果制定相应的优化策略。例如，针对成本过高的问题，可以采取降低采购成本、优化运营流程等措施；针对销售额较低的问题，可以通过加大宣传力度、提升服务质量等方式吸引更多客户。

【课堂实操 5-5】预测店铺利润

　　预测数据最简单的方法是线性预测法，该方法常通过一个变量来预测另一个变量的变化趋势。由于影响店铺利润的因素很多，因此运营者在运用线性预测法时，需要对影响利润的因素进行多方面的分析和研究。在众多因素中，只有当某个因素对变量 y 的影响大于其他因素时，才能将这个变量作为自变量 x。在 Excel 中，可以利用 TREND 函数来进行线性预测。TREND 函数的语法格式为：TREND(Known_y's,[Known_x's],[New_x's],[Const])。

　　Known_y's：已知的 y 值数组或范围。它代表自变量（通常是 y 轴上的值），即关系表达式 $y=mx+b$ 中已知的 y 值集合。

　　Known_x's：可选参数，代表已知的 x 值数组或范围。它代表因变量（通常是 x 轴上的值），即关系表达式 $y=mx+b$ 中已知的可选 x 值集合。如果不提供该参数，Excel 将默认使用从 1 开始的连续整数作为 x 值序列。

　　New_x's：可选参数，代表新的 x 值数组或范围。这些 x 值用于预测对应的 y 值，即函数 TREND 返回对应 y 值的新 x 值。

　　Const：逻辑值（TRUE 或 FALSE），也是可选参数。它用于指定返回的曲线是否通过原点。默认值为 TRUE，表示曲线通过原点。如果设置为 FALSE，则曲线不会通过原点。

　　下面利用某店铺上半年的销售和成本数据，以及下半年的销售目标来预测下半年的各项成本和利润，具体操作如下。

✿ **步骤 1**：打开文件"案例素材\第 5 章\预测店铺利润.xlsx"，将店铺每月的成交金额、商品成本、推广成本、固定成本等数据整理到 Excel 中，并输入店铺未来 6 个月的成交金额目标数据，如图 5-23 所示。

	A	B	C	D	E	F
1	月份	成交金额/元	商品成本/元	推广成本/元	固定成本/元	利润/元
2	1月	46,739.00	19,341.00	8,881.00	6,313.00	
3	2月	62,778.00	20,393.00	9,341.00	9,630.00	
4	3月	59,486.00	19,341.00	7,323.00	5,457.00	
5	4月	30,957.00	24,253.00	5,481.00	6,313.00	
6	5月	49,167.00	22,104.00	8,551.00	10,058.00	
7	6月	55,237.00	22,718.00	7,806.00	8,560.00	
8	7月	53,416.00				
9	8月	39,455.00				
10	9月	38,848.00				
11	10月	50,988.00				
12	11月	47,953.00				
13	12月	46,739.00				

图 5-23　输入店铺数据

✿ **步骤 2**：选择 C8 单元格，单击菜单栏中的"公式"选项卡，单击"函数库"选项组中的"插入函数"按钮，打开"插入函数"对话框，在对话框上方的文本框中输入"TREND"，如图 5-24（a）所示；单击"转到"按钮，Excel 将在函数库中快速找到 TREND 函数；单击"确定"按钮，打开"函数参数"对话框，在其中设置各参数对应的单元格区域，如图 5-24（b）所示，单击"确定"按钮。

（a）

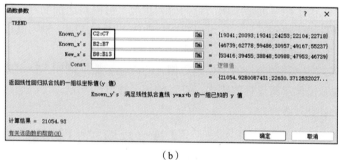

（b）

图 5-24　找到 TREND 函数并设置参数

✿ **步骤 3**：向右拖曳 C8 单元格右下角的填充柄至 E8 单元格，然后继续向下拖曳填充柄至 E13 单元格，快速填充公式，得到成本预测值，如图 5-25 所示。

	A	B	C	D	E	F
1	月份	成交金额/元	商品成本/元	推广成本/元	固定成本/元	利润/元
2	1月	46,739.00	19,341.00	8,881.00	6,313.00	
3	2月	62,778.00	20,393.00	9,341.00	9,630.00	
4	3月	59,486.00	19,341.00	7,323.00	5,457.00	
5	4月	30,957.00	24,253.00	5,481.00	6,313.00	
6	5月	49,167.00	22,104.00	8,551.00	10,058.00	
7	6月	55,237.00	22,718.00	7,806.00	8,560.00	
8	7月	53,416.00	21054.93	8032.41	7827.23	
9	8月	39,455.00	23286.95	7044.16	7216.83	
10	9月	38,848.00	23380.81	6979.60	7149.08	
11	10月	50,988.00	22161.09	7843.58	8422.99	
12	11月	47,953.00	22441.79	7714.28	8213.47	
13	12月	46,739.00	22588.57	7533.20	7856.90	

图 5-25　得到成本预测值

✿ **步骤 4**：选择 F2:F13 单元格区域，在编辑栏中输入"=B2-SUM(C2:E2)"，按 Ctrl+Enter 组合键计算各月份的利润及利润预测值，如图 5-26 所示。若得出的数据不符合预期，就应该设法优化成本或提高交易金额。

	A	B	C	D	E	F
1	月份	成交金额/元	商品成本/元	推广成本/元	固定成本/元	利润/元
2	1月	46,739.00	19,341.00	8,881.00	6,313.00	12,204.00
3	2月	62,778.00	20,393.00	9,341.00	9,630.00	23,414.00
4	3月	59,486.00	19,341.00	7,323.00	5,457.00	27,365.00
5	4月	30,957.00	24,253.00	5,481.00	6,313.00	-5,090.00
6	5月	49,167.00	22,104.00	8,551.00	10,058.00	8,454.00
7	6月	55,237.00	22,718.00	7,806.00	8,560.00	16,153.00
8	7月	53,416.00	21054.93	8032.41	7827.23	16501.43
9	8月	39,455.00	23286.95	7044.16	7216.83	1907.06
10	9月	38,848.00	23380.81	6979.60	7149.08	1338.51
11	10月	50,988.00	22161.09	7843.58	8422.99	12560.34
12	11月	47,953.00	22441.79	7714.28	8213.47	9583.46
13	12月	46,739.00	22588.57	7533.20	7856.90	8760.34

图 5-26　计算利润及利润预测值

5.1.3　店铺流量分析

流量数据是电商企业非常重视的数据。在商务数据中，流量数据是评估网站或应用表现的重要指标之一，主要包含页面浏览量（Page View，PV）、独立访客（Unique Visitor，UV）、登录时间、在线时长等数据。通过分析流量数据，企业可以全面了解自身的流量结构，找出不足之处并加以优化，从而增大自身的流量基数，为后续的销售转化打下坚实的基础。

1. 流量来源的分类

客户访问企业的店铺可以通过不同的渠道，这使企业分析的流量数据有不同的来源。以淘宝网为例，流量来源可分为免费流量、付费流量、站内流量和站外流量 4 种类型，各类型流量又可细分出不同的来源，如图 5-27 所示。

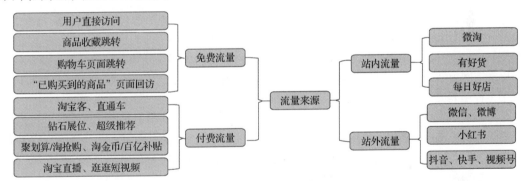

图 5-27　淘宝网流量来源

（1）免费流量

免费流量是指无须直接支付费用即可获得的流量，其最常见的引流渠道包括：电商平台站内的搜索结果页面展示（如橱窗推荐、商品排名），以及运营者通过论坛、微博、微信公众号、抖音、快手等社交媒体平台自主账号开展的推广活动。

在电商平台中，免费流量通常指买家通过主动搜索行为（如输入店铺名称、产品关键词等）进入店铺或商品页面产生的流量。例如，当用户在平台首页搜索关键词后点击商品并进入详情页，这一过程即形成免费流量。此类流量具有两大核心价值：一是获取成本低，二是用户目的性强、精准度高，因此成为企业运营中重点优化和长期维护的流量类型。

以淘宝网为例，免费流量的主要来源包括用户直接访问（如通过收藏夹或历史记录进入）、商品收藏夹跳转、购物车页面跳转、"已购买到的商品"页面回访等。

通过对免费流量的数据监测与分析，企业能够识别用户偏好的内容和活动形式，进而优化运营策略、提升用户体验，最终实现自然流量的持续增长。

（2）付费流量

付费流量是指企业通过付费推广手段获取的流量，主要包括广告投放、搜索引擎营销（SEM）和促销活动等形式。这类流量具有精准度高、见效快的特点，是企业快速获取目标客户、提升销售转化的重要渠道。

当企业需要为特定商品或活动快速引流时，通常会采用付费推广策略。以淘宝平台为例，主要的付费流量渠道包括：

① 广告投放类：淘宝客（CPS 分佣推广）、直通车（CPC 竞价广告）、钻石展位（展示广告）、超级推荐（信息流广告）；

② 促销活动类：聚划算/淘抢购（坑位费+佣金）、淘金币/百亿补贴（平台活动）；

③ 内容营销类：淘宝直播（达人带货）、逛逛短视频（内容种草）。

通过监测 CTR（点击率）、CVR（转化率）、ROAS（广告支出回报率）等数据指标，可持续优化投放策略。

（3）站内流量

站内流量主要是指用户直接访问平台或网站内部页面所产生的流量。这些流量通常来源于用户在平台或网站内部的搜索、点击、浏览等行为。因为此时用户已经进入到平台或网站内部，表明他们对平台或网站的内容或服务有一定的兴趣或需求，所以站内流量具有精准度高、用户需求明确的特点。

在电商平台中，站内流量还包含平台通过智能推荐系统和营销活动主动引导用户所产生的访问量。以淘宝网为例，平台通过"微淘"内容社区、"有好货"品质推荐、"每日好店"精选导购等特色渠道，能够有效为商家导入精准的潜在客户流量。

（4）站外流量

站外流量是指用户通过外部渠道访问平台或网站所产生的流量，其来源包括社交媒体、搜索引擎、广告平台及合作伙伴网站等。随着社交媒体的快速发展，微信、抖音等平台已成为企业营销的重要阵地。例如，在快手、抖音等短视频平台中，企业可通过植入淘宝、天猫等电商链接实现直接引流。

以淘宝网为例，常见的站外流量来源有微信（朋友圈广告、公众号导流）、微博（话题推广）、小红书（种草笔记）、抖音/快手/视频号（短视频带货和直播跳转链接）等。

站外流量的优势在于覆盖范围广，能触达更多潜在用户，有效提升品牌曝光度并吸引新客。然而，这类流量通常体量大但转化率较低，因为用户可能仅是偶然点击广告或链接，尚未形成明确的消费需求。因此，企业需通过精准广告投放和优质内容营销，提升流量的转化效率与质量。

2. 流量结构分析

在分析店铺流量结构时，企业需要关注各个流量来源的占比、变化趋势及转化效果。通过对比不同来源流量的表现，企业可以发现哪些流量来源更为有效，从而调整投入策略，提升整体运营效果。流量结构分析是商务数据分析中的重要环节，通过对站内流量、站外流量、免费流量和付费流量等的深入分析，企业可以制定更有效的营销策略和优化方案，提升业务效果和客户满意度。

企业可以借助生意参谋查看店铺的流量结构。在生意参谋"流量"板块的"店铺来源"页面中设置需要查看的时间段和流量渠道，即可查看店铺相应时间段的流量结构。

【课堂实操 5-6】免费流量结构分析

图 5-28 所示为某企业 2023 年 7 月的免费流量数据，以这组数据为基础进行免费流量结构分析，具体步骤如下。

◆ **步骤 1**：打开文件"案例素材\第 5 章\免费流量结构.xlsx"，选择流量来源、浏览量、点击量和成交订单数对应的数值区域，插入组合图形。将浏览量设置为簇状柱形图，将点击量和成交订单数设置为折线图；将浏览量设置为主坐标轴，将点击量、成交订单数设置为次坐标轴，效果如图 5-29 所示。

A	B	C	D	E
序号	流量来源	浏览量	点击量	成交订单数
1	自主搜索	1920	354	137
2	购物车	2613	505	192
3	其他店铺	1442	147	49
4	首页	1624	257	87
5	收藏推荐	776	156	27
6	其他免费来源	1943	205	137

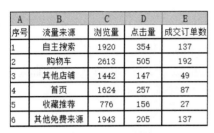

图 5-28　免费流量数据

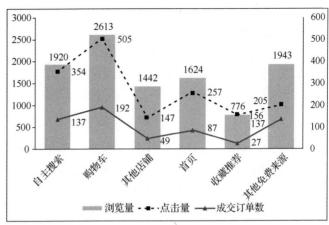

图 5-29　免费流量结构分析图

步骤 2： 选中数据表中的流量来源与成交订单数，插入饼图，并将饼图的数值显示方式设置为“百分比”，得到免费流量结构分析比例图，如图 5-30 所示。

根据图 5-29 和图 5-30 可知，在免费流量来源中，购物车的各项指标都较好，为企业带来的浏览量为 2613 次，成交订单数占比为 30%；收藏推荐的各项指标表现最差，仅为企业带来 776 次的浏览量，成交订单数占比仅为 4%。企业可以利用该分析结果优化其免费推广渠道布局。

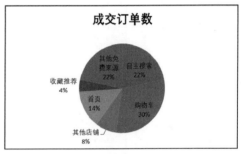

图 5-30　免费流量结构分析比例图

【课堂实操 5-7】付费流量结构分析

付费流量结构分析的核心是分析各付费推广渠道的流量占比。打开文件“案例素材\第 5 章\付费流量结构.xlsx”，如图 5-31 所示为某店铺 2023 年 7 月的付费流量数据（投入产出比=成交额÷投入成本），以这组数据为基础进行付费流量结构分析，具体步骤如下。

选择流量来源、成交占比、投入产出比对应的数值区域，单击“插入”选项卡下“图表”选项组中的“插入组合图”下拉按钮，选择“簇状柱形图-次坐标轴上的折线图”，插入图形。将成交占比设置为簇状柱形图，将投入产出比设置为折线图，将成交占比设置为次坐标轴，得到付费流量结构分析图，如图 5-32 所示。

	A	B	C	D	E	F
1	序号	流量来源	成交占比	投入成本/元	成交额/元	投入产出比
2	1	超级推荐	9%	851597	564824	0.66
3	2	钻石展位	27%	1521475	1711883	1.13
4	3	聚划算	12%	949972	766638	0.81
5	4	直通车	22%	1212891	1402035	1.16
6	5	淘宝客	30%	1655536	1987300	1.2

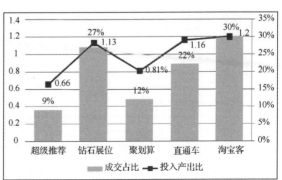

图 5-31　付费流量数据

图 5-32　付费流量结构分析图

由图 5-32 可知，在付费流量来源中，淘宝客最占优势，其成交占比和投入产出比分别是 30% 和 1.2∶1；钻石展位的成交占比和投入产出比分别是 27% 和 1.13∶1，直通车的成交占比和投入产出比分别是 22% 和 1.16∶1。这 3 种付费推广渠道的转化效果最好。

3. 页面流量分析

就网店而言，店铺中的每一个页面都承担着不同的引流功能。通过分析不同页面的流量数据，企业可以了解各页面是否发挥了相应的作用，并且可以依据分析结果对流量不足的页面进行调整和修改，从而提升引流效果。利用生意参谋"流量"板块的"店内路径"功能可以采集不同页面的流量数据。

【课堂实操 5-8】页面流量分析

下面利用 Excel 整理和分析淘宝某网店最近 7 天的页面访问数据，具体步骤如下。

步骤 1：打开文件"案例素材\第 5 章\流量数据排行分析.xlsx"，在"浏览量"前面插入新列，设置列名为"页面"，将"访问页面标题"列中的标题按类别进行简化处理后填入"页面"列，以便后续进行图表的创建和分析，如图 5-33 所示。

	A 店铺分类名称	B 访问页面标题	C 页面	D 浏览量	E 访客数	F 平均停留时间
2	首页	店铺首页	首页	538	370	8.29
3	商品详情页	雪地靴女2020年冬季新款百搭女鞋子保暖加绒加厚棉鞋短筒短靴	商品详情页1	16173	6873	10.99
4	商品详情页	百搭小白鞋女鞋子秋季2020年新款韩版学生白鞋平底女板鞋	商品详情页2	257	119	27.18
5	商品详情页	小白鞋女2020年秋冬季新款百搭板1ns潮旗舰店官方休闲板鞋	商品详情页3	169	88	72.12
6	商品详情页	1970年鞋子高帮帆布鞋女鞋学生版ulzzang板鞋2020新款skr潮鞋	商品详情页4	100	81	9.89
7	商品详情页	黑色高帮帆布女鞋冬季韩版流行女鞋2020新款百搭1ns潮鞋	商品详情页5	106	72	49.15
8	商品详情页	运动百搭女鞋子2020年新款秋冬ins潮鞋老爹小白帆布鞋	商品详情页6	76	54	11.51
9	商品详情页	1970s豆沙色高帮帆布鞋女学生韩版2020年秋季新款街拍skr潮鞋	商品详情页7	68	47	11.32
10	商品详情页	帆布鞋女板版ulzzang板鞋2020年新高帮潮鞋学生百搭女鞋子	商品详情页8	48	41	10.04
11	商品详情页	1ns潮老爹女鞋子2020年新款百搭学生网红秋冬小白女运动鞋	商品详情页9	53	30	17.87
12	商品详情页	网红超火老爹鞋女2020学生女鞋子秋季2020新款1ns潮鞋运动鞋	商品详情页10	16	16	4.25
13	商品详情页	复古港咪帆布鞋女鞋冬季2020新女鞋子百搭小白鞋学生1ns潮鞋	商品详情页11	18	15	11.78
14	商品详情页	帆布鞋女ulzzang女鞋子秋季2020新款学生百搭小白鞋	商品详情页12	15	13	4.13
15	商品详情页	帆布鞋女鞋子2020秋季新款韩版百搭板鞋情侣ins街拍高帮潮鞋	商品详情页13	11	8	10.64
16	商品详情页	断码清仓处理帆布鞋板鞋女鞋子百搭韩版学生休闲2020秋季小白鞋	商品详情页14	8	8	5.25
17	商品详情页	新款1ns街拍高帮鞋女skr潮鞋2020年秋冬小白鞋子学生女鞋子	商品详情页15	8	8	8.38
18	商品详情页	奶茶棕马丁靴女英伦风短靴2020新款系带靴子百搭港味秋冬女鞋	商品详情页16	5	5	3.8
19	商品详情页	星猫紫高帮帆布鞋女鞋百搭2020秋款秋季ulzzang1ns潮板鞋	商品详情页17	6	5	15.5
20	商品详情页	邮费补差价	商品详情页18	3	3	1
21	商品详情页	帆布鞋女2020年秋季女鞋子百搭韩版学生高帮skr潮鞋街拍板鞋	商品详情页19	4	3	5.25
22	店铺内容页面	店铺印象页	店铺内容页面	8	8	0.88
23	店铺导购页面	全部宝贝页	店铺导购页面1	678	318	10.15
24	店铺导购页面	新品页面	店铺导购页面2	29	21	9.41
25	店铺导购页面	搜索结果页	店铺导购页面3	31	20	7.94

图 5-33 调整数据

步骤 2：选择 C1:F30 单元格区域，创建组合图。单击"插入"选项卡下"图表"选项组中的"簇状条形图"，适当调整图表，单击"确定"按钮，效果如图 5-34 所示。

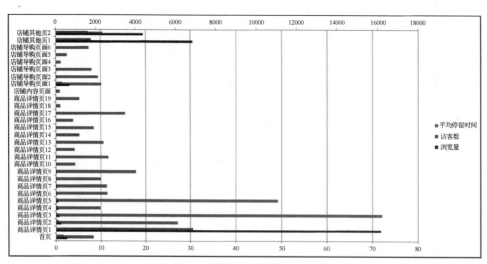

图 5-34 页面流量数据组合图

由图 5-34 可知，商品详情页 1 的流量占比最大，推测该商品是该网店的引流款商品。店铺其他页 1 和店铺其他页 2 的流量占比也相对较大，说明其页面内容也有吸引客户之处。此外，商品详情页 3 和商品详情页 5 是客户停留时间较长的两个页面，说明客户对这两款商品比较感兴趣，网店可以加大针对这两款商品的引流力度，或参照这两款商品详情页的设计思路来优化其他商品详情页。

4. 流量质量分析

流量质量即流量的优劣，体现的是流量的价值。进行流量质量分析时不仅需要关注访问量的多少，还需要关注流量为网站或应用带来的实际价值。优质的流量能够为店铺带来优质的客户，而劣质的流量对店铺产生的作用非常有限，甚至还会浪费店铺的推广资金。因此运营者需要对不同渠道的流量质量进行分析，评估不同渠道的流量为店铺带来的价值。

运营者在分析某个渠道的流量质量时，不能只看该渠道产生的访客数，因为访客数只能体现该渠道的受众情况，而不能体现该渠道的流量给店铺带来的价值。运营者需要重点关注该渠道访客的 UV 价值、转化率和加购率 3 个指标。具体计算公式如下。

UV 价值=支付金额÷访客数

转化率=支付人数÷访客数

加购率=加购人数÷访客数

在分析店铺流量质量时，不能将 UV 价值、转化率、加购率直接汇总，而需要先对其进行数据标准化，再将标准化后的数据汇总，得到流量价值，通过流量价值的高低来判断各渠道的流量质量。这里采用 Min-Max 标准化方法进行数据标准化。Min-Max 标准化是指对原始数据进行线性变换，将值映射到[0，1]，其计算公式如下。

新数据=(原数据-最小值)÷(最大值-最小值)

【课堂实操 5-9】分析店铺流量质量

下面对某店铺不同渠道的流量质量进行分析，具体操作如下。

步骤 1：打开文件“案例素材\第 5 章\流量来源数据.xlsx”，如图 5-35 所示。

	A	B	C	D	E	F	G	H	I	J	K	L	M	N	O	P	Q	R
1	流量来源	来源等级	父级来源	日期	访客数	下单买家数	下单转化率	引导商品访问数	新访客数	关注店铺数	商品收藏人数	加购人数	下单金额	支付金额	支付买家数	支付转化率	客单价	UV价值
2	淘内免费	一级来源		2022-09-27|2022-10-26	18060	278	1.54%	17926	17605	28	425	545	40782	38350	270	1.50%	142.04	2.12
3	付费流量	一级来源		2022-09-27|2022-10-26	9112	124	1.36%	9095	8916	12	319	425	18538	16746	116	1.27%	144.36	1.84
4	自主访问	一级来源		2022-09-27|2022-10-26	3587	160	4.46%	3553	3192	6	50	125	24053	22373	155	4.32%	144.34	6.24
5	淘外媒体	一级来源		2022-09-27|2022-10-26	22	0	0%	22	21	0	0	0	0	0	0	0%	0	0
6	淘外网站	一级来源		2022-09-27|2022-10-26	17	0	0%	17	17	0	0	0	0	0	0	0%	0	0
7	大促会场	一级来源		2022-09-27|2022-10-26	1	0	0%	1	1	0	0	0	0	0	0	0%	0	0
8	淘外App	一级来源		2022-09-27|2022-10-26	0	0	0%	0	0	0	0	0	0	0	0	0%	0	0
9	其他来源	一级来源		2022-09-27|2022-10-26	0	0	0%	0	0	0	0	0	0	0	0	0%	0	0
10	手淘推荐	二级来源	淘内免费	2022-09-27|2022-10-26	13599	21	0.15%	13590	13110	5	147	166	3342	2902	21	0.15%	138.19	0.21
11	手淘搜索	二级来源	淘内免费	2022-09-27|2022-10-26	3419	214	6.26%	3395	3295	20	218	300	30298	29352	211	6.17%	139.11	8.58
12	手淘拍立淘	二级来源	淘内免费	2022-09-27|2022-10-26	608	16	2.63%	604	598	1	43	47	2686	2282	15	2.47%	152.13	3.75
13	淘内免费其他	二级来源	淘内免费	2022-09-27|2022-10-26	252	22	8.73%	208	204	2	10	16	3726	2930	20	7.94%	146.5	11.63
14	手淘其他店铺商品详	二级来源	淘内免费	2022-09-27|2022-10-26	214	4	1.87%	212	185	2	7	9	522	522	4	1.87%	130.5	2.44
15	手淘旺信	二级来源	淘内免费	2022-09-27|2022-10-26	200	57	28.50%	195	156	3	13	44	8830	8216	56	28.00%	146.71	41.08
16	手猫搜索	二级来源	淘内免费	2022-09-27|2022-10-26	99	2	2.02%	99	95	0	1	3	316	158	1	1.01%	158	1.6
17	手淘问大家	二级来源	淘内免费	2022-09-27|2022-10-26	88	6	6.82%	88	80	0	4	12	920	920	6	6.82%	153.33	10.45
18	闲鱼	二级来源	淘内免费	2022-09-27|2022-10-26	87	0	0%	87	86	0	0	1	0	0	0	0%	0	0
19	订阅	二级来源	淘内免费	2022-09-27|2022-10-26	72	0	0%	6	68	0	0	1	0	0	0	0%	0	0
20	手淘消息中心	二级来源	淘内免费	2022-09-27|2022-10-26	68	2	2.94%	66	63	1	0	2	266	266	2	2.94%	133	3.91
21	手淘淘宝直播	二级来源	淘内免费	2022-09-27|2022-10-26	57	8	14.04%	55	41	0	1	4	1156	1156	8	14.04%	144.5	20.28
22	手淘有好货	二级来源	淘内免费	2022-09-27|2022-10-26	47	0	0%	47	38	0	1	5	0	0	0	0%	0	0
23	手猫商品详情	二级来源	淘内免费	2022-09-27|2022-10-26	30	0	0%	30	25	0	0	0	0	0	0	0%	0	0
24	天猫小黑盒	二级来源	淘内免费	2022-09-27|2022-10-26	26	0	0%	26	22	0	0	2	0	0	0	0%	0	0
25	每日好店	二级来源	淘内免费	2022-09-27|2022-10-26	20	1	5.00%	14	9	0	1	1	206	206	1	5.00%	206	10.3
26	推荐云主题	二级来源	淘内免费	2022-09-27|2022-10-26	17	0	0%	17	16	0	2	1	0	0	0	0%	0	0
27	淘宝特价版	二级来源	淘内免费	2022-09-27|2022-10-26	9	2	22.22%	9	7	0	0	0	276	276	2	22.22%	138	30.67
28	手淘我的评价	二级来源	淘内免费	2022-09-27|2022-10-26	9	2	22.22%	8	5	0	0	0	296	296	2	22.22%	148	32.89
29	一淘	二级来源	淘内免费	2022-09-27|2022-10-26	8	0	0%	8	5	0	0	1	0	0	0	0%	0	0
30	日常营销活动	二级来源	淘内免费	2022-09-27|2022-10-26	8	1	12.50%	8	6	0	0	1	108	108	1	12.50%	108	13.5
31	手淘其他店铺	二级来源	淘内免费	2022-09-27|2022-10-26	7	2	28.57%	4	7	1	0	0	266	266	2	28.57%	133	38
32	淘宝跨境站点	二级来源	淘内免费	2022-09-27|2022-10-26	5	0	0%	5	5	0	1	1	0	0	0	0%	0	0

图 5-35　流量来源数据

步骤 2：为流量来源数据创建数据透视表。在“数据透视表字段”窗格中将“来源等级”字段拖到“筛选”区域，将“流量来源”字段拖到“行”区域，将“访客数”“UV 价值”“支付转化率”字段依次拖到“值”区域；在数据透视表中单击“来源等级”下拉按钮，在下拉列表中选择“二级来源”选项，然后单击“确定”按钮，如图 5-36 所示。

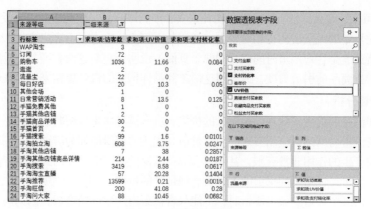

图 5-36　创建数据透视表

步骤 3：单击"行标签"下拉按钮，在下拉列表中选择"值筛选">"10 个最大的值"选项，如图 5-37（a）所示；在弹出的对话框中设置显示最大的 15 项，"依据"为"访客数"，如图 5-37（b）所示。单击"确定"按钮，效果如图 5-38 所示。

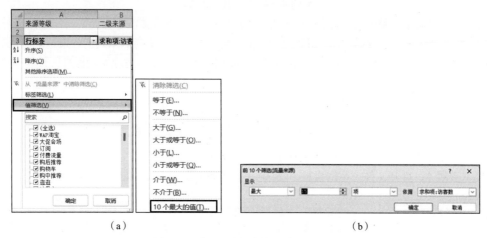

（a）　　　　　　　　　　　　　　　　　　（b）

图 5-37　设置显示最大的 15 个流量来源

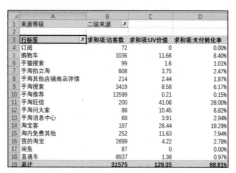

图 5-38　最大的 15 个流量来源

步骤 4：选择"数据透视表工具"下的"数据透视表分析"选项卡，单击"计算"选项组中的"字段、项目和集"下拉按钮，在弹出的下拉列表中选择"计算字段"选项。在弹出的"插入计算字段"对话框中，输入名称"加购率"，编辑公式为"=加购人数/访客数"，如图 5-39（a）所示；单击"确定"按钮，此时，即可将"加购率"字段添加到数据透视表中，设置其数字格式为百分比，如图 5-39（b）所示。

（a）

（b）

图 5-39　插入"加购率"计算字段

步骤 5：采用同样的方法插入"标准化：UV 价值"字段，根据 Min-Max 标准化方法编辑公式，如图 5-40 所示。设置"标准化：UV 价值"字段的数字格式，使其保留两位小数。

图 5-40　插入"标准化：UV 价值"计算字段

步骤 6：采用同样的方法插入"标准化：转化率"字段，根据 Min-Max 标准化方法编辑公式，如图 5-41 所示。

图 5-41　插入"标准化：转化率"计算字段

步骤 7：采用同样的方法插入"标准化：加购率"字段，根据 Min-Max 标准化方法编辑公式，如图 5-42 所示。设置"标准化：加购率"字段的数字格式为"数值"，保留两位小数。

图 5-42　插入"标准化：加购率"计算字段

步骤8：采用同样的方法插入"流量价值"字段，设置"公式"为"='标准化：UV价值'+'标准化：转化率'+'标准化：加购率'"，如图5-43所示。

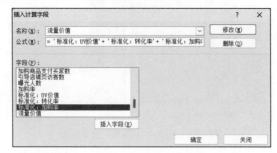

图5-43 插入"流量价值"计算字段

设置"流量价值"字段的数字格式，使其保留两位小数。此时的数据透视表如图5-44所示。

来源等级	二级来源							
行标签	求和项:访客数	求和项:UV价值	求和项:支付转化率	求和项:加购率	求和项:标准化:UV价值	求和项:标准化:转化率	求和项:标准化:加购率	求和项:流量价值
订阅	72	0	0.00%	1.39%	0.00	0.00	0.01	0.01
购物车	1036	11.66	8.40%	3.47%	0.28	0.30	0.11	0.70
手猫搜索	99	1.6	1.01%	3.03%	0.04	0.04	0.09	0.17
手淘拍立淘	608	3.75	2.47%	7.73%	0.09	0.09	0.32	0.50
手淘其他店铺商品详情	214	2.44	1.87%	4.21%	0.06	0.07	0.15	0.27
手淘搜索	3419	8.58	6.17%	8.77%	0.21	0.22	0.37	0.79
手淘推荐	13599	0.21	0.15%	1.22%	0.01	0.01	0.05	0.01
手淘旺信	200	41.08	28.00%	22.00%	1.00	1.00	1.00	3.00
手淘问大家	88	10.45	6.82%	13.64%	0.25	0.24	0.60	1.10
手淘消息中心	68	3.91	2.94%	2.94%	0.10	0.11	0.09	0.29
淘宝客	197	28.44	19.29%	11.68%	0.69	0.69	0.50	1.89
淘内免费其他	252	11.63	7.94%	6.35%	0.28	0.28	0.25	0.82
我的淘宝	2699	4.22	2.78%	3.33%	0.10	0.10	(0.10)	0.31
闲鱼	87	0	0.00%	1.15%	0.00	0.00	(0.00)	0.00
直通车	8937	1.38	0.97%	4.53%	0.03	0.03	0.16	0.23
总计	31575	129.35	88.81%	3.66%	3.15	3.17	0.12	6.44

图5-44 数据透视表

步骤9：在"数据透视表字段"窗格的"值"区域中删除除"访客数"和"流量价值"以外的字段，效果如图5-45所示。

步骤10：单击数据透视表"流量价值"列中的任意单元格，单击"开始"选项卡下"编辑"选项组中的"排序和筛选"下拉按钮，选择"降序"，如图5-46所示，对"流量价值"字段进行降序排列。

图5-45 删除其他字段后的效果

图5-46 对流量价值进行降序排序

步骤11：为"流量价值"字段应用数据条样式。单击"开始"选项卡下"样式"选项组中的"条件格式"下拉按钮，在下拉列表中选择"数据条">"其他规则"选项，如图5-47（a）所示，打开"新建格式规则"对话框；设置规则应用范围为"所有为'流量来源'显示'求和项：流量价值'值的单元格"，在"格式样式"下拉列表中选择"数据条"选项，设置数据条的外观，如图5-47（b）所示。单击"确定"按钮，效果如图5-48所示。

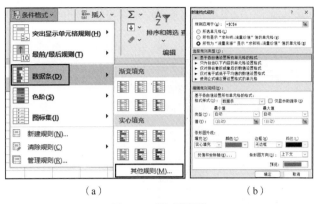

（a）		（b）
图 5-47 设置数据条		图 5-48 应用数据条样式的效果

如图 5-48 所示，运营者可以根据流量价值采用不同的运营手段。对于流量价值高的渠道，如手淘旺信，可以想办法增加访客数；对于流量价值一般或较差但访客数较多的渠道，如手淘推荐，需要查看店铺的访客标签和商品标签是否相符，通过优化关键词、产品描述等提高成交率。

5.2 推广数据分析

推广数据是指在产品或服务的推广活动中产生的相关数据。这些数据对了解推广活动的效果至关重要，能够帮助企业或个人了解访问量、点击量、注册量、留存率、活跃度等关键指标。推广数据分析是对产品或服务的推广活动中产生的数据进行收集、处理和分析的过程。通过推广数据的分析，企业能够了解推广过程中流量的来源情况、关键词的推广效果、活动的推广效果及内容运营的效果等，进而制定和调整推广策略，提高推广投入产出比，实现精准、高效引流。

推广数据分析主要包括以下 4 个方面。

（1）渠道效果分析：这一方面主要关注不同推广渠道的表现。通过对比各渠道的访问量、点击量、转化率等数据，可以评估出哪些渠道更为有效，从而优化推广策略。

（2）用户行为分析：对用户在推广活动中的行为模式（包括用户的访问路径、停留时间、点击习惯等）进行分析。通过分析用户行为，企业可以了解用户的兴趣和偏好，进而调整推广内容，以更好地吸引用户和实现转化。

（3）ROI 分析：ROI 是衡量推广活动经济效益的关键指标。通过对比推广投入与产生的收益（如销售额、新用户注册数等），可以判断推广活动是否划算，并据此调整预算分配，以实现最佳效益。

（4）趋势预测与策略调整：基于历史数据的分析，可以预测未来的推广趋势，从而及时调整策略以适应市场变化。例如，根据季节变化或用户需求的转变来调整推广重点。

这些分析有助于广告主和运营人员更全面地了解推广活动的效果，发现问题并及时调整策略，以实现更好的推广效果和业务增长。

5.2.1 推广渠道分析

商务企业在进行推广时，需要选择合适的推广渠道，推广渠道会对推广效果产生很大影响。

营销活动推广的渠道有很多种，比较常见的包括钻石展位、直通车、淘宝客、互动城、KOL（Key Opinion Leader）、抽奖等，其中有部分推广渠道是平台对企业免费开放的，这些渠道资源的转化效率通常较低，但并非绝对。相对应地，有一部分推广渠道是需要企业额外付费才可以使用的，这类推广渠道的转化率相对较高。

随着技术的不断发展，精准推广投放渠道出现了，这类渠道基于用户画像投放不同的广告，从而实现推广精准化、高效化。淘宝站内主要的推广渠道如图 5-49 所示。

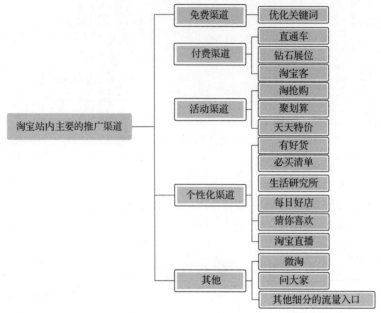

图 5-49　淘宝站内主要的推广渠道

1. 常见的推广渠道

不同的商务企业会使用不同的推广渠道，对淘宝平台的电商企业而言，淘宝客、淘宝直通车、钻石展位等是常见的推广渠道。

（1）淘宝客

淘宝客是一种推广模式，基于淘宝联盟平台，通过推广者的努力，将商家的商品或服务推广给更多的潜在买家。推广者只有在成功引导买家购买商品后，才能获得商家提供的佣金。这种模式对于商家和推广者来说是一种双赢的合作方式：商家能够通过淘宝客的推广触及更广泛的潜在顾客群体，提高商品的知名度和销量，而推广者则可以通过推广商品赚取佣金。

推广者可以在淘宝联盟中找到商家发布的商品，然后将其推广出去，淘宝客活动如图 5-50 所示。

淘宝客的盈利模式主要有以下 3 种。

① 佣金收入：通过推广商品引导买家在淘宝平台下单，从而获得一定的佣金。

② 返利收入：部分商家为提高销售额，会为淘宝客提供一定的返利。

③ 联盟营销：淘宝联盟为淘宝客提供推广服务，淘宝客可以通过联盟营销获得更多的推广资源和收益。

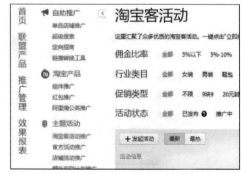

图 5-50　淘宝客活动

当买家通过淘宝客提供的购买链接完成购买时，淘宝客会获得相应的佣金。淘宝对淘宝客的佣金计算、退款等做出了以下规定。

① 佣金计算规则：淘宝客的佣金是按照成交金额来计算的。当买家通过淘宝客的推广链接下单并完成交易后，淘宝会支付给淘宝客一定的佣金。佣金的计算公式为：佣金=实际成交金额（不含运费）×佣金比率。需要注意的是，如果买家使用了集分宝、天猫积分等抵扣方式，佣金仍按照实

际成交金额来计算。但如果买家使用了淘金币或店铺优惠券进行抵扣，那么计算佣金时的成交金额需要减去抵扣的金额。此外，在计算淘宝客的佣金时，运费是不计算在实际成交金额内的。当买家确认收货后，系统会自动从支付宝扣除佣金。

② 主推/类目佣金区别：加入淘宝客后默认全店加入推广，但如果商家对某个主推商品单独设置了佣金，那么该商品的佣金将按照单独设置的佣金来计算。对于未单独设置佣金的商品，会按照类目佣金比率来计算佣金。

③ 不同计划佣金规则：淘宝客的佣金不会因多个计划而叠加收取，系统会按照引入交易的计划佣金比率来进行结算。

④ 跟踪逻辑：当买家点击淘宝客的推广链接后，系统会开始跟踪该买家的行为，跟踪期限为15 天。在这 15 天之内，如果买家进入店铺并购买商品，无论购买多少次，都会扣除相应的佣金。但如果下单的时间距离点击时间超过 15 天，那么将不会扣除佣金。

⑤ 退款规则：如果订单最终处于交易关闭的状态，那么实际成交额为 0 元，商家不需要支付佣金。如果买家申请部分退款但不退货，那么佣金将按照未退款的成交金额计算。对于买家确认收货后申请的售后退款，如果在订单确认收货的下个月 15 号之前线上申请售后并维权成功，那么佣金会在当天返还。

总的来说，淘宝对淘宝客的佣金计算、退款等有一系列详细且明确的规定，以确保交易的公平性和透明性。这些规定有助于淘宝客更好地理解和执行推广任务，同时也保护了商家的权益。

（2）淘宝直通车

淘宝直通车是一种按点击次数付费的推广方式。商家可以通过淘宝直通车将商品信息推荐给买家，从而提高店铺的曝光率和销售额。在淘宝直通车中，商家通过设置关键词和出价，使自己的店铺或商品在淘宝搜索结果页面或相关页面上展示，从而吸引潜在买家点击进入店铺或商品页面。淘宝直通车推广计划如图 5-51 所示。

商家可以为参加淘宝直通车的商品设置多个关键词，对每个关键词可以自由定价，费用按实际点击

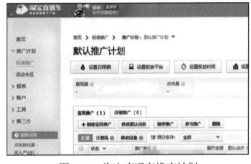

图 5-51 淘宝直通车推广计划

次数计算。每个关键词的最低出价为 0.05 元，最高出价为 99 元，每次加价最低为 0.01 元。参加直通车的综合得分由关键词的出价和质量得分共同决定，其计算公式如下。

$$综合得分=出价×质量得分$$

直通车的实际扣费计算公式如下。

$$实际扣费=下一名出价×下一名质量得分÷自己质量得分+0.01$$

质量得分的范围为 1~10，由基础分、创意效果、相关性等因素决定。要想质量得分高，应把握好 3 个因素：直通车近期的关键词推广效果给出的动态得分、推广创意近期的关键词动态点击反馈，以及关键词与商品类目、属性及文案等信息的相符程度。

（3）钻石展位

钻石展位是淘宝网提供的一种重要的在线广告推广服务，主要基于展现量（即广告被展示的次数）来进行计费。这种推广方式允许商家购买淘宝上的优质展示位置，以图片或 Flash 等形式向潜在买家展示自己的商品或品牌，从而达到提高品牌知名度、吸引流量和增加销量的目的，如图 5-52所示。钻石展位核心优势在于通过图片创意吸引买家点击，从而为商家带来巨大的流量。广告位按照流量竞价售卖，计费单位是每千次展现成本（Cost Per Mille，CPM），出价高的广告会优先展现。如果企业出价 8 元，则一旦钻石展位的广告被浏览 1000 次，淘宝会收取 8 元的广告费用。

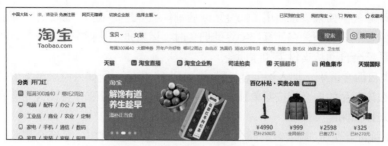

图 5-52　淘宝首页的钻石展位区域

对淘宝商家来说，钻石展位具有极高的价值。它能够帮助商家找到最合适的展示位置，并精准锁定潜在买家，使广告投放效果最大化。这得益于钻石展位强大的定向展现功能，通过定向获取的流量称为"定向流量"，而没有设置定向而获取的流量叫作"通投流量"。

商家可以从地域、人群和兴趣点 3 个维度设置广告的定向展现，以确保广告精准触达目标受众。

① 地域定向：商家可以针对特定的地域进行广告投放。这有助于商家更好地了解当地买家的需求和习惯，从而制定更精准的营销策略。例如，对于具有地域特色的商品，商家可以选择在相关地域进行投放，以提高广告的点击率和转化率。

② 人群定向：商家可以根据买家的性别、年龄、消费习惯等进行投放。这种定向方式有助于商家更精准地锁定潜在买家，提高广告的曝光率和点击率。例如，对于年轻女性，商家可以选择投放与时尚、美妆相关的广告，以吸引她们的注意。

③ 兴趣点定向：商家可以根据买家的浏览历史、购买记录等信息，挖掘买家的兴趣点，并据此进行广告投放。这种定向方式可以帮助商家找到真正对商品感兴趣的买家，从而提高广告的转化率，增强买家黏性。例如，对于经常浏览旅游类目的买家，商家可以投放与旅游相关的广告。

钻石展位为商家提供了 200 多个优质展位，形式灵活且能够准确定位。这意味着商家可以根据自己的需求和预算，选择最合适的展位进行投放，从而实现最佳的广告效果。

此外，钻石展位还提供了丰富的数据分析报表和优化指导。通过这些数据，商家可以了解广告的投放效果，从而及时调整、优化策略，提升广告效果。

需要注意的是，使用淘宝钻石展位需要支付一定的费用，展位的位置和展示时间会影响费用的多少。因此，商家在使用钻石展位时，需要根据自身的需求和经济状况来选择合适的投放策略，以实现最佳的投入产出比。

（4）淘宝直播

淘宝直播是一种以直播形式展示商品和推广店铺的方式。商家可以邀请相关人士进行直播推广，与买家实时互动。淘宝直播具有互动性强、效果直观的特点，适合推广新品或进行促销活动。

对买家而言，淘宝直播提供了全新的购物体验。买家可以在直播间中实时了解商品信息，提问、评论与主播互动，甚至可以直接点击直播间下方的"立即购买"按钮完成支付。此外，有些直播间还支持直播币打赏，增强了购物的趣味性和互动性。

淘宝直播的盈利模式主要包括以下几个方面。

① 商品销售提成：这是淘宝直播主要的收入来源。主播在直播过程中展示和推荐商品，如果观众通过直播链接购买了商品，主播就可以获得一定比例的销售提成。提成比例通常根据商品的类目、价格及主播的知名度和影响力等确定，一般在 5%～20%。如果主播有自营店铺或代理了商品，提成比例可能更高。

② 出场费：对于一些知名度高、影响力大的主播，商家可能会邀请他们进行专场直播，为特定的商品或活动进行宣传。在这种情况下，主播会收取一定的出场费，金额通常根据主播的知名度、

合作内容及预期的宣传效果确定，一般在几千元到几十万元不等。

③ 广告费：当主播的风格与某商家相匹配时，商家可能会在其直播间投放广告。主播根据广告的形式、时长和效果等，收取一定的广告费。广告费因广告的具体形式和主播的影响力而有所不同，一般在几百元到几千元不等。

④ 观众打赏：观众可以通过虚拟礼物打赏他们喜欢的主播。虚拟礼物可以在淘宝平台上兑换成现金，为主播带来额外的收入。

淘宝直播的效果可以通过多种指标衡量，包括观看人数、互动参与度和销售额等。较多的观看人数代表存在较多的潜在客户，互动参与度反映了观众对直播内容的兴趣程度，而销售额则是衡量淘宝直播效果的关键指标之一。通过分析这些数据，商家可以了解直播对销售业绩的影响，从而优化直播策略，提升直播效果。

2. 推广渠道 ROI 分析

ROI 是评估不同推广渠道效果的关键指标。ROI 的计算公式通常为：（收益−投入）÷投入×100%，它反映了推广活动的盈利能力和效果。在推广渠道平台中采集指定时期内相应渠道的投入成本与成交总额等数据，将相关数据整理到 Excel 中，便可进行 ROI 分析。

以下是对不同推广渠道进行 ROI 分析的方法。

（1）淘宝直通车

投入：主要包括广告点击费用和可能的展现费用。

产出：通过直通车带来的销售额、店铺流量、客户转化率等。

分析：对比广告投入与销售额，评估直通车广告的效果。如果 ROI 较高，说明广告投入带来了良好的回报。

（2）淘宝客

投入：按照成交金额支付的佣金。

产出：淘宝客推广带来的销售额、新客户数量等。

分析：通过比较佣金支出与销售额增长，评估淘宝客的推广效果。

（3）淘宝直播

投入：主播费用、直播制作成本等。

产出：直播期间的销售额、粉丝增长量、品牌曝光度等。

分析：评估直播活动的 ROI，看是否达到了预期的销售额和品牌效益。

（4）钻石展位

投入：广告展示费用，按照 CPM 计费。

产出：展位广告带来的点击量、流量、销售额等。

分析：通过对比广告投入与带来的流量和销售额，分析钻石展位的推广效果。

（5）内容营销

投入：内容创作成本、发布成本等。

产出：内容带来的流量、转化率、品牌知名度提高等。

分析：评估内容营销的长期效益，看其是否有助于提升品牌价值和促进销售。

在进行 ROI 分析时，还需要考虑以下因素。

（1）行业特性：不同行业的竞争程度和市场需求会影响推广效果。

（2）目标受众：应根据目标受众的特点和需求选择推广渠道。

（3）推广策略：广告创意、定位、推广时间等都会影响推广效果。

（4）数据分析：利用数据分析工具跟踪和分析推广活动的各项数据，以便及时调整和优化推广策略。

综上所述，对不同推广渠道的 ROI 进行分析，可以帮助商家了解各渠道的推广效果，为制定更有效的推广策略提供依据。同时，商家还应根据行业特性、目标受众等因素，选择合适的推广渠道和策略，以实现最佳的推广效果。

【课堂实操 5-10】对推广渠道进行 ROI 分析

🍃 **步骤 1**：利用生意参谋或在推广渠道的官方后台将所需数据下载下来，并将数据整理到 Excel 中。打开文件"案例素材\第 5 章\分析推广渠道的 ROI.xlsx"，插入新列"投入产出比"，在 D2 单元格中输入"=（B2-C2）/C2"并按 Enter 键，计算相应的 ROI，拖动 D2 单元格右下角的填充柄至 D6 单元格，计算其他推广渠道的 ROI，如图 5-53 所示。

🍃 **步骤 2**：选择 A1:D6 单元格区域，插入"簇状柱形图-次坐标轴上的折线图"组合图。将"成交总额"和"投入成本"数据系列的图表类型设置为"簇状柱形图"，坐标轴设置为主坐标轴；将"投入产出比"数据系列的图表类型设置为"折线图"，坐标轴设置为次坐标轴，单击"确定"按钮，效果如图 5-54 所示。

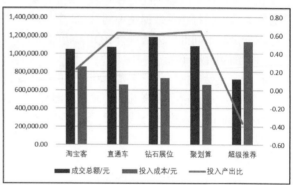

	A	B	C	D
1	推广渠道	成交总额/元	投入成本/元	投入产出比
2	淘宝客	1,049,802.00	854,490.00	0.23
3	直通车	1,074,216.00	659,178.00	0.63
4	钻石展位	1,184,079.00	732,420.00	0.62
5	聚划算	1,086,423.00	659,178.00	0.65
6	超级推荐	720,213.00	1,135,251.00	-0.37

图 5-53　计算 ROI　　　　　　　图 5-54　分析各推广渠道的 ROI

由图 5-54 可知，除了超级推荐，其他推广渠道的成交总额均高于投入成本，说明推广取得了一定的效果。其中聚划算、直通车和钻石展位的投入产出比较高，企业还需调整淘宝客和超级推荐的推广策略，以提高 ROI。

5.2.2　关键词推广效果分析

关键词指的是搜索引擎能够搜索到的词语单元，即商品标题包含的核心词语。只有为商品设计出高质量的标题，使其符合消费者的搜索需求，商品才会更多地出现在搜索结果中。在电子商务中，很多付费推广都是通过设置关键词完成的，如淘宝直通车、京东快车等，所以分析关键词的推广效果能够帮助运营者了解关键词的推广效果，从而对关键词进行优化。

1. 关键词的分类

商品标题中的关键词根据作用的不同，可以分为主关键词、长尾关键词和修饰词等，品牌商品则还涉及品牌词。

（1）主关键词：这是商品标题中最核心和重要的部分，主要说明商品的名称或类别。例如，如果商品是智能手机，那么"智能手机"就可能是主关键词。主关键词应该与商品的核心属性和主要用途紧密相关，以便消费者迅速了解商品的基本信息。主关键词虽然搜索量很大，但引流不够精准，转化率不高。

（2）长尾关键词：长尾关键词在主关键词的基础上添加了一些修饰词或描述性词汇，更具针对性和精确性。例如，"防水防摔智能手机""便携式无线蓝牙音箱""24 小时快速上门维修服务""专业婚礼策划定制服务"等都是长尾关键词，它更具体地描述了商品的特性和功能。长尾关键词的优势在于能够更精确地匹配消费者的搜索意图，提高商品的搜索曝光率。长尾关键词虽然搜索量较少，但引流更精准，转化率比主关键词要高很多。

（3）修饰词：修饰词用于进一步描述商品的属性或特征，如颜色、尺寸、材质等。修饰词虽然不像主关键词那样重要，但可以提供更丰富的商品信息，有助于提升商品的搜索可见性。例如，"防水""防滑"等都是智能手机的修饰词。

（4）功能词：这类关键词主要描述商品的功能或特点，如"高清摄像""大容量电池"等。功能词可以帮助消费者了解商品的具体功能和性能，从而做出更明智的购买决策。

（5）品牌词：如果商品属于某个知名品牌，那么品牌词也是标题中不可或缺的一部分。品牌词不仅可以帮助消费者快速识别商品的品牌归属，还有助于提升品牌知名度和认可度。

关键词数据的分析主要分为前期的选择及后期的分析。前期的选择指的是统计市场热门的关键词，找出其中竞争度较高的关键词，将这些关键词组合成商品标题，常用的分析方法有对比分析法等。后期的分析指的是对已选用关键词的效果进行评估与优化，包括监控关键词的实时表现，如搜索排名、点击量、点击成本（CPC）、转化率等关键指标，通过数据分析工具（如淘宝的生意参谋等）来追踪关键词带来的流量质量和转化效果。

2. 关键词的选择、调整与优化

（1）关键词的选择

以淘宝直通车为例，运营者在添加关键词时，需要遵循表 5-2 所示的原则。

表 5-2　　　　　　　　　　　　　　添加淘宝直通车关键词的原则

原则	说明
热门搜索词	选择添加当前与所售商品相关的最核心、最热门、搜索量最大的关键词，如推广的商品为连衣裙，店铺运营者可以选择"连衣裙""雪纺连衣裙""连衣裙夏"等搜索热度较高的关键词
符合客户搜索思维	运营者要站在客户的角度进行思考，分析客户会搜索什么样的关键词
精准属性	选择添加能够描述细节的关键词和能够精准表达商品本质、符合消费者购买需求的关键词
优势组合	运营者要从不同的角度考虑相关词，并将其与商品中心词进行适当的组合，使其尽可能涵盖商品的各个方面

运营者在添加关键词时，还需注意以下事项。

① 预算：如果预算不多，运营者可以选择添加 20～30 个精准词、不添加类目大词（即类目名称词）或者只添加 4～5 个类目大词。如果预算较多，建议运营者添加类目大词。

② 商品匹配：选择与自己商品相匹配的关键词。如果预算较少，运营者可以只选择几个与商品匹配度高、搜索量大且竞争相对不那么激烈的"大词"。这些"大词"通常能够概括商品的主要特征或类别，如"女士连衣裙""智能手环"等，它们具有较高的搜索量，能够吸引大量潜在消费者。

③ 市场：选择展现指数较高的关键词。

（2）关键词的调整与优化

关键词是影响直通车营销效果的关键因素。对于表现优异的关键词和有潜力的关键词，运营者要对其进行合理优化，使其发挥更好的效果，带来最大化利益；对于效果不好的关键词，运营者要果断将其删除，以免其对直通车整体产生不良的影响。因此，找到高质量的关键词后，还需要进行优化组合，以充分发挥其作用。关于关键词优化的建议有以下 4 点。

① 定期审查关键词表现：使用 SEO 工具定期监测关键词的表现，包括搜索量、点击率、转化率等指标。这有助于运营者了解哪些关键词正在有效地吸引流量，哪些关键词可能需要调整。

② 根据数据调整关键词：根据关键词的表现数据，对关键词进行替换或优化。同时关注新兴的热门关键词，适时将其纳入优化范围。

③ 优化长尾关键词：长尾关键词虽然搜索量相对较小，但往往具有更高的转化率和更低的竞争度。因此，应持续优化长尾关键词，以获取更多的潜在消费者。

④ 考虑语义相关性：搜索引擎越来越注重内容的语义相关性，因此在优化关键词时，不仅要关注关键词本身，还要关注关键词的同义词、近义词和相关词组，以提高内容的丰富度和相关性。

运营者要根据关键词的表现，按照优胜劣汰的原则对关键词进行调整、优化。不同表现的关键词的处理方法如表 5-3 所示。

表 5-3 不同表现的关键词的处理方法

关键词的表现	处理方法
有展现但没有流量	运营者可以对直通车图片进行优化，看是否能提高点击率，如果对图片进行优化后还是没有流量，则可以删除此类关键词
没有展现	运营者可以尝试通过提高关键词的出价来获取流量。如果关键词的平均排名很高，但没有展现，说明这些关键词本身就没什么展现，可以将其删除
有流量但没有转化	运营者可以通过优化商品详情页、商品卖点来提高转化率，但当其他关键词有转化，而此类关键词就是没有转化时，很有可能是此类关键词与商品的匹配度不高。此时，运营者可以降低此类关键词的出价，以降低直通车的费用，提高直通车的 ROI。如果对此类关键词进行长期优化后仍然没有转化，或 ROI 很低，运营者也可以考虑删除此类关键词

在删除无效关键词的同时，运营者要添加新词进行流量的补充。运营者可以通过直通车系统推荐、优化建议、TOP 20W 词表等收集和整理新的关键词，并选择添加合适的关键词，然后进行下一轮的关键词优化。

3. 关键词推广效果分析的常用指标

分析关键词的推广效果需要借助大量指标。关键词推广效果分析的常用指标包括搜索量、点击率、竞争度、相关性及百度指数等。

（1）搜索量：是衡量关键词热度的重要指标，可以反映潜在用户对某一产品或服务的关注程度。通过分析搜索量，企业可以了解市场的需求和用户的搜索习惯，从而制定更有效的营销策略。

（2）点击率：是指搜索结果中被用户点击的比例，反映了用户对搜索结果的满意度和信任度。高点击率的关键词通常与用户需求高度匹配，值得进一步优化和推广。

（3）竞争度：反映了关键词在搜索引擎中的竞争情况，即有多少个网站在竞争关键词的排名。分析竞争度可以帮助企业了解关键词优化的难易程度，从而制定更合理的优化策略。

（4）相关性：关键词的相关性是指关键词与产品或服务的匹配程度。相关性高的关键词更容易吸引潜在用户的注意，从而提高转化率。因此，企业在选择关键词时，应注重关键词与产品或服务的相关性。

（5）百度指数：可反映关键词在百度搜索引擎中的搜索量，它可以帮助企业了解关键词的搜索趋势和热度变化。通过分析百度指数，企业可以把握市场动态，及时调整关键词策略。

4. 关键词质量得分的优化

直通车根据运营者所投放关键词的质量得分和关键词出价所获得的综合得分来确定商品排名，综合得分的计算公式如下。

$$综合得分 = 出价 \times 质量得分$$

由此可见，关键词质量得分会影响商品的排名，提高关键词的质量得分有助于提高商品排名。影响关键词质量得分的因素主要有 3 个，分别是创意质量、相关性和客户体验。因此，运营者在对关键词质量得分进行优化时，需要从这 3 个方面入手。

（1）创意质量

创意质量指的是关键词所属商品的推广创意效果，包括推广创意的关键词点击反馈及图片质量等。

关键词点击反馈反映了消费者对推广内容的感兴趣程度。若关键词点击率偏低，可能指向推广图片或标题缺乏足够的吸引力。此时，优化策略应包括更换更具视觉冲击力或更符合目标消费者偏好的图片，以及撰写更引人入胜、能够精准触达消费者痛点的推广标题。创意围绕关键词撰写得越通顺、越有"创意"，越能吸引潜在消费者关注。短小精悍且能解决消费者关心的问题的创意，通常更受消费者欢迎。

（2）相关性

相关性用于衡量关键词与推广商品的匹配度，具体包括 3 个方面：关键词与商品类目的相关性、关键词与商品信息的相关性、关键词与商品属性的相关性。

关键词与商品类目的相关性：指商品发布的类目和关键词优先类目的相关性。类目是商品在电商平台上的分类标签，它决定了商品所属的大致范围。当关键词与商品类目高度相关时，广告能够出现在对该类商品感兴趣的潜在消费者面前，广告的点击率和转化率自然变高。淘宝通过分析消费者的搜索与购买行为习惯，归纳总结出客户期望看到的商品所属类目和属性，直通车会优先展示这些类目和属性下的商品。而很多运营者对商品没有清晰的定位，容易将商品发布到错误的类目下，这样会导致关键词质量得分低。因此，要想提高关键词的质量得分，就要将商品发布到正确的类目下。

如果关键词与商品的相关性较差，可能导致质量得分较低。优化时，可以检查商品类目是否正确，调整标题及推广创意标题，以提高相关性分数。例如，如果商品是运动鞋，那么关键词"跑步鞋""篮球鞋"等与运动鞋类目高度相关的词汇，将有助于提高广告的曝光度。

关键词与商品信息的相关性：主要体现在关键词与商品标题和直通车推广内容信息上。商品信息包括商品标题、描述、功能、特点等。广告的标题、描述等信息需要与商品信息保持高度一致，确保消费者在点击广告后能够找到他们期望的商品信息。如果关键词在商品标题中出现，特别是在直通车的推广标题中出现，那么关键词与商品的相关度就会提高。例如，如果商品是具有减震功能的运动鞋，那么广告中应该明确提及该商品的减震特点，以吸引对此功能有需求的消费者。

关键词与商品属性的相关性：指关键词与商品属性是否一致。商品属性包括品牌、型号、颜色、尺寸等。属性相关性对提高质量得分非常重要。在选择关键词时，运营者需要考虑商品属性特征，确保广告能够精准地触达对特定属性有需求的消费者。例如，如果商品是具有防水功能的手机，那么关键词应包含"防水"等属性词；如果商品是某知名品牌的红色运动鞋，那么关键词中应该包含品牌名称和颜色信息，以吸引对该品牌或颜色有偏好的消费者。

（3）客户体验

客户体验直接反映了客户对商品或服务的满意度，是指客户在使用商品或服务过程中的感受，商品的功能、性能、易用性、外观及客服等因素均会影响客户体验。良好的客户体验有助于提高客户的满意度和忠诚度，从而提高关键词的质量得分。对电商企业而言，客户体验是指系统根据客户在店铺的购买体验和直通车账号近期的关键词推广效果给出的动态得分，直通车转化率、收藏和加入购物车、关联营销、详情页加载速度、好评与差评率、旺旺响应速度等都会影响客户体验。

【课堂实操 5-11】分析关键词的推广效果

采集某款女生工装裤商品近 30 天的直通车关键词数据并整理到 Excel 中，打开文件"案例素材\第 5 章\关键词的推广效果.xlsx"，如图 5-55 所示，对关键词的推广效果进行分析。

5-3　分析关键词的
推广效果

日期	关键词/词包	展现量	点击量	点击率	花费	投入产出比	直接购物车数	间接购物车数	收藏商品数	总收藏数	收藏店铺数	总购物车数	点击转化率	加购率	商品收藏率	总成交笔数	平均点击花费	总成交金额
2023/9/19	工装裤女	146	8	5.48%	8.18	15.65							13%	13%			1.02	128
2023/9/19	#流量智选词包#	1,422	52	3.66%	48.2	2.66	4	0	3	3	0	1	1.92%	7.69%	5.77%	1	0.93	128
2023/9/19	#捡漏词包#	432	21	4.86%	18.25	0	4	0	0	0	0	1	0%	4.76%	0%		0.87	0
2023/9/20	工装裤女	186	6	3.23%	4.75	0	0	0	1	1	0	0	0%	17%	0%		0.79	0
2023/9/20	#流量智选词包#	1,768	69	3.90%	69.23	7.4	8	1	3	3	0	9	5.80%	13.04%	4.35%	4	1	512
2023/9/20	#捡漏词包#	465	20	4.30%	19.47	0	2	0	1	1	0	2	0%	10%	5%		0.97	0
2023/9/21	工装裤女	200	15	8%	16.47												1.1	-
2023/9/21	#流量智选词包#	1,465	60	4.10%	55.56	0	2	2	2	2	0	4	0%	6.67%	3.33%	0	0.93	0
2023/9/21	#捡漏词包#	481	27	5.61%	25.06	11.01	0	2	0	0	0	2	7.41%	7.41%	0%	2	0.93	276
2023/9/22	工装裤女	191	11	5.76%	13.16	0	2	0	0	0	0	0	0%	18.18%	0%		1.2	0
2023/9/22	#流量智选词包#	1,381	58	4.20%	54.13	0	2	2	0	0	0	4	0%	6.90%	0%	0	0.93	0
2023/9/22	#捡漏词包#	456	27	5.92%	25.24	0	0	0	0	0	0	0	0%	3.70%	0%	0	0.93	0
2023/9/23	工装裤女	185	10	5.41%	12.03	-											1.2	-
2023/9/23	#流量智选词包#	1,447	63	4.35%	57.07	0	4	1	2	2	0	5	0%	7.94%	3.17%	0	0.91	0
2023/9/23	#捡漏词包#	437	18	4.12%	15.47	0	0	0	0	0	0	1	0%	5.56%	0%	0	0.86	0
2023/9/24	工装裤女	253	12	4.74%	12.8	0	0	0	0	0	0	0	0.00%	0%	8%	0	1.07	0
2023/9/24	#流量智选词包#	1,550	62	4%	57.9	4.42	4	0	1	1	0	4	3.23%	6.45%	1.61%	2	0.93	256
2023/9/24	#捡漏词包#	548	22	4.01%	21.57	0	0	3	0	0	0	0	0%	13.64%	0%	0	0.98	0
2023/9/25	工装裤女	222	12	5.41%	10.73	12.86	0	0	3	3	0	0	8%	0%	25.00%	1	0.89	138

图 5-55　女生工装裤商品的关键词数据

该商品推广计划采用了一个关键词"工装裤女"和两个关键词词包"#流量智选词包#"和"#捡漏词包#"。"#流量智选词包#"会对标准计划的历史数据进行深度分析和学习，以智能挖掘更多标准计划未触达的关键词；能够智能匹配人群、智能出价，以确保获取更精准、转化率更高的流量。"#捡漏词包#"会智能购买行业内高点击量、高转化率、平均点击成本相对较低的词，帮助商家"捡漏"。

（1）展现量与点击量趋势分析

下面对关键词（词包）的展现量和点击量趋势进行分析，具体操作步骤如下。

🖊　**步骤 1**：为关键词数据创建数据透视表，在"数据透视表字段"窗格中将"日期"字段拖至"行"区域，依次将"展现量"和"点击量"字段拖至"值"区域，如图 5-56 所示。

图 5-56　添加数据透视表字段

🖊　**步骤 2**：在"插入"选项卡下单击"推荐的图表"按钮，在弹出的对话框左侧选择"组合"选项，在右侧设置"展现量"系列图表类型为"簇状柱形图"且为主坐标轴，设置"点击量"系列图表类型为"带数据标记的折线图"，并设置其为次坐标轴，然后单击"确定"按钮。在"点击量"系列上显示数据标签，如图 5-57 所示。

🖊　**步骤 3**：在"数据透视图工具"下，单击"数据透视分析"选项卡下的"插入切片器"按钮，在弹出的对话框中选中"关键词/词包"复选框，如图 5-58（a）所示；单击"确定"按钮，插入"关键词/词包"切片器，如图 5-58（b）所示。

🖊　**步骤 4**：在"关键词/词包"切片器中单击不同的关键词/词包按钮，查看相应的展现量与点击量趋势，如图 5-59 所示。

图 5-57　创建组合图　　　　　　　　　　　　图 5-58　插入切片器

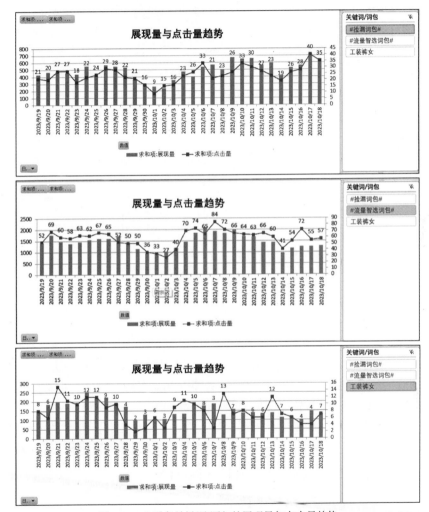

图 5-59　查看各关键词/词包的展现量与点击量趋势

由图 5-59 可以看出，两个词包的点击量趋势基本一致，其中"#流量智选词包#"的展现量和点击量较大。"工装裤女"关键词的点击量波动较大，运营者可以在直通车计划中通过调整预算等方式让点击量保持平稳上升。

（2）展现量与点击率分析

🖊　**步骤 1**：为关键词数据建立数据透视表，在"数据透视表字段"窗格中将"关键词/词包"字段拖至"行"区域，将"展现量"字段拖至"值"区域，如图 5-60 所示。

步骤2：为数据透视表创建饼图，并设置图表格式，查看关键词/词包的展现量占比情况，如图 5-61 所示。

图 5-60　添加数据透视表字段

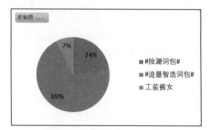

图 5-61　展现量占比饼图

步骤3：复制数据透视表并将其粘贴到 D3 单元格中，如图 5-62 所示。

步骤4：在"数据透视表工具"下，单击"数据透视表分析"选项卡下"计算"选项组中的"字段、项目和集"下拉按钮，在下拉列表中选择"计算字段"选项，打开"插入计算字段"对话框；输入名称"总点击率"，并编辑公式为"=点击量/展现量"，如图 5-63 所示，然后单击"确定"按钮。

图 5-62　复制数据透视表

图 5-63　插入"总点击率"字段

步骤5：设置"总点击率"数字格式为"百分比"，效果如图 5-64 所示。

步骤6：单击"插入"选项卡下"图表"选项组中的"推荐的图表"按钮，在弹出的对话框左侧选择"组合"选项，在右侧设置"展现量"系列图表类型为"簇状柱形图"且为主坐标轴，设置"总点击率"系列图表类型为"带数据标记的折线图"，并设置其为次坐标轴，然后单击"确定"按钮。对图表进行格式设置，插入图表标题，并在"总点击率"系列上显示数据标签，如图 5-65 所示。

图 5-64　设置数字格式效果

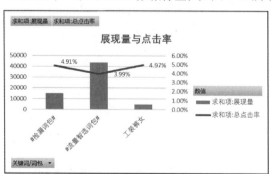

图 5-65　展现量与点击率图表

如果直通车数据展现量大但点击率低，可能是关键词选错或创意主图不够吸引人造成的，此时需要优化创意主图。若直通车数据点击率高但展现量小，则需要提高关键词的出价，优化创意标题，添加展现量大的关键词。

（3）转化率分析

下面对关键词/词包的收藏转化率、加购转化率和点击转化率进行分析，具体操作如下。

步骤 1：为关键词数据创建数据透视表，在"数据透视表字段"窗格中将"关键词/词包"字段拖至"行"区域。在"数据透视表工具"下，单击"数据透视表分析"选项卡下"计算"选项组中的"字段、项目和集"下拉按钮，在下拉列表中选择"计算字段"选项，打开"插入计算字段"对话框；输入名称"总收藏转化率"，并编辑公式为"=收藏商品数/点击量"，如图 5-66 所示，然后单击"确定"按钮。

图 5-66 插入"总收藏转化率"字段

步骤 2：采用同样的方法插入"总加购转化率"字段，编辑公式为"=总购物车数/点击量"，如图 5-67 所示。

图 5-67 插入"总加购转化率"字段

步骤 3：采用同样的方法插入"总点击转化率"字段，编辑公式为"=总成交笔数/点击量"，如图 5-68 所示。

图 5-68 插入"总点击转化率"字段

步骤4：将所有字段的数字格式设置为"百分比"，效果如图5-69所示。

	A	B	C	D
1				
2				
3	行标签 ▾	求和项:总收藏转化率	求和项:总加购转化率	求和项:总点击转化率
4	#捡漏词包#	3.30%	5.77%	1.51%
5	#流量智选词包#	3.49%	6.70%	1.32%
6	工装裤女	4.31%	5.60%	3.45%
7	总计	3.51%	6.35%	1.55%

图 5-69　设置数字格式效果

步骤5：编辑值字段名称，创建柱形图。选中图表，单击"数据透视图工具"中的"设计"
选项卡，在"数据"选项组中单击"切换行/列"按钮，然后设置图表格式，效果如图5-70所示。

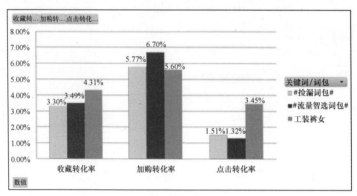

图 5-70　转化率柱形图

从图 5-70 中可以看出，收藏转化率和点击转化率最高的均是关键词"工装裤女"，加购转化率
最高的是"#流量智选词包#"。

5.2.3　活动推广效果分析

活动推广的方式多种多样，包括商业展览、路演活动、线上推广活动等。

通过分析活动推广效果，企业能够准确评估投资回报，了解客户需求与反馈，优化营销策略，
进而提升品牌形象和市场竞争力，为企业的长期稳定发展奠定坚实基础。

1. 活动推广效果的分析维度

运营者分析活动推广效果时，应从整体出发，重点关注活动的流量、转化、拉新和留存这4个
核心维度，如表5-4所示。

表 5-4　　　　　　　　　　　　　活动推广效果分析的4个核心维度

核心维度	说明
活动流量分析	分析大促活动为店铺带来的流量情况，运营者可重点关注访客数、成交订单数、成交占比、成交额、投入成本、ROI等指标
活动转化分析	分析大促活动带来的流量的转化情况，如收藏、加购、下单等，运营者可重点关注访客数、收藏数、加购数、成交订单数、收藏转化率、加购转化率、支付转化率等指标
活动拉新分析	分析大促活动给店铺带来的新客户，运营者可重点关注访客数、新访客数、新访客占比等指标
活动留存分析	在大促活动结束一段时间后，分析因大促活动成为店铺粉丝的客户的相关数据，运营者可重点关注访客数、留存访客数、留存访客占比等指标

2.　活动推广效果的分析

运营者在分析活动推广效果时，可从上述 4 个核心维度进行分析。

（1）活动流量分析

在营销活动效果评估中，活动流量是判断活动成功与否的基础，也是衡量活动效果的首要步骤。活动流量指的是因营销活动而直接增加的店铺或网站访问量。

需要注意的是，我们关注的是由特定营销活动直接带来的流量变化，而非店铺整体促销活动的综合流量。因此，在进行分析时，需剔除其他非活动相关变量的影响，专注于营销活动带来的流量变化。

活动流量分析方法有两种，分别是根据流量源数据分析和根据流量拆分方法分析。前者能较为准确地反映各渠道的流量贡献，但可能受限于数据获取的难度和成本；后者则依据经验将某时段流量划分为若干部分进行比较，成本较低，但受主观因素影响，可能产生一定误差。

（2）活动转化分析

获取流量后，更重要的是将其转化为实际的购买行为、收藏或加入购物车等。转化率是衡量营销活动效果的另一关键指标。运营者应关注如何将流量有效转化为订单，进而实现销售收入的增长。对活动转化的分析，应聚焦于活动流量转化为交易状态的效率。

（3）活动拉新分析

营销活动的另一重要目标是吸引新客户。在电商领域，客户群可分为老客户和新客户。因此，如何有效拉新，成为保持店铺活力的关键。活动拉新分析包括两个层面：一是分析各推广渠道吸引的新客户流量，以评估活动在拉新方面的效果；二是通过流量和转化数据的对比，明确新客占比，进一步了解活动的拉新贡献。

为了准确评估活动拉新效果，运营者需先进行流量和转化分析，将新老客户区分开来，再针对各推广渠道的具体表现进行比较分析。

（4）活动留存分析

活动留存指的是活动结束后持续在店铺消费的客户，即活动引流产生的长期消费客户。这部分客户对店铺的长远发展至关重要，他们已成为店铺的忠实粉丝，具有高黏性。

对活动留存进行分析的方法与活动拉新分析方法类似，唯一的不同点是，活动拉新分析重点关注活动流量、转化环节中的新客比例，而活动留存分析主要关注活动结束后的复购率。

【课堂实操 5-12】分析活动推广的转化效果和拉新效果

步骤 1：在各活动平台中采集与活动推广效果核心维度相关的数据，并将其整理到 Excel 中，打开文件"案例素材\第 5 章\活动的推广效果.xlsx"，分别计算出新访客占比、收藏转化率、新收藏占比、加购转化率、新加购占比和支付转化率等数据。其中，新访客占比=新访客数÷访客数，收藏转化率=收藏数÷访客数，新收藏占比=新收藏数÷收藏数，加购转化率=加购数÷访客数，新加购占比=新加购数÷加购数，支付转化率=成交订单数÷访客数。

5-4　分析活动推广的转化效果和拉新效果

在 I1 单元格中输入"新访客占比"，选择 I2:I6 单元格区域，在编辑栏中输入"=C2/B2"，按 Ctrl+Enter 组合键计算各活动的新访客占比。在 J1 单元格中输入"收藏转化率"，选择 J2:J6 单元格区域，在编辑栏中输入"=D2/B2"，按 Ctrl+Enter 组合键计算各活动的收藏转化率。在 K1 单元格中输入"新收藏占比"，选择 K2:K6 单元格区域，在编辑栏中输入"=E2/D2"，按 Ctrl+Enter 组合键计算各活动的新收藏占比。在 L1 单元格中输入"加购转化率"，选择 L2:L6 单元格区域，在编辑栏中输入"=F2/B2"，按 Ctrl+Enter 组合键计算各活动的加购转化率。在 M1 单元格中输入"新加购占比"，选择 M2:M6 单元格区域，在编辑栏中输入"=G2/F2"，按 Ctrl+Enter 组合键计算各活动的新加购占比。在 N1 单元格中输入"支付转化率"，选择 N2:N6 单元格区域，在编辑栏中输入"=H2/B2"，按 Ctrl+Enter 组合键计算各活动的支付转化率。计算结果如图 5-71 所示。

	A	B	C	D	E	F	G	H	I	J	K	L	M	N
1	活动名称	访客数	新访客数	收藏数	新收藏数	加购数	新加购数	成交订单数	新访客占比	收藏转化率	新收藏占比	加购转化率	新加购占比	支付转化率
2	淘宝客	20,727	1,078	966	264	1,535	182	652	5.20%	4.66%	27.33%	7.41%	11.86%	3.15%
3	直通车	7,787	1,113	1,262	167	1,520	136	568	14.29%	16.21%	13.23%	19.52%	8.95%	7.29%
4	钻石展位	5,223	258	1,486	152	1,100	135	341	4.94%	28.45%	10.23%	21.06%	12.27%	6.53%
5	聚划算	9,017	535	990	145	1,119	81	300	5.93%	10.98%	14.65%	12.41%	7.24%	3.33%
6	超级推荐	25,229	1,601	232	106	1,035	187	596	6.35%	0.92%	45.69%	4.10%	18.07%	2.36%

图 5-71 计算结果

🌿 **步骤 2**：以活动名称、访客数、收藏转化率、加购转化率和支付转化率等数据为数据源，创建组合图。其中访客数的图表类型为簇状柱形图，收藏转化率、加购转化率和支付转化率的图表类型为折线图，并为次坐标轴，如图 5-72 所示。

由图 5-72 可知，淘宝客和超级推荐的访客数排在前两位，说明引流效果很好，但其转化效果不好；钻石展位的访客数虽然最少，但其收藏转化率、加购转化率和支付转化率都较高，说明钻石展位的转化效果非常好；直通车的访客数也不多，但其收藏转化率、加购转化率和支付转化率也较高。因此，直通车和钻石展位都取得了较好的转化效果，如果能进一步引流，就能实现更好的推广效果。

🌿 **步骤 3**：以活动名称、访客数、新访客占比、新收藏占比和新加购占比等数据为数据源，创建组合图，并对图表进行设置和美化，效果如图 5-73 所示。

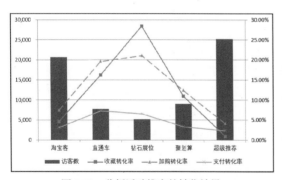

图 5-72 分析活动推广的转化效果

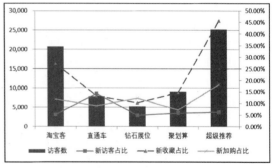

图 5-73 分析活动推广的拉新效果

由图 5-73 可知，淘宝客和超级推荐的访客数最多，新收藏占比也最高，说明这两个活动能更好地吸引流量。

5.2.4 内容营销推广效果分析

内容营销是一种通过提供有趣的和有意义的内容来吸引和留住目标受众的营销策略。它采用文字、图片、视频、音频等多种形式的内容，以满足不同用户的需求。常见的内容营销包括博客写作、信息发布、社交媒体营销、视频营销和电子邮件营销等。通过内容营销，企业可以提升品牌形象、提高品牌知名度等。

1. 内容营销推广效果分析的内容

内容营销推广效果分析的主要内容如表 5-5 所示。

表 5-5　　　　　　　　　　　　　　　　　内容营销推广效果分析的主要内容

分析内容	说明	相关指标
内容展现情况	体现了内容覆盖的用户群体的广度和可触达的目标用户群体的数量	浏览人数：在统计时间内浏览内容的人数，同一个人浏览多次按 1 人计算。"浏览"包括图文类内容的阅读量、直播的观看量、短视频的播放量。 浏览次数：在统计时间内内容被用户浏览的次数，同一个人多次浏览按多次计算
内容吸引能力	体现了内容对用户的吸引力	内容互动人数：在统计时间内与内容进行互动的人数，同一个人多次互动按 1 人计算。"互动"包括点赞、评论、分享、转发、收藏等行为。 内容互动次数：在统计时间内用户与内容进行互动的次数，同一个人多次互动按多次计算
内容转化能力	体现了内容激发用户主动了解商品、购买商品的能力	点击次数：在统计时间内点击内容浏览商品详情或进入店铺的人数，同一个人多次点击按 1 人计算。 收藏/加购/支付人数：在统计时间内浏览内容后产生收藏商品/加购/支付行为的人数。 支付金额：在统计时间内通过内容营销产生的支付金额

2. 商品短视频推广效果分析

短视频是指在新媒体平台上播放的，适合在移动状态和短时休闲状态下观看的、高频推送的视频内容，其时长从几秒到几分钟不等。目前，短视频已成为众多运营者进行营销推广的利器，淘宝、京东等电商平台也支持使用短视频展示商品。

商家通过在短视频平台（如抖音、快手、微视等）发布商品短视频，提高商品的曝光率和销售转化率。同时，用户可以通过观看短视频了解商品信息，从而做出更明智的购买决策。

（1）商品短视频推广策划流程

① 明确推广目标和目标用户

确定短视频推广的目标，是提高品牌知名度、推广特定商品还是增加用户互动等。分析目标用户群体，了解他们的兴趣、需求和消费习惯，以便制订更有针对性的推广方案。例如，某款服装的目标用户群体是商务人士，那么运营者可以在商品短视频中突出服装大方、得体等特质。

② 竞品分析

研究竞争对手的短视频内容和推广策略，找出优点和不足。根据分析结果，制定相应的推广策略。

③ 内容策划

根据推广目标和目标用户的特点，制订详细的内容策划方案。确定短视频的主题、故事情节等，确保内容能够吸引目标用户。

（2）常见品类商品短视频的内容策划策略

不同品类的商品，其属性、作用、功能各不相同，在短视频中的表现形式也应有所不同。下面介绍食品类商品、服装类商品和美妆类商品推广短视频的内容策划策略。

① 食品类商品

突出食材新鲜度和制作过程：展示食材的原始状态，强调新鲜度和高品质。展示烹饪或制作过程，通过视觉和听觉效果吸引观众，如烹饪声效、美食特写等。

强调口感和味道：描述食品的独特口感和味道，使用生动的语言和诱人的画面激发观众的食欲。可以结合用户评价或专业评测，增强说服力。

突出健康、营养元素：强调食品的健康、营养价值，如有机、低脂、高纤维等。可以与营养师或专家合作，提供专业的营养建议。

展示食用场景：展示食品与不同场景的结合，如家庭聚餐、户外野餐等，增强观众的代入感。

② 服装类商品

展示服装款式和时尚元素：突出服装的款式、颜色、材质等，展现时尚感和品质。可以通过模特的展示，让观众更直观地感受服装的穿着效果。

强调搭配技巧和场合适用性：提供服装的搭配建议，展示其与其他服饰的搭配效果，介绍服装适用的场合和季节。

突出舒适性和功能性：强调服装的舒适性和功能性，如透气、保暖、防水等。可以结合用户评价或专业评测，展示服装的实际效果。

展示品牌故事：介绍品牌的历史、理念和设计风格，增强观众对品牌的认知度和好感度。

③ 美妆类商品

展示商品效果和妆前、妆后的对比：通过妆前、妆后的对比，展示美妆商品的实际效果。

强调商品功效：突出商品的功效，如保湿、遮瑕、美白等。可以结合用户评价或专业评测，展示商品的实际效果和安全性。

提供化妆教程：提供专业的化妆教程，帮助用户更好地使用商品。可以结合热门话题或节日活动，推出相关主题的化妆教程。

展示品牌故事：介绍品牌的历史、理念和设计风格，增强观众对品牌的认知度和好感度。邀请知名代言人进行推广，提高品牌的知名度。

总之，在策划不同品类商品的短视频时，需要深入了解商品的特点和目标受众的需求，结合平台的特点进行内容策划和制作。同时，通过数据监测和效果评估，不断优化内容策划和表现形式，提升短视频的推广效果。

【课堂实操 5-13】分析商品短视频的推广效果

在生意参谋"流量"板块的"内容分析"中采集商品短视频流量数据，分析其近 30 天的流量趋势，具体操作步骤如下。

步骤 1：将采集到的近 30 天（2023 年 9 月 23 日～2023 年 10 月 22 日）短视频流量数据整理到 Excel 中，打开文件"案例素材\第 5 章\短视频推广效果.xlsx"，如图 5-74 所示。

	A	B	C	D	E	F
1	日期	类别	引导短视频访客数	短视频引导至详情页访客数	短视频引导商品加购人数	短视频引导商品收藏人数
2	2023/10/22	今日	1997	556	41	39
3	2023/10/22	上月同期	1804	389	24	18
4	2023/10/21	今日	2401	667	33	26
5	2023/10/21	上月同期	1590	304	25	17
6	2023/10/20	今日	2190	603	35	30
7	2023/10/20	上月同期	1873	432	24	15
8	2023/10/19	今日	2411	709	40	32
9	2023/10/19	上月同期	2026	592	23	17
10	2023/10/18	今日	2187	562	46	42
11	2023/10/18	上月同期	1856	462	26	19
12	2023/10/17	今日	2129	522	42	39
13	2023/10/17	上月同期	1684	461	31	26
14	2023/10/16	今日	2833	972	34	27
15	2023/10/16	上月同期	1747	490	35	28
16	2023/10/15	今日	1895	462	40	36
17	2023/10/15	上月同期	1395	353	22	16
18	2023/10/14	今日	1986	476	32	25
19	2023/10/14	上月同期	959	250	22	15
20	2023/10/13	今日	1830	504	39	29

图 5-74　短视频流量数据

步骤 2：创建数据透视表，在"数据透视表字段"窗格中将"日期"字段拖至"行"区域，将"类别"字段拖至"列"区域，将"引导短视频访客数"字段拖至"值"区域，如图 5-75 所示。

步骤 3：在"数据透视表工具"下，单击"设计"选项卡下"布局"选项组中的"总计"下拉按钮，在下拉列表中选择"仅对列启用"选项，然后编辑列字段名称，如图 5-76 所示。

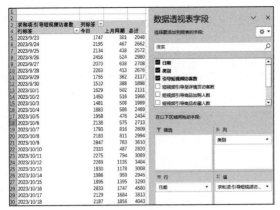

求和项:引导短视频访客数	列标签		
行标签	今日	上月同期	总计
2023/9/23	1747	301	2048
2023/9/24	2195	467	2662
2023/9/25	2134	438	2572
2023/9/26	2456	524	2980
2023/9/27	2070	638	2708
2023/9/28	2263	413	2676
2023/9/29	1755	362	2117
2023/9/30	1510	388	1898
2023/10/1	1629	502	2131
2023/10/2	1450	516	1966
2023/10/3	1481	508	1989
2023/10/4	1883	586	2469
2023/10/5	1958	476	2434
2023/10/6	2138	575	2713
2023/10/7	1793	816	2609
2023/10/8	2183	811	2994
2023/10/9	2847	763	3610
2023/10/10	2333	487	2820
2023/10/11	2275	794	3069
2023/10/12	2269	1135	3404
2023/10/13	1830	1178	3008
2023/10/14	1986	959	2945
2023/10/15	1895	1395	3290
2023/10/16	2833	1747	4580
2023/10/17	2129	1684	3813
2023/10/18	2187	1856	4043

图 5-75　添加数据透视表字段

求和项:引导短视频访客数	列标签	
行标签	引导短视频访客数	上月同期引导短视频访客数
2023/9/23	1747	301
2023/9/24	2195	467
2023/9/25	2134	438
2023/9/26	2456	524
2023/9/27	2070	638
2023/9/28	2263	413
2023/9/29	1755	362
2023/9/30	1510	388
2023/10/1	1629	502
2023/10/2	1450	516
2023/10/3	1481	508
2023/10/4	1883	586
2023/10/5	1958	476
2023/10/6	2138	575
2023/10/7	1793	816
2023/10/8	2183	811
2023/10/9	2847	763
2023/10/10	2333	487
2023/10/11	2275	794
2023/10/12	2269	1135
2023/10/13	1830	1178

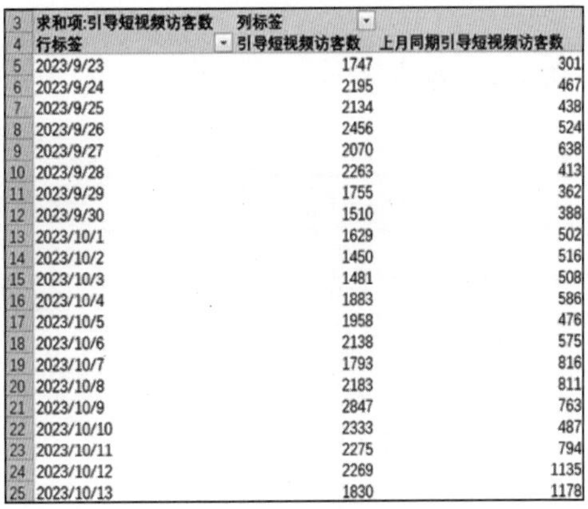

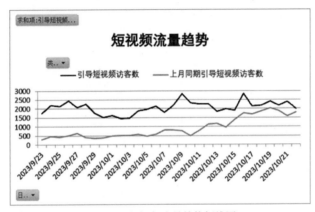

图 5-76　编辑列字段名称

步骤 4： 创建折线图并设置图表格式，查看近 30 天短视频流量趋势，效果如图 5-77 所示。从图中可以看出，相较于上月同期，短视频流量呈上升趋势。在使用短视频进行推广时，运营者可以投放多个短视频，并对其流量效果进行对比，采用流量效果较好的短视频进行推广。

图 5-77　短视频流量趋势折线图

5.3　服务绩效分析

客户服务能力能够体现店铺的“软实力”，高品质的客户服务能够为客户提供良好的购物体验，提高客户的满意度，从而增强客户与店铺的黏性。

5.3.1　销售客服数据分析

KPI（关键绩效指标，Key Performance Indicator）是衡量组织、团队或个人绩效表现的核心量化工具，用于评估目标达成情况。它与绩效直接相关，通过聚焦关键成果，将目标转化为可衡量的指标，帮助管理者追踪进展、识别差距并优化资源配置。KPI 的功能在于明确目标方向，提供清晰的绩效标准，激励员工提升效率，推动绩效改进。定期分析 KPI 有助于及时发现问题、调整策略，确保战略目标高效实现，是企业绩效管理的重要工具。

销售客服数据分析为企业优化客户服务提供了依据。通过建立有效的 KPI 考核系统，企业可以量化客服人员的工作表现，识别改进点，并据此制定策略以提高整体业绩。

建立客服 KPI 考核系统的关键点在于确定考核指标及各指标在考核系统中的权重。下面以某电商企业为例，介绍客服 KPI 考核系统的建立方法。表 5-6 所示为某电商企业选择的客服 KPI 考核指标和权重分配方案。

表 5-6　　　　　　　　　某电商企业选择的客服 KPI 考核指标和权重分配方案

指标		权重	计算公式
响应时间	首次响应时间	10%	—
	平均响应时间	5%	—
月退货率		10%	月退货率=月退货量÷月成交量
成交客单价		20%	成交客单价=客服人员落实客单价÷网店客单价
咨询转化率		30%	咨询转化率=成交人数÷咨询人数
订单支付率		25%	订单支付率=成交量÷下单量

1. 响应时间

响应时间指的是客户询问后，客服人员回复客户的时间间隔。一般情况下，客服人员的响应时间在 15 秒以内属于正常水平，超过 15 秒，就可能影响客户的购物体验。响应时间又可以分为首次响应时间和平均响应时间。首次响应时间应严格控制在 15 秒以内，否则客户极有可能流失到竞店中。该电商企业根据经营商品的具体情况对首次响应时间和平均响应时间建立了评分标准，如表 5-7 所示。

表 5-7　　　　　　　　　响应时间评分标准

指标	权重	评分标准	分值
首次响应时间（FT）	10%	FT≤10 秒	100
		10 秒<FT≤15 秒	80
		15 秒<FT≤20 秒	60
		20 秒<FT≤25 秒	40
		25 秒<FT≤30 秒	20
		FT>30 秒	0
平均响应时间（AT）	5%	AT≤15 秒	100
		15 秒<AT≤25 秒	80
		25 秒<AT≤35 秒	60
		35 秒<AT≤45 秒	40
		45 秒<AT≤50 秒	20
		AT>50 秒	0

在采集到客服人员的响应指标数据后，该电商企业计算出了对应的考核结果，如表 5-8 所示。

表 5-8　　　　　　　　　客服人员响应时间考核结果

客服人员	首次响应时间/秒	平均响应时间/秒	权重得分
甲	8	15	100×10%+100×5%=15
乙	12	20	80×10%+80×5%=12
丙	10	14	100×10%+100×5%=15
丁	16	15	60×10%+100×5%=11

由此可知，甲客服的首次响应时间最短，能够更快地与客户进行沟通交流；丙客服的平均响应时间最短，客户流失的概率比甲客服更小；乙客服的首次响应时间较短，但平均响应时间过长，容

易流失客户；丁客服在两个方面都有待提高。如果这几位客服在工作时都处于正常状态，那么出现这种数据就表示人手不够，企业可以扩招客服人员了。

2. 月退货率

月退货率可以反映客服人员的售后沟通水平，月退货率越低，客服人员的售后沟通水平越高，当然前提条件是商品并未出现严重的质量问题。该电商企业根据经营商品的情况为月退货率建立了评分标准，如表 5-9 所示。

表 5-9　　　　　　　　　　　　　　　　月退货率评分标准

指标	权重	评分标准	分值
月退货率（RG）	10%	RG≤2%	100
		2%<RG≤3%	80
		3%<RG≤4%	60
		4%<RG≤5%	40
		5%<RG≤6%	20
		RG>6%	0

在采集到客服人员的月退货量和月成交量的数据后，该电商企业计算出了对应的考核结果，如表 5-10 所示。

表 5-10　　　　　　　　　　　　　　客服人员月退货率考核结果

客服人员	月退货量/件	月成交量/件	月退货率	权重得分
甲	12	208	12÷208=5.77%	20×10%=2
乙	20	469	204÷69=4.26%	40×10%=4
丙	4	156	4÷156=2.56%	80×10%=8
丁	8	435	8÷435=1.84%	100×10%=10

由此可知，在 4 位客服人员中，丁客服的月退货率最低，得到了该指标的满分；乙客服的月退货量最多，但月成交量也最多，因此月退货率较高；甲客服的月退货率为 5.77%，权重得分最低；丙客服的月退货量最少，但月成交量有待提高。

3. 成交客单价

成交客单价反映了客服人员与客户"讨价还价"的水平。一般来说，企业会告知客服人员网店客单价的最低标准，客服人员谈妥的客单价不能低于这个标准。该电商企业以客服人员落实客单价与网店客单价为数据来源，建立了成交客单价评分标准，如表 5-11 所示。

表 5-11　　　　　　　　　　　　　　　成交客单价评分标准

指标	权重	评分标准	分值
成交客单价（DP）	20%	DP≥1.5	100
		1.4≤DP<1.5	80
		1.3≤DP<1.4	60
		1.2≤DP<1.3	40
		1.1≤DP<1.2	20
		DP<1.1	0

在采集到客服人员落实客单价和网店客单价数据后，该电商企业计算出了对应的考核结果，如表 5-12 所示。

表 5-12   客服人员成交客单价考核结果

客服人员	落实客单价/元	网店客单价/元	成交客单价/元	权重得分
甲	128.8	80	128.8÷80=1.61	100×20%=20
乙	98	80	98÷80=1.23	40×20%=8
丙	108	80	108÷80=1.35	60×20%=12
丁	122	80	122÷80=1.53	100×20%=20

因为成交客单价会直接影响企业的交易金额，因此权重较高，这就使各客服人员的权重得分差距较大。由上表可知，甲客服和丁客服在成交客单价方面得分最高，为满分；乙客服的考核结果较差，权重得分只有 8 分；丙客服的权重得分为 12 分，说明其沟通技巧有待提高。

4. 咨询转化率

咨询转化率是客服人员最重要的考核指标之一，可反映客服人员与客户沟通的效果。该电商企业根据成交人数和咨询人数建立了咨询转化率的评分标准，如表 5-13 所示。

表 5-13   咨询转化率评分标准

指标	权重	评分标准	分值
咨询转化率（CC）	30%	CC≥50%	100
		45%≤CC<50%	80
		40%≤CC<45%	60
		35%≤CC<40%	40
		30%≤CC<35%	20
		CC<30%	0

在采集到客服人员的成交人数与咨询人数数据后，该企业计算出了对应的考核结果，如表 5-14 所示。

表 5-14   客服人员咨询转化率考核结果

客服人员	成交人数	咨询人数	咨询转化率	权重得分
甲	88	248	88÷248=35.48%	40×30%=12
乙	153	302	153÷302=50.66%	100×30%=30
丙	122	295	122÷295=41.36%	60×30%=18
丁	134	408	134÷408=32.84%	20×30%=6

就咨询转化率而言，乙客服做得最好，其咨询转化率为 50.66%，权重得分为满分 30 分；丙客服做得也不错，其咨询转化率为 41.36%，权重得分为 18 分；甲客服的咨询人数较少，成交人数也比较少，因此企业需要对其进行专业方面的培训，以提高其沟通水平；丁客服的咨询人数最多，但转化率最低，企业应该查看其聊天记录，评估该客服人员在沟通方法、技巧、话术等方面是否存在不足，也要考虑客服人员配备是否充足，如果咨询人数较多，可以考虑增加客服人员。

5. 订单支付率

订单支付率是指成交量与下单量之比，它能够反映企业的营收情况，也能在一定程度上体现客服人员的工作效果。企业根据各客服人员的成交量与下单量建立了订单支付率的评分标准，如表 5-15 所示。

表 5-15　　　　　　　　　　　　　　　订单支付率评分标准

指标	权重	评分标准	分值
订单支付率（CP）	25%	CP≥90%	100
		85%≤CP<90%	80
		80%≤CP<85%	60
		75%≤CP<80%	40
		70%≤CP<75%	20
		CP<70%	0

在采集到客服人员的成交量与下单量数据后，该企业计算出了对应的考核结果，如表 5-16 所示。

表 5-16　　　　　　　　　　　　客服人员订单支付率考核结果

客服人员	成交量/件	下单量/件	订单支付率	权重得分
甲	208	230	208÷230=90.43%	100×25%=25
乙	166	192	166÷192=86.46%	80×25%=20
丙	146	160	146÷160=91.25%	100×25%=25
丁	159	180	159÷180=88.33%	80×25%=20

由此可知，所有客服人员的订单支付率考核结果都不错。其中甲客服和丙客服的订单支付率分别为 90.43% 和 91.25%，权重得分为满分；丁客服和乙客服的订单支付率略低一些，分别为 88.33% 和 86.46%，权重得分均为 20 分，说明他们需要提高订单催付的技巧。

将各考核结果相加，就能得到最终的考核结果，如表 5-17 所示。

表 5-17　　　　　　　　　　　　　客服人员最终考核结果

考核指标	甲	乙	丙	丁
首次响应时间	10	8	10	6
平均响应时间	5	4	5	5
月退货率	2	4	8	10
成交客单价	20	8	12	20
咨询转化率	12	30	18	6
订单支付率	25	20	25	20
总分	74	74	78	67

5.3.2　售后服务数据分析

商务企业以商品流通为经营核心，因此买家对商品本身的评价、对服务态度的评价，以及对物流服务的评价，构成售后服务数据的关键指标。卖家服务评级（Detail Seller Rating，DSR）是电商平台上用于衡量卖家服务质量和商品质量的重要指标。

1. DSR 评分系统

（1）DSR 评分系统的组成

DSR 评分系统主要由以下 3 项指标组成。

宝贝与描述相符：衡量卖家提供的商品描述与实际商品的一致性。通过买家评价商品是否与描述相符，反映卖家提供的商品描述的准确性。

　　卖家的服务态度：评价卖家在交易过程中提供的服务质量和响应速度，包括售前咨询、售后服务及问题处理等方面的表现。

　　物流服务的质量：评估卖家在物流配送方面的效率和准确性。通过买家对物流速度、包装安全等的评价反映卖家的物流服务质量。

　　（2）DSR评分的计算方法

　　DSR评分通常以半年为一个评分周期，取连续6个月内所有买家给予的评分的算术平均值。在某些平台（如拼多多），DSR评分是基于90天内或连续6个月内买家给出的评价进行计算的。这意味着评分会随时间的推移而更新，反映卖家近期的表现。

　　具体计算方法如下。

$$某项店铺评分=连续6个月内买家给予该项评分的总和÷评价次数$$

　　例如，如果连续6个月内共有100位买家对卖家的服务态度进行评价，其中90位给出5分，10位给出4分，则服务态度评分为（90×5+10×4）÷100=4.9分。

　　当然，并非所有评价都会被计入DSR评分。例如，在拼多多，只有近90天内的有效评价（即下单、支付和物流正常的订单评价）才会被计算。此外，如果买家没有主动评分，某些平台可能会默认给予好评（如全5分）。若一定时间内没有新的评价产生，DSR分数可能会维持不变。当有新评价产生时，DSR分数会更新，但更新可能会有一定的延迟（如24~48小时）。

　　根据DSR总分的不同，卖家可能会被分为不同的等级，如1星至2星为不合格，3星为合格，4星为良好，5星为优秀。

　　（3）DSR评分的影响

　　DSR评分对卖家的影响主要包括以下几个方面。

　　影响搜索排名：DSR评分较低的卖家在搜索结果中的排名可能会相对靠后，从而影响店铺曝光量。

　　影响购买转化率：买家在购物时会参考卖家的DSR评分，评分较低的卖家可能会降低买家的购买意愿。

　　限制参加营销活动：电商平台上的许多营销活动对DSR评分有明确要求，评分较低的卖家可能无法参加。

　　影响金牌卖家打标：金牌卖家是电商平台上的一种荣誉标识，DSR评分较低的卖家可能无法获得该标识。

　　（4）提高DSR评分的方法

　　为了提高DSR评分，卖家可以从以下几个方面入手：提高商品质量，确保商品描述与实际商品一致，避免夸大或虚假宣传；提升服务质量，加强客服团队建设，提高响应速度和解决问题的能力；优化物流配送，选择可靠的物流合作伙伴，确保商品准时送达并保障包装安全；及时处理问题，对买家提出的问题和投诉要及时响应并妥善处理。通过以上措施，卖家可以逐步提高DSR评分，从而提高其在电商平台上的竞争力。

　　2. 推算所需5分好评的数量

　　掌握DSR评分的计算方法后，就可以根据企业的目标，反推出达到目标DSR评分所需的5分好评数量。

　　当前DSR评分的计算公式为：

$$当前DSR评分=\frac{(5×评5分人数+4×评4分人数+3×评3分人数+2×评2分人数+1×评1分人数)}{总人数}$$

　　若设目标DSR评分为y，还需要评5分的人数为x，则目标DSR评分的计算公式应调整为：

$$y = \frac{\left[5\times(\text{评5分人数}+x)+4\times\text{评4分人数}+3\times\text{评3分人数}+2\times\text{评2分人数}+1\times\text{评1分人数}\right]}{\text{总人数}+x}$$

为了解出 x，我们可以对上述公式进行变形，最终得到还需要评 5 分的人数 x 为：

$$x = \frac{y\times\text{总人数}-(5\times\text{评5分人数}+4\times\text{评4分人数}+3\times\text{评3分人数}+2\times\text{评2分人数}+1\times\text{评1分人数})}{5-y}$$

如果将各种评分的人数替换为总人数与对应评分人数占比的乘积，则上述公式可以最终简化为如下结构：

$$x = \frac{\text{总人数}\times\left\{y-\left(\begin{array}{c}5\times\text{评5分人数占比}+4\times\text{评4分人数占比}+3\times\text{评3分人数占比}+\\2\times\text{评2分人数占比}+1\times\text{评1分人数占比}\end{array}\right)\right\}}{5-y}$$

【课堂实操 5-14】分析店铺客服人员的 KPI

店铺针对客服人员的咨询转化率制定了考核得分标准：咨询转化率<15%，得 0 分；15%≤咨询转化率<20%，得 50 分；20%≤咨询转化率<30%，得 60 分；30%≤咨询转化率<35%，得 70 分；35%≤咨询转化率<40%，得 80 分；咨询转化率≥40%，得 100 分。咨询转化率在 KPI 考核中的权重为 30%，要求计算店铺 5 名客服人员的咨询转化率权重得分，具体操作步骤如下。

🍃　**步骤 1**：打开文件"案例素材\第 5 章\店铺客服人员的 KPI.xlsx"，在 A1:F6 单元格区域编辑客服人员咨询转化率统计表，并填写"咨询成交人数""咨询总人数"。在 H1:J7 单元格区域编辑咨询转化率得分标准表，其中"阈值"为相应分值标准的最小值，如图 5-78 所示。

	A	B	C	D	E	F	G	H	I	J
1	客服人员	咨询成交人数	咨询总人数	咨询转化率	得分	权重得分		阈值	得分	分值标准
2	1号客服	69	224					0%	0	$x<15\%$
3	2号客服	124	477					15%	50	$15\%\leq x<20\%$
4	3号客服	132	404					20%	60	$20\%\leq x<30\%$
5	4号客服	106	260					30%	70	$30\%\leq x<35\%$
6	5号客服	142	774					35%	80	$35\%\leq x<40\%$
7								40%	100	$x\geq40\%$

图 5-78　编辑表格

🍃　**步骤 2**：选择 D2 单元格，在编辑栏中输入公式"=B2/C2"，并按 Enter 键确认，计算出咨询转化率，然后向下拖动填充柄至 D6 单元格，填充公式，结果如图 5-79 所示。

	A	B	C	D	E	F
1	客服人员	咨询成交人数	咨询总人数	咨询转化率	得分	权重得分
2	1号客服	69	224	30.80%		
3	2号客服	124	477	26.00%		
4	3号客服	132	404	32.67%		
5	4号客服	106	260	40.77%		
6	5号客服	142	774	18.35%		

图 5-79　计算咨询转化率

🍃　**步骤 3**：选择 E2 单元格，在编辑栏中输入公式"=VLOOKUP(D2,$H$2:$I$7,2)"，并按 Enter 键确认，计算出得分，然后向下拖动填充柄至 E6 单元格，填充公式，结果如图 5-80 所示。

	A	B	C	D	E	F
1	客服人员	咨询成交人数	咨询总人数	咨询转化率	得分	权重得分
2	1号客服	69	224	30.80%	70	
3	2号客服	124	477	26.00%	60	
4	3号客服	132	404	32.67%	70	
5	4号客服	106	260	40.77%	100	
6	5号客服	142	774	18.35%	50	

图 5-80　计算得分

✍ **步骤 4**：选择 F2 单元格，在编辑栏中输入公式"=E2*0.3"，并按 Enter 键确认，计算出权重得分，然后向下拖动填充柄至 F6 单元格，填充公式，结果如图 5-81 所示。

	A	B	C	D	E	F
1	客服人员	咨询成交人数	咨询总人数	咨询转化率	得分	权重得分
2	1号客服	69	224	30.80%	70	21
3	2号客服	124	477	26.00%	60	18
4	3号客服	132	404	32.67%	70	21
5	4号客服	106	260	40.77%	100	30
6	5号客服	142	774	18.35%	50	15

图 5-81　计算权重得分

【课堂实操 5-15】计算某电商企业需要的 5 分好评数量

某女鞋电商企业半年内的 DSR 评分如图 5-82 所示。

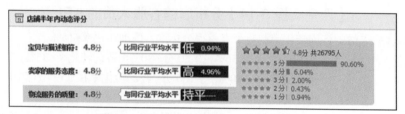

图 5-82　某女鞋电商企业半年内的 DSR 评分

该企业想在半年内将"宝贝与描述相符"指标的 DSR 评分提高至行业平均水平，因此需要计算出还需要多少个 5 分好评才能达到平均值，具体方法如下。

（1）利用近半年参与评分的总人数与各评分人数占比的乘积，计算出各评分的具体人数：评 5 分的人数为 24276，评 4 分的人数为 1618，评 3 分的人数为 535，评 2 分的人数为 115，评 1 分的人数为 251。

（2）计算出该企业当前"宝贝与描述相符"指标的 DSR 评分：（5×24276+4×1618+3×536+2×115+1×251）÷26795=4.849。进一步计算出同行业平均水平现阶段的 DSR 评分：4.849÷（1-0.94%）=4.895。

（3）以 4.895 为目标 DSR 评分计算需要的 5 分好评数量：26795×[4.895-（5×90.60%+4×6.04%+3×2.0%+2×0.43%+1×0.94%）]÷（5-4.895）≈11586。这说明该电商企业要想使"宝贝与描述相符"指标的 DSR 评分达到行业平均水平，在外部条件不变的情况下，还需要连续获得 11586 个 5 分好评。

实训 5　分析运营数据

【实训目标】

通过实训，掌握分析店铺运营数据的方法，并撰写运营数据分析报告。

【实训内容】

（1）分析交易数据

小米获取了某企业近一个月在某电商平台的交易数据，包括销量、销售额、访客数、交易客户数等，她需要分析该企业近一个月的交易趋势和交易转化率情况。要求如下。

① 通过销量数据和销售额数据分析近一个月的交易趋势。

② 计算出交易转化率并分析交易转化率。

（2）分析推广数据

企业将近 7 日所参与的各种活动的数据交给了小米，希望小米能够充分利用这些数据找出优质的推广渠道。要求如下：

① 计算各活动的收藏率、加购率、下单转化率和支付转化率。

② 分析各活动的推广效果，找出优质推广渠道。

【实训步骤】

（1）分析交易数据

① 打开文件"实训素材\第 5 章\交易数据.xlsx"，计算出每日的交易转化率（交易客户数/访客数），如图 5-83 所示。

	A	B	C	D	E	F
					fx	=E2/D2
	A	B	C	D	E	F
1	日期	销量/件	销售额/元	访客数/位	交易客户数/位	交易转化率
2	10月29日	317	15107	3391	299	8.8%
3	10月30日	311	17883	3327	297	8.9%
4	10月31日	884	296167	9458	850	9.0%
5	11月1日	481	155645	5146	426	8.3%
6	11月2日	3627	882106	38808	3419	8.8%
7	11月3日	1202	385248	12861	956	7.4%
8	11月4日	328	104854	3509	296	8.4%
9	11月5日	461	149867	4932	407	8.3%
10	11月6日	133	47178	1423	120	8.4%
11	11月7日	86	30351	920	107	11.6%
12	11月8日	80	24070	856	75	8.8%
13	11月9日	38	10314	406	37	9.1%
14	11月10日	296	80452	3167	276	8.7%
15	11月11日	752	136628	8046	697	8.7%
16	11月12日	1897	518681	20297	1721	8.5%
17	11月13日	1809	404426	19356	1699	8.8%
18	11月14日	751	186243	8035	697	8.7%
19	11月15日	530	133245	5671	501	8.8%
20	11月16日	354	89041	3787	460	12.1%
21	11月17日	142	26094	1519	127	8.4%
22	11月18日	111	22914	1187	101	8.5%
23	11月19日	93	18361	995	79	7.9%
24	11月20日	145	29452	1551	129	8.3%
25	11月21日	355	103345	3798	302	8.0%
26	11月22日	316	87719	3381	301	8.9%
27	11月23日	128	30506	1369	112	8.2%
28	11月24日	185	52982	1979	160	8.1%
29	11月25日	119	31607	1273	100	7.9%
30	11月26日	108	21997	1155	94	8.1%
31	11月27日	124	22443	1326	99	7.5%

图 5-83　计算交易转化率

② 以交易数据为数据源创建数据透视表，在"数据透视表字段"窗格中将"日期"字段添加到"行"区域，将"销售额"和"销量"字段添加到"值"区域；在此基础上创建并美化组合图，其中"销售额"对应的图表类型为折线图，且为次坐标轴，如图 5-84 所示。

③ 将"销售额"和"销量"字段删除，在"值"区域中添加"交易转化率"字段，将图表类型更改为折线图，如图 5-85 所示。

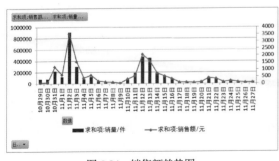

图 5-84　销售额趋势图

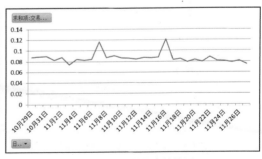

图 5-85　交易转化率趋势图

（2）分析推广数据

① 打开文件"实训素材\第 5 章\推广数据.xlsx"，计算出各活动的收藏率、加购率、下单转化率、支付转化率，如图 5-86 所示。

	J2		▼ (○	*fx*	=I2/B2				
	A	B	C	D	E	F	G	H	I	J
1	来源	访客数	收藏人数	收藏率	加购人数	加购率	下单买家数	下单转化率	支付买家数	支付转化率
2	淘内免费其他	688	19	2.76%	143	20.78%	84	12.21%	78	11.34%
3	我的淘宝	432	21	4.86%	48	11.11%	67	15.51%	61	14.12%
4	购物车	353	10	2.83%	93	26.35%	81	22.95%	79	22.38%
5	手淘搜索	255	5	1.96%	31	12.16%	4	1.57%	4	1.57%
6	手淘拍立淘	235	9	3.83%	24	10.21%	7	2.98%	6	2.55%
7	手淘首页	193	7	3.63%	28	14.51%	5	2.59%	5	2.59%
8	手淘旺信	39	3	7.69%	8	20.51%	12	30.77%	12	30.77%
9	手淘其他店铺商品详情	37	2	5.41%	8	21.62%	5	13.51%	5	13.51%
10	直通车	44	0	0.00%	5	11.36%	1	2.27%	0	0.00%
11	手淘问大家	32	0	0.00%	3	9.38%	1	3.13%	1	3.13%
12	手淘我的评价	11	1	9.09%	3	27.27%	0	0.00%	0	0.00%
13	淘宝客	11	0	0.00%	1	9.09%	0	0.00%	0	0.00%
14	手淘消息中心	8	0	0.00%	1	12.50%	1	12.50%	1	12.50%
15	手淘其他店铺	5	0	0.00%	2	40.00%	1	20.00%	1	20.00%
16	智钻	14	0	0.00%	4	28.57%	0	0.00%	0	0.00%
17	手淘微淘	3	0	0.00%	0	0.00%	0	0.00%	0	0.00%
18	手淘找相似	7	0	0.00%	1	14.29%	0	0.00%	0	0.00%
19	每日好店	1	0	0.00%	0	0.00%	0	0.00%	0	0.00%
20	WAP淘宝	1	0	0.00%	0	0.00%	0	0.00%	0	0.00%
21	手淘扫一扫	1	0	0.00%	0	0.00%	0	0.00%	0	0.00%

图 5-86　计算收藏率、加购率、下单转化率、支付转化率

② 以推广数据为数据源创建数据透视图，类型为柱形图，在"数据透视图字段"窗格中将"来源"字段添加到"行"区域，在"值"区域中依次添加收藏率、加购率、下单转化率、支付转化率等相应的字段，然后分别对这些字段进行降序排列，分析各渠道的推广效果，找出优质推广渠道。图 5-87 所示为支付转化率的数据透视图。

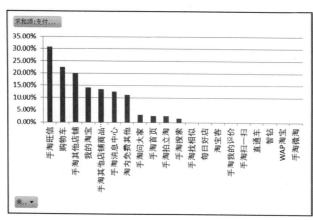

图 5-87　各推广渠道支付转化率

【实训成果】

3～5 人一组，以小组为单位，完成运营数据分析，并用 Word 或 PPT 展示数据分析报告。

【实训要求】

（1）考虑到课堂时间有限，实训可采取"课外+课内"的方式进行，即团队组成、分工、讨论和方案形成在课外完成，成果展示安排在课内。

（2）每个团队的成果展示时间为 10 分钟左右，教师和学生的提问时间为 5 分钟左右。

第6章
商品数据分析

商品数据分析是指对商品的销售、采购成本、库存数据等进行分析。通过商品数据分析，企业可以产生多个指标，如畅滞销比率、销售目标达成率、退货退款率、成本增减率、库存周转率等。这些指标有助于企业调整商品结构。此外，企业可得出有关业务发展、市场趋势、用户行为、商品质量、运营成本等的结论，并基于这些结论制定经营策略，从而推动企业发展。商品数据分析还可以用于用户行为分析、供应链优化、营销效果分析及用户反馈分析等。

【学习目标】

（1）了解商品数据分析的基本概念及其在企业决策中的重要性。

（2）理解商品销售数据、商品采购成本、商品库存数据，包括销售额、销售量、退货率、采购成本、库存周转率等关键指标。

（3）熟练运用数据分析技术，识别商品销售趋势、分析采购时间、预测采购金额、制作库存预警表等。

（4）熟悉商品数据分析工具和方法，能够与业务部门和其他利益相关者有效沟通，根据业务需求选择合适的数据可视化工具和技术，撰写具有说服力和影响力的数据分析报告。

【案例导入】

沃尔玛的数据生态系统

沃尔玛是全球最大的零售商之一，它在大数据还未在行业流行时就利用大数据进行数据分析，通过 Hadoop 集群迁移把 10 个不同的网站整合到一个网站上，这样所有生成的非结构化数据都被收集到一个新的 Hadoop 集群里。沃尔玛有庞大的大数据生态系统，沃尔玛的大数据生态系统每天处理多个 TB 级的新数据和 PB 级的历史数据，其分析涵盖数以百万计的商品数据和不同来源的客户数据。

沃尔玛利用 Hadoop 维护其地图应用程序，这些地图能够给出沃尔玛商店里一小块肥皂的精确位置。沃尔玛还利用 Hadoop 数据进行价格监测——只要周边竞争对手降低了客户已经购买的商品的价格，应用程序就会提醒客户并向客户发送礼券以补偿差价。沃尔玛使用数据挖掘技术来向客户提供商品推荐，大大提高了客户转化率。

大数据在以下方面帮助沃尔玛提高了销售量。

（1）帮助推出新商品。沃尔玛利用社交媒体数据发现热门商品，热门商品会被引进到世界各地的沃尔玛商店。例如，当沃尔玛通过分析社交媒体数据发现热搜词"蛋糕棒棒糖"时，便会迅速做出反应——将蛋糕、棒棒糖上架到各个沃尔玛商店。

（2）利用预测分析技术优化商品送货服务。沃尔玛提高了在线订单免费送货的最低金额，将免运费的最低金额从 45 美元调高到 50 美元，同时还增加了新商品，以提升客户的购物体验。

（3）提供个性化定制建议。沃尔玛基于客户购买历史，通过大数据算法分析客户购买行为，从而向其提供专业建议。

【思考】
1. 沃尔玛是如何利用大数据进行商品优化的？
2. 大数据对沃尔玛提高销售量起到了哪些作用？

6.1　商品销售数据分析

电商企业需要对在线商品的销售数据进行定期的统计与整理，了解各类商品的销售情况。在实际应用中，从线上导出的数据往往只是一张包含大量销售数据的表格，企业并不能直接看出销售过程中存在的问题。这时，企业可以利用 Excel 对商品的销售数据进行统计与分析，从中发现销售中存在的问题，从而优化营销策略。

6.1.1　畅销商品与滞销商品分析

畅销商品是指市场上销路很好、没有积压滞销的商品。这些商品通常具有以下特点。

（1）市场需求度高：畅销商品往往能够满足消费者的需求，具有较高的市场认可度。

（2）品质优良：畅销商品通常具备较高的品质，能够满足消费者对商品质量的期望。商品的高品质可能体现在商品的设计、功能、性能等方面。

（3）价格合理：畅销商品的价格通常较为合理，既不过高也不过低。合理的价格能够吸引更多的消费者购买，从而提高商品的销量。

（4）营销策略得当：畅销商品的营销策略通常较为得当，能够吸引消费者的关注并激发他们的购买欲望。营销策略包括广告宣传、促销活动、渠道布局等。

滞销商品是指因为一些原因不受消费者欢迎而导致销售速度极慢的商品。这些商品通常具有以下特点。

（1）市场需求度低：滞销商品往往无法满足消费者的需求，这可能是因为商品过时、功能单一、价格过高或市场需求已饱和。

（2）品质问题：滞销商品可能存在品质问题，如设计不合理、性能不稳定等。这些问题会影响消费者的购买决策，导致商品销量不佳。

（3）营销策略不当：滞销商品的营销策略可能存在问题，如广告宣传不够到位、促销活动不够吸引人等。

（4）竞争压力：在某些领域，由于市场竞争激烈，商品之间的差异并不明显，使消费者难以选择。在这种情况下，一些商品可能会因为缺乏竞争优势而滞销。

【课堂实操6-1】分析商品销售数据

企业通过对商品销售数据进行分析，判定哪些商品畅销、哪些商品滞销，然后针对不同销售状态的商品，采用不同的采购计划和销售策略。下面详细介绍如何分析商品销售数据，具体操作步骤如下。

步骤 1：打开文件"案例素材\第 6 章\月销售报表.xlsx"，切换到"Sheet2"工作表，将"Sheet2"工作表重命名为"滞销与畅销商品分析"。

步骤 2：在 A1:E1 单元格区域中分别输入标题文本"商品编码""销售总数/件""总销售额/元""畅滞销比率""销售状态"。

步骤 3：切换到"月销售报表"工作表，选择 B2:B66 单元格区域，然后按 Ctrl+C 组合键进行复制。再切换到"滞销与畅销商品分析"工作表，选择 A2 单元格，单击"开始"选项卡下"剪贴板"选项组中的"粘贴"下拉按钮，在下拉列表中选择"值"选项，如图 6-1 所示。

🖉　**步骤 4**：选择 A2:A66 单元格区域，单击"数据"选项卡下"数据工具"选项组中的"删除重复项"按钮，弹出"删除重复项警告"对话框，保持默认设置，如图 6-2 所示，单击"删除重复项"按钮。

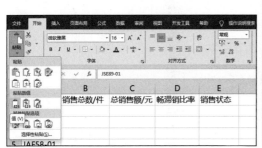

图 6-1　选择"值"选项

图 6-2　"删除重复项警告"对话框

🖉　**步骤 5**：如图 6-3 所示，在弹出的"删除重复值"对话框中单击"确定"按钮。重复值删除完成后会弹出提示对话框，如图 6-4 所示，单击"确定"按钮。

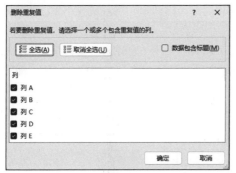

图 6-3　"删除重复值"对话框

图 6-4　单击"确定"按钮

🖉　**步骤 6**：选择 A2:A9 单元格区域，单击"数据"选项卡下"排序和筛选"选项组中的"排序"按钮，弹出"排序提醒"对话框，选中"以当前选定区域排序"单选项，如图 6-5 所示，然后单击"排序"按钮。

🖉　**步骤 7**：弹出"排序"对话框，保持默认设置，如图 6-6 所示，单击"确定"按钮。

图 6-5　对数据进行排序

图 6-6　设置排序参数

🖉　**步骤 8**：选择 B2 单元格，在编辑栏中输入公式"=SUMIF(月销售报表!\$B\$2:\$B\$66,\$A2,月销售报表!\$G\$2:\$G\$66)"，按 Ctrl+Enter 组合键确认，计算相应商品的销售总数，如图 6-7 所示。

图 6-7　计算销售总数

【课堂解疑——SUMIF 函数】

作用：对满足条件的单元格求和。

语法：SUMIF(range,criteria,[sum_range])。

（1）range：条件区域，用于条件判断的单元格区域。

（2）criteria：求和条件，由数字、逻辑表达式等组成的判定条件。criteria 参数中可以使用通配符 "？" 和 "*"。其中，"？" 表示匹配任意一个字符；"*" 表示匹配任意多个字符。如果要查找问号或星号，应在字符前输入波形符（~）。

（3）sum_range：实际求和区域，即需要求和的单元格、单元格区域或引用。当省略该参数时，条件区域为实际求和区域。

步骤 9：选择 C2 单元格，在编辑栏中输入公式 "=SUMIF(月销售报表!$B$2:$B$66,$A2, 月销售报表!$H$2:$H$66)"，按 Ctrl+Enter 组合键确认，计算相应商品的总销售额，如图 6-8 所示。

步骤 10：选择 B2:C2 单元格区域，向下拖动单元格区域右下角的填充柄至 C9 单元格，计算出其他商品的销售总数和总销售额，如图 6-9 所示。

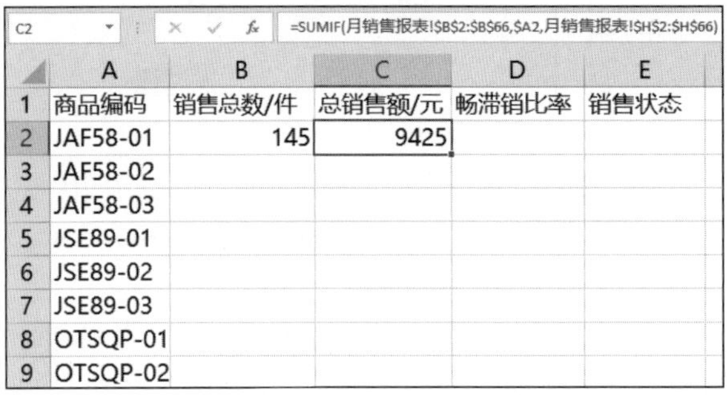

图 6-8　计算总销售额

图 6-9　计算其他商品的销售总数和总销售额

步骤 11：在 A10 单元格中输入文本 "总计"，选择 B10:C10 单元格区域，在 "开始" 选项卡中单击 "自动求和" 按钮，计算销售总数之和与总销售额之和，如图 6-10 所示。

步骤 12：选择 C2:C10 单元格区域，单击鼠标右键，在弹出的快捷菜单中选择 "设置单元格格式" 命令，弹出 "设置单元格格式" 对话框。在 "分类" 列表框中选择 "数值" 选项，在 "小数位数" 文本框中输入 "2"，选中 "使用千位分隔符" 复选框，如图 6-11 所示，然后单击 "确定" 按钮，效果如图 6-12 所示。

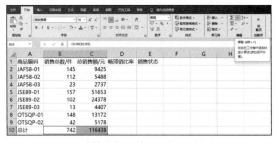

图 6-10　计算销售总数之和与总销售额之和

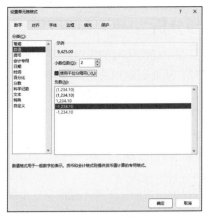

图 6-11　设置单元格格式

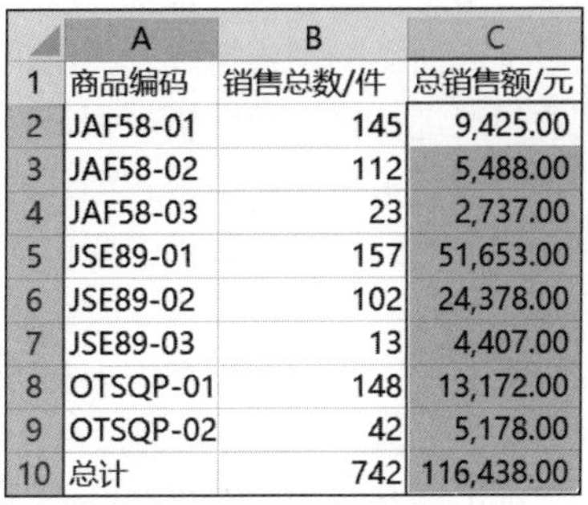

	A	B	C
1	商品编码	销售总数/件	总销售额/元
2	JAF58-01	145	9,425.00
3	JAF58-02	112	5,488.00
4	JAF58-03	23	2,737.00
5	JSE89-01	157	51,653.00
6	JSE89-02	102	24,378.00
7	JSE89-03	13	4,407.00
8	OTSQP-01	148	13,172.00
9	OTSQP-02	42	5,178.00
10	总计	742	116,438.00

图 6-12　单元格格式设置效果

步骤 13：选择 D2 单元格，在编辑栏中输入公式"=B2/$B$10*0.8+C2/$C$10*0.2"，按 Ctrl+Enter 组合键确认，计算畅滞销比率。设置 D2 单元格的数字格式为"百分比"，保留两位小数，再拖动 D2 单元格的填充柄至 D9 单元格，计算其他商品的畅滞销比率，如图 6-13 所示。

步骤 14：选择 E2 单元格，在编辑栏中输入公式"=IF(D2>18%,"畅销",IF（D2>10%,"一般","滞销"))"，按 Ctrl+Enter 组合键确认，得到销售状态。拖动 E2 单元格的填充柄至 E9 单元格，得到其他商品的销售状态，如图 6-14 所示。

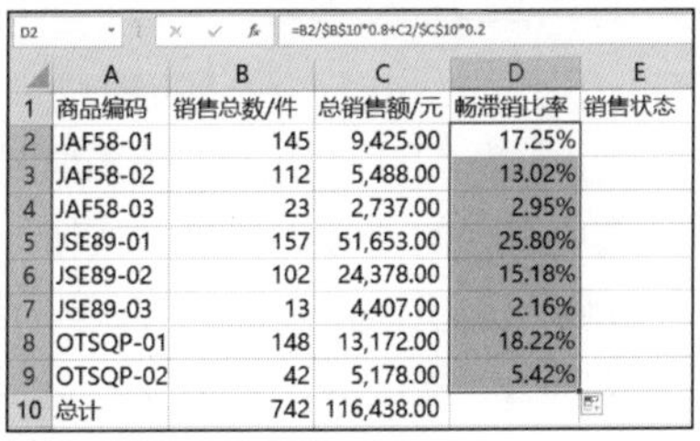

	A	B	C	D	E
1	商品编码	销售总数/件	总销售额/元	畅滞销比率	销售状态
2	JAF58-01	145	9,425.00	17.25%	
3	JAF58-02	112	5,488.00	13.02%	
4	JAF58-03	23	2,737.00	2.95%	
5	JSE89-01	157	51,653.00	25.80%	
6	JSE89-02	102	24,378.00	15.18%	
7	JSE89-03	13	4,407.00	2.16%	
8	OTSQP-01	148	13,172.00	18.22%	
9	OTSQP-02	42	5,178.00	5.42%	
10	总计	742	116,438.00		

图 6-13　计算畅滞销比率

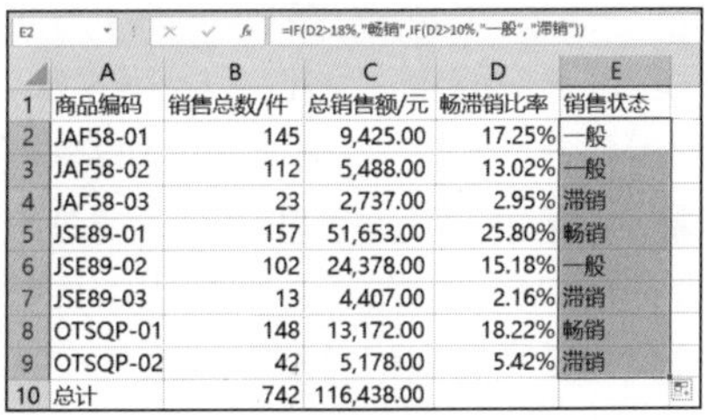

	A	B	C	D	E
1	商品编码	销售总数/件	总销售额/元	畅滞销比率	销售状态
2	JAF58-01	145	9,425.00	17.25%	一般
3	JAF58-02	112	5,488.00	13.02%	一般
4	JAF58-03	23	2,737.00	2.95%	滞销
5	JSE89-01	157	51,653.00	25.80%	畅销
6	JSE89-02	102	24,378.00	15.18%	一般
7	JSE89-03	13	4,407.00	2.16%	滞销
8	OTSQP-01	148	13,172.00	18.22%	畅销
9	OTSQP-02	42	5,178.00	5.42%	滞销
10	总计	742	116,438.00		

图 6-14　得到商品的销售状态

【课堂解疑——IF 函数】

作用：判断是否满足某个条件，如果满足则返回一个值，如果不满足则返回另一个值。

语法：IF(logical_test,value_if_true,value_if_false)

说明：

（1）logical_test：要测试的条件，可以是任意值或表达式，测试结果为 TRUE 或 FALSE。

（2）value_if_true：结果为 TRUE 时返回的值。

（3）value_if_false：结果为 FALSE 时返回的值。

步骤 15：根据需要为表格设置文字格式、标题填充色、对齐方式、边框、表格样式等，以美化表格，效果如图 6-15 所示。

	A	B	C	D	E
1	商品编码	销售总数/件	总销售额/元	畅滞销比率	销售状态
2	JAF58-01	145	9,425.00	17.25%	一般
3	JAF58-02	112	5,488.00	13.02%	一般
4	JAF58-03	23	2,737.00	2.95%	滞销
5	JSE89-01	157	51,653.00	25.80%	畅销
6	JSE89-02	102	24,378.00	15.18%	一般
7	JSE89-03	13	4,407.00	2.16%	滞销
8	OTSQP-01	148	13,172.00	18.22%	畅销
9	OTSQP-02	42	5,178.00	5.42%	滞销
10	总计	742	116,438.00		

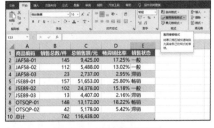

图 6-15　表格最终效果

6.1.2　不同商品销售情况的统计与分析

不同商品销售情况的统计与分析是指对不同商品在市场销售时的表现进行数据统计和分析，可以帮助企业了解不同商品的销售情况，找出销售瓶颈，从而制定相关的营销策略。企业可以通过对不同商品的销售情况进行统计与分析，判定哪些商品卖得好、哪些商品的销量不容乐观，从而相应地调整采购计划、经营策略和促销方式等，以提高店铺的销量。

不同商品销售情况的统计与分析主要包括以下内容。

（1）不同商品销售量分类统计：通过统计不同商品的销售量，比较不同商品的销售状况，找出畅销商品和滞销商品，以便优化库存管理和进行商品调整。

（2）不同商品销售额分类统计：通过统计不同商品的销售额，了解不同商品在市场的销售表现，找出销售排名靠前的商品和销售额最高的商品。

（3）不同商品销售额比重统计与分析：通过比较不同商品在市场上的份额，了解企业在市场中的竞争地位，找到市场份额增长的机会，制定相关的市场扩张策略。

（4）不同商品分配方案分析：对于上架的各类商品，企业可以根据获利目标最优地分配每类商品的进货数量，以获得期望的利润。

通过对不同商品的销售情况进行统计与分析，企业可以更好地把握市场动态，调整经营策略，优化商品结构，提高销售效益，实现经济效益最大化。

【课堂实操6-2】不同商品销售量分类统计

🖋　**步骤1**：打开文件"案例素材\第6章\近期宝贝销售记录.xlsx"，在"Sheet1"工作表中选择E2单元格，然后单击"数据"选项卡下"排序和筛选"选项组中的"升序"按钮，效果如图6-16所示。

🖋　**步骤2**：单击"数据"选项卡下"分级显示"选项组中的"分类汇总"按钮，弹出"分类汇总"对话框；在"分类字段"下拉列表中选择"宝贝标题"选项，在"汇总方式"下拉列表中选择"计数"选项，在"选定汇总项"列表框中选中"宝贝标题"复选框，如图6-17所示。

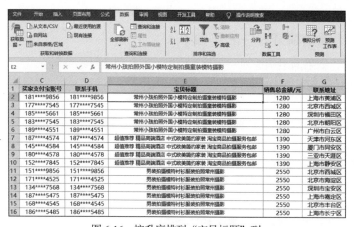

图6-16　按升序排列"宝贝标题"列

图6-17　设置"分类汇总"选项

🖋　**步骤3**：单击"分类汇总"对话框中的"确定"按钮，按照同类商品进行计数汇总，效果如图6-18所示。

🖋　**步骤4**：单击左上方的分级显示按钮，显示2级分类数据，查看不同商品的销量统计结果，如图6-19所示。

🖋　**步骤5**：将工作簿另存为"近期宝贝销售记录（销售量分类统计）"。

图 6-18 汇总效果

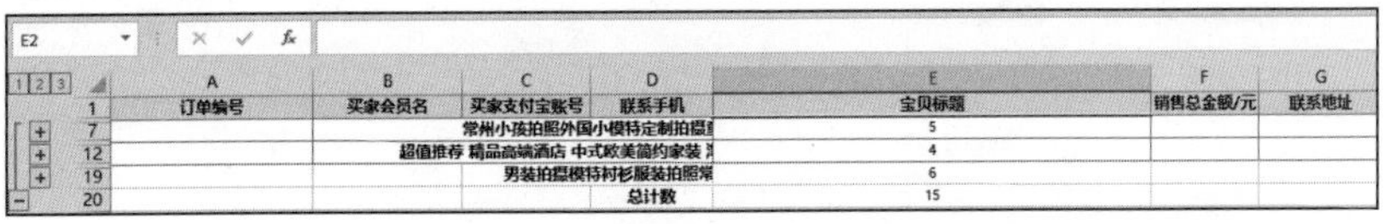

图 6-19 查看不同商品的销量统计结果

【课堂实操 6-3】不同商品销售额分类统计

✎ **步骤 1：** 打开文件"案例素材\第 6 章\近期宝贝销售记录.xlsx"，在"Sheet1"工作表中对"宝贝标题"列进行升序排列。

✎ **步骤 2：** 单击"数据"选项卡下"分级显示"选项组中的"分类汇总"按钮，弹出"分类汇总"对话框；在"分类字段"下拉列表中选择"宝贝标题"选项，在"汇总方式"下拉列表中选择"求和"选项，在"选定汇总项"列表框中选中"销售总金额/元"复选框，如图 6-20 所示。

✎ **步骤 3：** 单击"分类汇总"对话框中的"确定"按钮，对不同商品的销售总金额进行求和汇总，效果如图 6-21 所示。

图 6-20 设置"分类
汇总"选项

图 6-21 汇总结果

✎ **步骤 4：** 单击左上方的分级显示按钮，显示 2 级分类数据，查看不同商品的销售总金额，如图 6-22 所示。

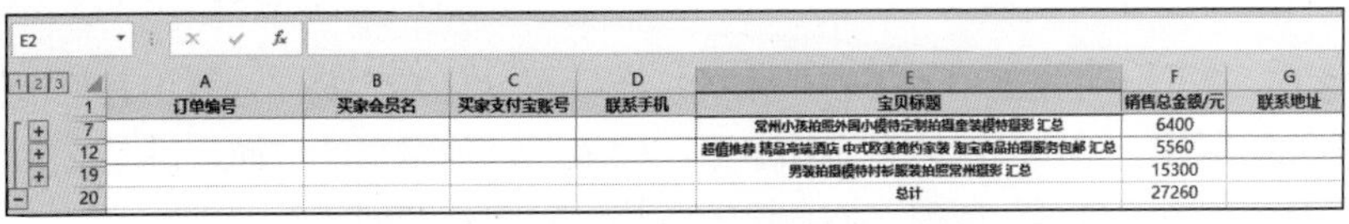

图 6-22 查看不同商品的销售总金额

✎ **步骤 5：** 将工作簿另存为"近期宝贝销售记录（销售额分类统计）"。

【课堂实操 6-4】不同商品销售额比重统计与分析

步骤 1： 打开文件"案例素材\第 6 章\近期宝贝销售记录.xlsx"，在"Sheet1"工作表中选择 E2:E16 单元格区域，按 Ctrl+C 组合键复制数据。

步骤 2： 选择 A22 单元格，单击"开始"选项卡下"剪贴板"选项组中的"粘贴"下拉按钮，在下拉列表中选择"值"选项，粘贴复制的数据，如图 6-23 所示。

步骤 3： 单击"数据"选项卡下"数据工具"选项组中的"删除重复值"按钮，弹出"删除重复值"对话框，单击"全选"按钮，取消选中"数据包含标题"复选框，如图 6-24 所示，然后单击"确定"按钮。

图 6-23 选择"值"选项

图 6-24 设置"删除重复值"选项

步骤 4： 重复值删除完成后会弹出提示对话框，如图 6-25 所示，单击"确定"按钮。

步骤 5： 选择 B22 单元格，单击"公式"选项卡下"函数库"选项组中的"数学和三角函数"下拉按钮，在下拉列表中选择"SUMIF"选项，弹出"函数参数"对话框，在其中设置各项函数参数，如图 6-26 所示，然后单击"确定"按钮。

图 6-25 提示对话框

图 6-26 设置 SUMIF 函数参数

步骤 6： 向下拖动 B22 单元格右下角的填充柄至 B24 单元格，计算出其他销售额数据。选择 A22:B24 单元格区域，单击"插入"选项卡下"图表"选项组中的"插入饼图或圆环图"下拉按钮，在下拉列表中选择"饼图"选项，插入饼图，效果如图 6-27 所示。

步骤 7： 移动图表到合适位置，修改图表标题为"不同商品销售额比重分析"，为图表应用"样式 3"图表样式，效果如图 6-28 所示。

图 6-27 插入饼图效果

图 6-28 图表最终效果

📝 **步骤 8**：将工作簿另存为"近期宝贝销售记录（销售额比重分析）"。

【课堂实操 6-5】不同商品分配方案分析

📝 **步骤 1**：打开文件"案例素材\第 6 章\商品分配方案分析.xlsx"，在"Sheet1"工作表中选择 F3 单元格，在编辑栏中输入公式"=D3*E3"，按 Ctrl+Enter 组合键确认，计算毛利合计；拖动 F3 单元格的填充柄至 F4 单元格，计算相应的毛利合计，效果如图 6-29 所示。

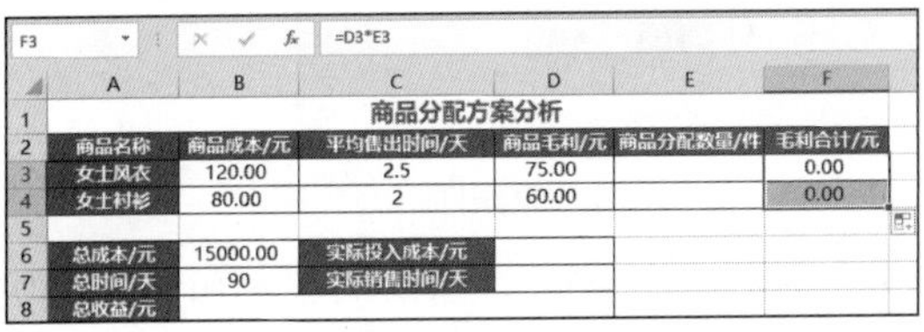

图 6-29 计算毛利合计

6-1 不同商品分配方案分析

📝 **步骤 2**：选择 D6 单元格，在编辑栏中输入公式"=B3*E3+B4*E4"，按 Ctrl+Enter 组合键确认，计算实际投入成本，如图 6-30 所示。选择 D7 单元格，在编辑栏中输入公式"=C3*E3 +C4*E4"，按 Ctrl+Enter 组合键确认，计算实际销售时间，如图 6-31 所示。

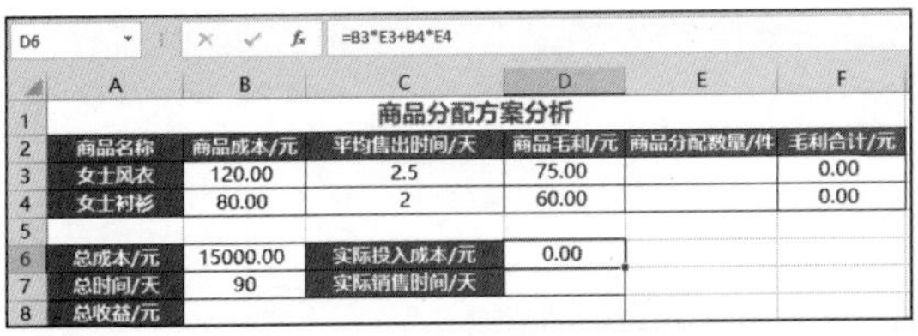

图 6-30 计算实际投入成本

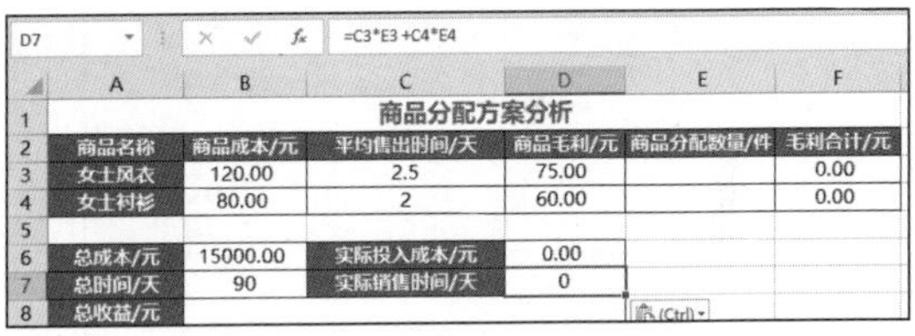

图 6-31 计算实际销售时间

📝 **步骤 3**：选择 B8:D8 单元格区域，在编辑栏中输入公式"=F3+F4"，按 Ctrl+Enter 组合键确认，计算总收益，如图 6-32 所示。

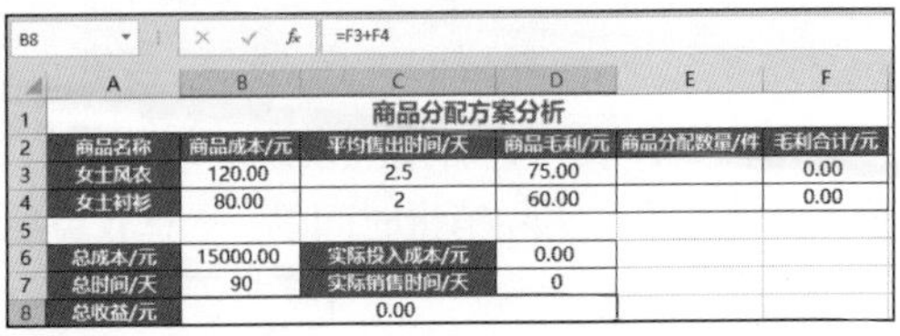

📝 **步骤 4**：在"文件"选项卡下"选项"选项组中添加"规划求解加载项"，单击"数据"选项卡中的"规划求解"按钮，弹出"规划求解参数"对话框。设置"设置目标"为 B8 单元格，选中"最大值"单选项，然后设置"通过更改可变单元格"为 E3:E4 单元格区域，如图 6-33 所示，最后单击"添加"按钮。

图 6-32 计算总收益

📝 **步骤 5**：弹出"添加约束"对话框，设置"单元格引用"为 E3 单元格，设置"运算符号"

为"int"，设置"约束"为"整数"，如图 6-34 所示，然后单击"添加"按钮。

步骤6：参考步骤 5，采用同样的方法添加其他约束条件，如图 6-35 所示。添加完最后一个约束条件后在对话框中单击"确定"按钮。

图 6-33　设置规划求解参数　　　　　　　　图 6-34　添加约束条件

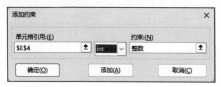

图 6-35　添加其他约束条件

步骤7：返回"规划求解参数"对话框，添加的约束条件显示在"遵守约束"列表框中，如图 6-36 所示，单击"求解"按钮。

步骤8：弹出"规划求解结果"对话框，保持默认设置，如图 6-37 所示，单击"确定"按钮。

图 6-36　单击"求解"按钮　　　　　　　　图 6-37　"规划求解结果"对话框

返回工作表，查看按照设定的规划求解参数得出的"商品分配数量/件""毛利合计/元""实际投入成本/元""实际销售时间/天""总收益/元"，如图 6-38 所示。

图 6-38　规划求解结果

6.1.3　同类商品销售情况的统计与分析

对同类商品的销售情况进行统计与分析有助于企业深入了解某类商品的市场表现、消费者偏好及竞争态势,从而制定更精准的市场策略。即使是同类商品,商品的颜色和尺寸不同,其销售情况也会有所不同。因此,企业需要对不同属性的同类商品的销售情况进行统计和分析,从而调整采购计划和销售策略。

【课堂实操 6-6】不同颜色的同类商品销售情况统计与分析

🖋　**步骤 1:** 打开文件"案例素材\第 6 章\不同颜色的同类商品销售统计.xlsx",在"Sheet1"工作表中选择 B2 单元格,然后单击"数据"选项卡下"排序和筛选"选项组中的"升序"按钮,对"颜色"列数据进行升序排列,如图 6-39 所示。

🖋　**步骤 2:** 在"数据"选项卡下"分级显示"选项组中单击"分类汇总"按钮,弹出"分类汇总"对话框。在"分类字段"下拉列表中选择"颜色"选项,在"选定汇总项"列表框中选中"成交数量/件"复选框,如图 6-40 所示,然后单击"确定"按钮。

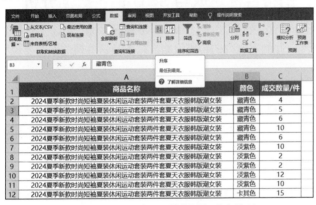

图 6-39　对"颜色"列数据进行升序排列　　　　图 6-40　设置分类汇总选项

🖋　**步骤 3:** 此时,系统将按照不同的颜色对商品成交数量进行求和汇总。单击左上方的分级显示按钮,显示 2 级分类数据,然后对"成交数量/件"列中的数据进行升序排列,效果如图 6-41 所示。

图 6-41　分类汇总结果

【课堂实操 6-7】不同尺寸的同类商品销售情况统计与分析

🖋　**步骤 1:** 打开文件"案例素材\第 6 章\不同尺寸的同类商品销售统计.xlsx",在"Sheet1"工作表中选择数据区域的任意单元格,然后单击"插入"选项卡中的"数据透视表"按钮。

🖋　**步骤 2:** 弹出"来自表格或区域的数据透视表"对话框,此时"选择表格或区域"下的"表/区域"编辑框中自动选择工作表的整个数据区域(即 Sheet1!\$A\$1:\$C\$29),选中"现有工作表"单选项,设置为 E2 单元格(即 Sheet1!\$E\$2),如图 6-42 所示,然后单击"确定"按钮。

🖋　**步骤 3:** 在打开的"数据透视表字段"窗格中将"尺寸"字段拖至"行"区域,将"成交数量/件"字段拖至"值"区域,如图 6-43 所示。单击"关闭"按钮,关闭"数据透视表字段"窗格。

步骤4：选择F3单元格，单击"数据"选项卡下"排序和筛选"选项组中的"降序"按钮，对商品成交数量进行降序排列，效果如图6-44所示。

图6-42　创建数据透视表

图6-43　添加数据透视表字段

图6-44　降序排列结果

6.1.4　商品销售趋势、销售目标达成与SKU销售数据分析

了解商品销售趋势、销售目标达成情况及存货单位（Stock Keeping Unit，SKU）销售数据可帮助企业掌握市场动态，优化库存管理，并制定有效的销售策略。以下是这些概念的简要说明。

1.　商品销售趋势

商品销售趋势指的是商品在市场上的销售表现随时间的变化情况。分析销售趋势可以帮助企业识别哪些商品受欢迎、哪些商品滞销，以及预测未来的市场动向。分析店铺整体的销售趋势通常以月为单位，先汇总出各月的销售数量或销售总金额，然后用柱形图或折线图展示数据，以便直观地看到店铺整体的销售趋势。

2.　销售目标达成

销售目标达成分析是销售数据分析的重要环节，通过对比目标销售总金额与实际销售总金额，企业可以更好地了解店铺整体的销售情况，从而根据销售情况调整经营策略。

3.　SKU销售数据分析

每个SKU都代表一个独特的商品或商品变体。如果一款商品有多个颜色，则每种颜色的商品都是一个SKU，如一款衣服有红色、白色、蓝色3种颜色，则它们分别为3个SKU。其中红色款的S码是一个SKU，M码是一个SKU，L码也是一个SKU，因此根据尺码来分，该款红色衣服有S、M、L、XL、XXL、XXXL共6个SKU。同样，该款衣服的白色款和蓝色款也分别有6个SKU。如果还有其他的细分属性，那么该款衣服的SKU会更多。多数情况下，不管是大型店铺还是小型店铺，几乎每家店铺都会有多个SKU。

通过对商品SKU销售数据进行分析，企业可以清楚地看出哪种商品SKU的销售情况最好，从而优化库存管理、调整采购计划，以最大限度地满足消费者的需求。

通过结合商品销售趋势分析、销售目标达成分析和SKU销售数据分析，企业可以更全面地把握市场动态，优化商品组合，提升销售绩效，并最终实现更好的商业成果。

【课堂实操6-8】月度销售趋势分析

步骤1：打开文件"案例素材\第6章\月度销售趋势分析.xlsx"，在此基础上创建数据透视表，汇总各月的销售数量和销售总金额，然后调整数据透视表表格格式为"数据透视表样式2"，效果如图6-45所示。

步骤2：单击数据透视表中的任意单元格，插入簇状柱形图，设置图表标题为"月度销售趋势分析”，将图例移至标题下方，隐藏全部字段按钮，添加数据标签为“数据标签外”，效果如图 6-46 所示。

行标签	求和项:销售数量/个	求和项:销售总金额/元
⊞1月	35	1384.00
⊞2月	31	1284.00
⊞3月	36	1695.00
⊞4月	39	1439.00
⊞5月	38	2060.00
⊞6月	38	1790.00
总计	217	9652.00

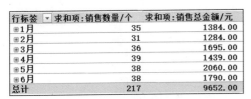

图 6-45　数据透视表

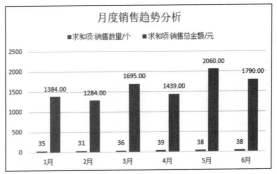

图 6-46　月度销售趋势分析簇状柱形图

步骤 3：选中图表，在“设计”选项卡中单击“更改图表类型”按钮；在“更改图表类型”对话框中选中“组合图”，将“求和项：销售总金额/元”数据系列的图表类型设置为“带数据标记的折线图”，选中“次坐标轴”复选框，单击“确定”按钮；为图表添加横、纵坐标轴标题，效果如图 6-47 所示。

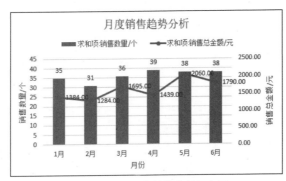

图 6-47　月度销售趋势分析组合图

【课堂实操 6-9】销售目标达成分析

步骤 1：打开文件“案例素材\第 6 章\销售目标达成分析.xlsx”，在 C2 单元格中输入公式“=SUMIF(Sheet1!B:B,达成分析!A2,Sheet1!G:G)”，并将公式不带格式地向下填充，计算出各月的实际销售总金额。在 D2 单元格中输入公式“=C2/B2*100%”，将公式不带格式地向下填充，计算出销售目标达成率，如图 6-48 所示。

	A	B	C	D
1	月份	目标销售总金额/元	实际销售总金额/元	销售目标达成率
2	1月	1500	1384	92%
3	2月	1500	1284	86%
4	3月	1500	1695	113%
5	4月	1500	1439	96%
6	5月	1500	2060	137%
7	6月	1500	1790	119%

图 6-48　计算实际销售总金额和销售目标达成率

步骤 2：选中 A1:C7 单元格区域，插入柱形图，将图表标题修改为“各月销售目标达成分析”，添加横坐标轴标题“月份”和纵坐标轴标题“销售总金额/元”。选中图表，将图表字体设置为微软雅黑，删除网格线。在“设置坐标轴格式”窗格中将纵坐标轴边界的“最大值”设置为“2100”，“单位”设置为“300”，“主刻度线类型”设置为“外部”。选中任意一个数据系列，在“设置数据系列格式”窗格中将“系列重叠”的值设置为“0”，效果如图 6-49 所示。

步骤 3：添加数据标签，显示各月销售目标达成率。选中“实际销售总金额”数据系列，添加数据标签，然后选中数据标签，打开“设置数据标签格式”窗格；在“标签选项”栏中选中“单元格中的值”复选框，打开“数据标签区域”对话框，选中 D2:D7 单元格区域，单击“确定”按钮，然后取消选中"值"复选框。

步骤4：由于表格是紫色系的，为了整体的美观，将两个数据系列的填充颜色分别设置为一深一浅的紫色，如图6-50所示。

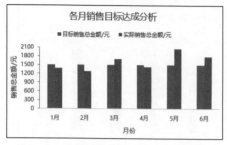

图6-49　各月销售目标达成分析柱形图

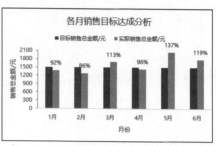

图6-50　设置数据系列填充颜色

图6-50（彩色）

步骤5：在H2单元格中输入公式"=SUM(Sheet1！G:G)"，计算年度实际销售总金额。在I2单元格中输入公式"=H2/G2*100%"，计算年度销售目标达成率。在J1单元格中输入文本"辅助列"，在J2单元格中输入公式"=1-I2"，如图6-51所示。

	E	F	G	H	I	J
1		年度	目标销售总金额/元	实际销售总金额/元	销售目标达成率	辅助列
2		2024年	20000	9652	48%	52%

图6-51　计算年度实际销售总金额和销售目标达成率

步骤6：选中I2:J2单元格区域，插入圆环图。输入图表标题"年度销售目标达成分析"，将字体设置为微软雅黑，删除图例。

步骤7：设置圆环大小。选中圆环，打开"设置数据系列格式"窗格，将"圆环图圆环大小"设置为"85%"（读者可以根据需求自行调整）。

步骤8：在圆环上双击，选中左侧圆环，打开"设置数据点格式"窗格，将其"填充颜色"设置为"紫色，个性色4，淡色60%"，"边框"设置为"无线条"。选中右侧圆环，将其"填充颜色"设置为"紫色，个性色4"，"边框"设置为"实线"，设置边框颜色为"紫色，个性色4"，设置边框宽度为"8磅"。

步骤9：选中右侧圆环，添加数据标签，将数据标签移至圆环中央，文字格式设置为微软雅黑、20号，如图6-52所示。

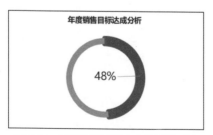

图6-52　年度销售目标达成分析圆环图

【课堂实操6-10】SKU销售数据分析

步骤1：打开文件"案例素材\第6章\商品SKU分析.xlsx"，选中C2:L6单元格区域，单击"开始"选项卡下"样式"选项组中的"条件格式"下拉按钮，在下拉列表中选择"新建规则"选项，打开"新建格式规则"对话框。

步骤 2： 在"新建格式规则"对话框的"选择规则类型"列表框中选择"使用公式确定要设置格式的单元格"选项，在下方的文本框中输入公式"=C2=MAX(C\$2:C\$6)"；单击"格式"按钮，弹出"设置单元格格式"对话框，在"字体"选项卡的"字形"列表框中选择"加粗"选项，在"颜色"下拉列表中选择"红色"选项；单击"确定"按钮，返回"新建格式规则"对话框，如图 6-53 所示，再次单击"确定"按钮。

返回工作表，可以看到每列中最大的数值以红色、加粗的格式显示，如图 6-54 所示。该商品的紫色 M 码是销售情况最好的 SKU，其新增加购件数、支付件数、支付金额、支付买家数、下单件数、下单金额和下单买家数是该商品的所有 SKU 中最高的。

图 6-53　"新建格式规则"对话框

终端类型	SKU名称	价格/元	当前库存/件	新增加购件数	支付价格/元	支付件数	支付金额/元	支付买家数/人	下单件数	下单金额/元	下单买家数/人
无线端	紫色;XS	128	991	81	68	26	1768	26	29	1972	29
无线端	紫色;XL	128	987	2098	68	513	34884	513	515	35020	515
无线端	紫色;L	128	989	4321	68	699	47532	699	702	47736	702
无线端	紫色;M	128	988	5869	68	986	67048	986	991	67388	991
无线端	紫色;S	128	987	3894	68	598	40664	598	602	40936	602

图 6-54　SKU 销售数据分析结果

图 6-54（彩色）

6.1.5　商品退货、退款情况统计与分析

商品退货、退款数据是电商企业运营中的关键指标，它们直接影响企业的现金流、利润。商品退货和退款是卖家最不希望看到的情况，因为退货、退款不仅会增加时间成本，还会直接造成利益损失。通过对退货、退款情况进行统计与分析，企业能够有效地减少退货、退款数量，提高经营水平与口碑。

对于企业来说，商品退货、退款既是对消费者的郑重承诺，也是发现自身问题的有效参考。通过对商品退货、退款的原因进行分析，企业可以找出商品销售存在的问题，从而不断优化销售策略，提高服务质量。

【课堂实操 6-11】商品退货、退款原因统计

步骤 1： 打开文件"案例素材\第 6 章\退货、退款原因统计.xlsx"，在"Sheet1"工作表中复制 E2:E14 单元格区域中的数据，并将其粘贴到 I2:I14 单元格区域中。

步骤 2： 单击"数据"选项卡下"数据工具"选项组中的"删除重复值"按钮，弹出"删除重复值"对话框，如图 6-55 所示，保持默认设置，单击"确定"按钮。

图 6-55　"删除重复值"对话框

步骤 3：删除完成后弹出提示对话框，单击"确定"按钮。

步骤 4：复制 I2:I6 单元格区域的数据，选择 J2 单元格，单击"开始"选项卡下"剪贴板"选项组中的"粘贴"下拉按钮，在下拉列表中选择"转置"选项，如图 6-56 所示。

图 6-56　转置粘贴数据

步骤 5：选择 I2:I6 单元格区域，单击"开始"选项卡下"编辑"选项组中的"清除"下拉按钮，在下拉列表中选择"全部清除"选项。

步骤 6：选择 J3 单元格，在编辑栏中输入公式"=COUNTIF($E$2:$E$14,J2)"，按 Ctrl+Enter组合键确认，对退货/退款原因进行统计。拖动 J3 单元格的填充柄至 N3 单元格，统计其他退货/退款原因，如图 6-57 所示。

步骤 7：选择 J2:N3 单元格区域，单击"插入"选项卡下"图表"选项组中的"插入饼图或圆环图"下拉按钮，在下拉列表中选择"饼图"选项，插入饼图。

步骤 8：适当调整图表的位置和大小，然后根据需要对图表进行美化，效果如图 6-58 所示。

图 6-57　统计退货/退款原因

图 6-58　图表最终效果

【课堂实操 6-12】商品退货、退款原因分析

步骤 1：打开文件"案例素材\第 6 章\退货、退款原因分析.xlsx"，在"Sheet1"工作表中选择E1:G14 单元格区域，然后单击"插入"选项卡下"表格"选项组中的"数据透视表"按钮，弹出"来自表格或区域的数据透视表"对话框；选中"新工作表"单选项，如图 6-59 所示，然后单击"确定"按钮。

步骤 2：系统自动在新工作表中创建空白的数据透视表，并打开"数据透视表字段"窗格；将"全部/部分退款"和"退货/退款原因"字段拖至"行"区域，将"退款金额/元"字段拖至"值"区域，如图 6-60 所示。

图 6-59　创建数据透视表

步骤 3：选择"求和项:退款金额/元"列的任意单元格并单击鼠标右键，在弹出的快捷菜单中选择"值显示方式">"总计的百分比"命令，以总计的百分比形式显示退款金额，如图 6-61 所示。

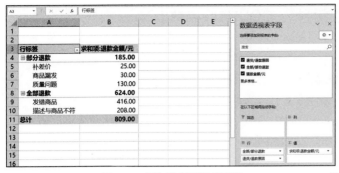

图 6-60　添加数据透视表字段

行标签	求和项:退款金额/元
部分退款	22.87%
补差价	3.09%
商品漏发	3.71%
质量问题	16.07%
全部退款	77.13%
发错商品	51.42%
描述与商品不符	25.71%
总计	100.00%

图 6-61　以总计的百分比形式显示退款金额

步骤 4：选择“求和项:退款金额/元”列的任意单元格并右击，在弹出的快捷菜单中选择“值显示方式”>“父行汇总的百分比”命令，以父行汇总的百分比形式显示退款金额，如图 6-62 所示。此时，“求和项:退款金额/元”列按退款类别显示百分比值，企业可据此对商品退货、退款的原因进行分析。

行标签	求和项:退款金额/元
部分退款	22.87%
补差价	13.51%
商品漏发	16.22%
质量问题	70.27%
全部退款	77.13%
发错商品	66.67%
描述与商品不符	33.33%
总计	100.00%

图 6-62　以父行总计的百分比形式显示退款金额

6.1.6　商品评价分析

商品评价分析是商品数据分析中的重要环节，它有助于商家了解消费者对商品的满意度、偏好及产品可能存在的问题。通过商品评价分析，商家可以及时调整店铺的服务和销售策略等。有效的商品评价可以促进其他消费者下单，从而提高商品成交转化率。通过商品评价分析，商家可以更好地理解消费者的需求和偏好，及时调整商业策略，提高商品质量和服务水平，从而在激烈的市场竞争中获得优势。

【课堂实操 6-13】商品评价分析

步骤 1：打开文件“案例素材\第 6 章\商品评价表.xlsx”，选择 F2 单元格，单击“公式”选项卡下“函数库”选项组中的“自动求和”下拉按钮，在下拉列表中选择“其他函数”选项，打开“插入函数”对话框。

步骤 2：在“插入函数”对话框的“或选择类别”下拉列表中选择“统计”选项，在“选择函数”列表框中选择“COUNTIF”选项，如图 6-63 所示，然后单击“确定”按钮，打开“函数参数”对话框。

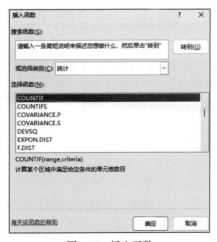

图 6-63　插入函数

【课堂解疑——COUNTIF 函数】

作用：统计满足指定条件的单元格的数量。

语法：COUNTIF(Range,Criteria)。

（1）Range：需要统计的单元格区域。

（2）Criteria：需要定义的条件，条件形式可以为数字、表达式、单元格引用或文本。

✍ **步骤 3**：将光标定位到"Range"文本框中，在工作表中选择 B2:B23 单元格区域。

✍ **步骤 4**：在"Range"文本框中选中单元格引用"B2:B23"，然后按 F4 键将其转换为绝对引用。在"Criteria"文本框中输入"E2"，如图 6-64 所示，然后单击"确定"按钮。

✍ **步骤 5**：此时即可查看好评计数结果。拖动 F2 单元格的填充柄至 F4 单元格，统计中评数和差评数，如图 6-65 所示。

✍ **步骤 6**：选择 E2:F4 单元格区域，单击"插入"选项卡下"图表"选项组中的"插入饼图或圆环图"下拉按钮，在下拉列表中选择"饼图"选项，插入饼图。单击"图表工具"下"图表设计"选项卡下"图表布局"选项组中的"快速布局"下拉按钮，在下拉列表中选择"布局 1"选项。

图 6-64 设置 COUNTIF 函数的参数

✍ **步骤 7**：选中图表标题，在编辑栏中输入"="，然后选择 E1 单元格，按 Ctrl+Enter 组合键确认，为图表标题创建单元格链接。在"开始"选项卡下"字体"选项组中设置图表标题的字体格式为微软雅黑、18 磅、加粗。设置数据标签的字体格式为微软雅黑、11 磅、加粗，然后适当调整其位置，完成商品评价图表的制作，如图 6-66 所示。

上半月评价分析	
好评	16
中评	4
差评	2

图 6-65 统计中评数和差评数

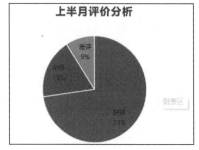

图 6-66 图表最终效果

6.2 商品采购成本分析

商品采购成本是企业经营成本的重要组成部分，对采购成本进行分析与控制，是企业持续发展和利润增长的重要保障。商品采购成本直接影响企业投入成本、盈利水平及采购渠道的选择等，商品采购成本分析可以为企业制定商品采购计划和销售策略提供数据支持，使资金得到有效利用。

6.2.1 商品成本价格分析

商品成本价格分析是企业在确定商品价格时必须进行的重要工作，它直接影响企业的盈利能力和市场地位，是企业经营管理中的关键环节之一。商品成本价格受很多因素的影响，如市场需求、原材料价格、劳动力成本等，因此，企业需要持续对成本进行监控和分析，以及时调整价格策略。由于商品的成本价格是随时间动态变化的，因此企业需要根据最新的成本价格进行趋势分析。动态变化的图表能随数据源的改变而自动更新，只展示最近一段时间的成本价格数据。

【课堂实操 6-14】商品成本价格分析

🖋 **步骤 1**：打开文件"案例素材\第 6 章\商品成本价格分析.xlsx"，单击"公式"选项卡下"定义的名称"选项组中的"定义名称"按钮，弹出"新建名称"对话框。

6-2　商品成本价格分析

🖋 **步骤 2**：在"名称"文本框中输入"成本价格"，在"引用位置"文本框中输入公式"=OFFSET(Sheet1!\$C\$2,COUNT(Sheet1!\$C:\$C)-10,,10)"，如图 6-67 所示，然后单击"确定"按钮。

图 6-67　定义"成本价格"名称

【课堂解疑——OFFSET 函数】

OFFSET 函数的作用是从基准单元格出发，向下（或向上）偏移一定的行，向右（或向左）偏移一定的列，到达新的单元格，然后引用这个单元格，或者引用以这个单元格为顶点，指定行数、指定列数的单元格区域。

OFFSET 函数的语法为：OFFSET(reference,rows,cols,[height],[width])。

reference 指基准单元格。

rows 指偏移的行数。如果是正数，则向下偏移；如果是负数，则向上偏移。

cols 指偏移的列数。如果是正数，则向右偏移；如果是负数，则向左偏移。

[height]指新单元格区域的行数。新单元格区域指基准单元格偏移后的位置。

[width]指新单元格区域的列数。

注意，当省略最后两个参数时，OFFSET 函数只引用一个单元格，得到的是该单元格的值；当设置最后两个参数时，OFFSET 函数引用的是一个新的单元格区域。例如，公式"=OFFSET(A1,3,2)"表示 A1 单元格向下偏移 3 行，到达 A4 单元格，再向右偏移 2 列，到达 C4 单元格，返回的结果是 C4 单元格的值；公式"=OFFSET(A1,3,2,3,2)"表示 A1 单元格向下偏移 3 行，再向右偏移 2 列，到达 C4 单元格，再以 C4 单元格为基准，向下引用 3 行，向右引用 2 列，得到新的单元格区域 C4:E7。

🖋 **步骤 3**：再次单击"公式"选项卡下"定义的名称"选项组中的"定义名称"按钮，打开"新建名称"对话框，在"名称"文本框中输入"日期"，在"引用位置"文本框中输入公式"=OFFSET(成本价格,,-1)"，如图 6-68 所示，然后单击"确定"按钮。

🖋 **步骤 4**：选择 B2:C11 单元格区域，单击"插入"选项卡下"图表"选项组中的"插入折线图或面积图"下拉按钮，在下拉列表中选择"折线图"选项，插入折线图。将图表移动到合适的位置，并修改图表标题为"近 10 天成本价格走势"，如图 6-69 所示。

图 6-68　定义"日期"名称

🖋 **步骤 5**：选中图表，单击"图表设计"选项卡下"数据"选项组中的"选择数据"按钮，弹出"选择数据源"对话框，选中"图例项（系列）"列表框中的"系列 1"复选框，如图 6-70 所示，然后单击"编辑"按钮。

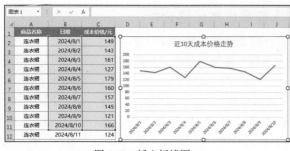

图 6-69　插入折线图　　　　　　　　　　图 6-70　编辑数据源

📖　**步骤6**：弹出"编辑数据系列"对话框，设置"系列名称"为C1单元格，选中"系列值"文本框中引用的单元格区域"\$C\$2:\$C\$11"，如图 6-71（a）所示；按 F3 键，弹出"粘贴名称"对话框，选择"成本价格"选项，如图 6-71（b）所示，然后单击"确定"按钮；返回"编辑数据系列"对话框，引用的单元格区域变为"成本价格"字样，如图 6-71（c）所示，单击"确定"按钮。

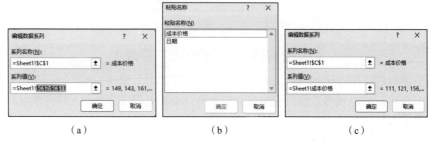

（a）　　　　　　　　　　　（b）　　　　　　　　　　　（c）

图 6-71　编辑数据系列

📖　**步骤7**：返回"选择数据源"对话框，在"水平（分类）轴标签"设置区中单击"编辑"按钮，弹出"轴标签"对话框。在"轴标签区域"文本框中选中引用的单元格区域"\$B\$2:\$B\$11"，如图 6-72 所示。按 F3 键，弹出"粘贴名称"对话框，选择"日期"选项，然后单击"确定"按钮，返回"轴标签"对话框，引用的单元格区域变为"日期"字样，如图 6-73 所示。依次单击"确定"按钮，返回工作表。

图 6-72　"轴标签"对话框　　　　　　　图 6-73　名称粘贴效果

此时可以看到图表显示数据区域中近 10 天的数据，如图 6-74 所示，并且图表将随数据源的改变而自动更新。

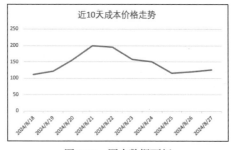

图 6-74　图表数据更新

步骤 8：在图表的横坐标轴上单击鼠标右键，在弹出的快捷菜单中选择"设置坐标轴格式"命令，打开"设置坐标轴格式"窗格，在"坐标轴选项"选项卡"数字"选项组的"类别"下拉列表中选择"日期"选项，在"类型"下拉列表中选择所需的日期类型（如"3/7"）。单击"关闭"按钮，关闭"设置坐标轴格式"窗格。保持图表的选中状态，单击"图表设计"选项卡下"图表布局"选项组中的"添加图表元素"下拉按钮，在下拉列表中选择"数据标签" > "下方"选项，使数据标签显示在数据点下方，再次在下拉列表中选择"图例" > "顶部"为图表添加图例，效果如图 6-75 所示。

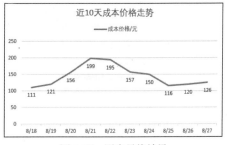

图 6-75　图表最终效果

6.2.2　商品采购时间分析

商品采购时间分析涉及对何时采购商品进行评估，以确保企业能够在合适的时机以最低的价格获取所需的商品。

商品的采购价格不是一成不变的，会受到很多因素的影响而上下波动，因此价格是商品采购时间分析的重要考虑因素。企业需要关注商品价格的波动情况，把握好采购的时机，在价格相对较低的时期进行采购，争取最大限度地降低采购成本，进而提升店铺的销售利润。

【课堂实操 6-15】商品采购时间分析

步骤 1：打开文件"案例素材\第 6 章\商品采购时间分析.xlsx"，在"Sheet1"工作表中选择 E2 单元格，然后单击"公式"选项卡下"函数库"选项组中的"自动求和"下拉按钮，在下拉列表中选择"平均值"选项。在编辑栏中将 AVERAGE 函数的参数改为 D2:D16 单元格区域，然后按 F4 键将其转换为绝对引用，按 Ctrl+Enter 组合键确认，计算平均价格。将鼠标指针置于 E2 单元格右下角，双击填充柄，系统会自动计算出其他采购订单的平均价格，如图 6-76 所示。

图 6-76　计算平均价格

【课堂解疑——AVERAGE 函数】

作用：计算指定数字、单元格或单元格区域的平均值。

语法：AVERAGE(number1,[number2])。

（1）number1：必需参数，表示要计算平均值的第一个数字、单元格引用或单元格区域。

（2）number2：可选参数，表示要计算平均值的其他数字、单元格引用或单元格区域，最多可包含 255 个。

步骤 2：选择 B1:B16 单元格区域，然后按住 Ctrl 键选择 D1:E16 单元格区域，单击"插入"选项卡下"图表"选项组中的"插入折线图或面积图"下拉按钮，在下拉列表中选择"带数据标记的折线图"选项，插入折线图。将图表移到合适位置，修改图表标题为"商品采购时间分析"，并设置其字体格式为微软雅黑、20 磅、加粗。

步骤 3：在图表的纵坐标轴上单击鼠标右键，在弹出的快捷菜单中选择"设置坐标轴格式"命令，打开"设置坐标轴格式"窗格。在"坐标轴选项"选项卡"边界"选项组的"最小值"文本框中输入"150"，在"最大值"文本框中输入"250"；在"单位"选项组中的"大"文本框中输入"20"，在"小"文本框中输入"4"，然后单击"关闭"按钮，效果如图 6-77 所示。

步骤4：选中"平均价格"数据系列并单击鼠标右键，在弹出的快捷菜单中选择"设置数据系列格式"命令，打开"设置数据系列格式"窗格。在"系列选项"选项卡下"线条"选项组的"短划线类型"下拉列表中选择需要的样式，然后单击"关闭"按钮。设置完成后，图表会直观地展示出单价与平均价格的变化趋势，如图6-78所示。

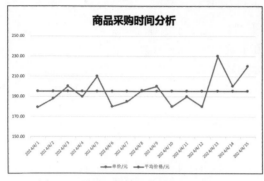

图6-77　设置坐标轴格式后的图表效果

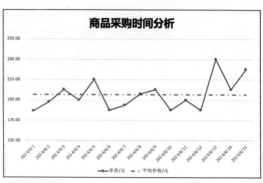

图6-78　图表最终效果

6.2.3　商品采购金额预测

商品采购金额预测是企业采购管理中的重要环节，能够帮助企业实现采购的精准化、高效化。商品采购金额预测是指对未来一定时期内商品市场的供求关系及其变化趋势进行预测。通过商品采购金额预测，企业能够制订合理的采购计划，避免采购过多或过少导致资源浪费或生产中断。

移动平均法基于最新的实际数据预测未来一期或几期内的数据，是一种简单的平滑预测技术，可以根据时间序列资料、逐项推移，依次计算包含一定项数的序时平均值，以反映发展的长期趋势。企业可以使用移动平均法对未来一段时间内（如下个月、下一年）的采购金额进行预测，以便进行采购资金的准备和规划。

【课堂实操6-16】采购金额预测

步骤1：打开文件"案例素材\第6章\采购金额预测.xlsx"，在"Sheet1"工作表中选择C3单元格，在编辑栏中输入公式"=(B3-B2)/B2"，按Ctrl+Enter组合键确认，计算2019年的成本增减率。拖动C3单元格的填充柄至C7单元格，计算出其他年份的成本增减率，如图6-79所示。

	A	B	C
1	年份	投入成本/元	成本增减率
2	2018	125000.00	16.00%
3	2019	96000.00	-23.20%
4	2020	138000.00	43.75%
5	2021	166000.00	20.29%
6	2022	205000.00	23.49%
7	2023	189000.00	-7.80%

图6-79　计算成本增减率

步骤2：单击"文件"选项卡中的"选项"选项，弹出"Excel选项"对话框，在左侧列表中选择"加载项"选项，如图6-80（a）所示，在右侧单击"转到"按钮；弹出"加载项"对话框，选中"分析工具库"复选框，如图6-80（b）所示，然后单击"确定"按钮。

步骤3：单击"数据"选项卡下"分析"选项组中的"数据分析"按钮，弹出"数据分析"对话框，在"分析工具"列表框中选择"移动平均"选项，如图6-81所示，然后单击"确定"按钮。

步骤4：弹出"移动平均"对话框，设置"输入区域"为C2:C7单元格区域，设置"输出区域"为D2:D7单元格区域，选中"图表输出"复选框，如图6-82所示，然后单击"确定"按钮，在工作表中插入带数据标记的折线图。

步骤5：为图表添加数据标签，使其显示在数据点下方，效果如图6-83所示。

步骤6：选择C10单元格，在编辑栏中输入公式"=B7*(1+D7)"，按Ctrl+Enter组合键确认，计算出预测金额，如图6-84所示。

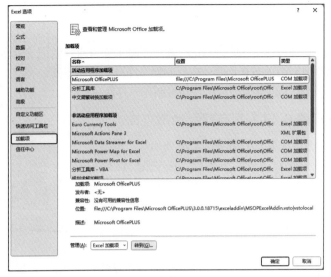

（a）

（b）

图 6-80 管理 Excel 加载项

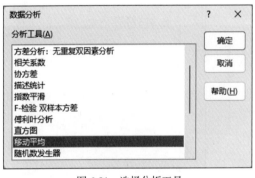

图 6-81 选择分析工具

图 6-82 设置移动平均参数

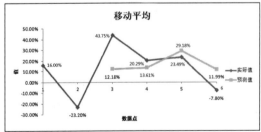

图 6-83 添加数据标签后的图表效果

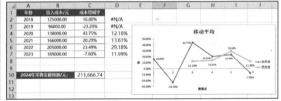

图 6-84 计算预测金额

6.3 商品库存数据分析

　　库存是电商企业运营中商品采购与销售的中转站，用于保证商品的及时供应，防止供货短缺或中断。良好的库存管理是企业高效运转和盈利的关键。如果库存太多，出现商品积压，可能导致企业资金不能正常周转；如果库存过少，可能会因为缺货而影响日常的销售。通过商品库存数据分析，企业可以了解商品库存情况，从而判断商品结构是否完善、商品是否需要补货等。所以企业需要定期对库存数据进行分析，以制定合理的库存管理策略。

6.3.1 制作库存商品动态查询表

对商品库存数据进行查询是库存管理过程中经常进行的工作。当查询项目或数据记录很多时，挨个查找费时又费力，这时制作库存数据的动态查询表就很有必要。库存商品动态查询表能根据筛选条件显示相应的库存商品。在 Excel 中，可以使用窗体控件来制作库存商品动态查询表。

【课堂实操 6-17】库存商品动态查询

步骤 1：打开文件"案例素材\第 6 章\库存商品动态查询.xlsx"，单击"文件"选项卡中的"选项"选项，弹出"Excel 选项"对话框，在左侧列表中选择"自定义功能区"选项，在右侧的列表框中选中"开发工具"复选框，如图 6-85 所示，然后单击"确定"按钮。

6-3 库存商品动态查询

步骤 2：单击"开发工具"选项卡下"控件"选项组中的"插入"下拉按钮，在下拉列表中选择"组合框（窗体控件）"选项，如图 6-86 所示。

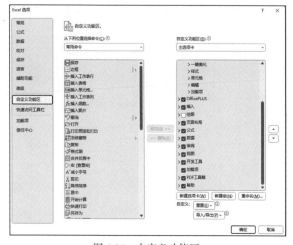

图 6-85 自定义功能区

图 6-86 插入组合框控件

步骤 3：在图表右上方的合适位置绘制组合框，然后在组合框控件上单击鼠标右键，在弹出的快捷菜单中选择"设置控件格式"命令，如图 6-87 所示。

步骤 4：弹出"设置对象格式"对话框，切换到"控制"选项卡，设置"数据源区域""单元格链接""下拉显示项数"等参数，如图 6-88 所示，然后单击"确定"按钮。

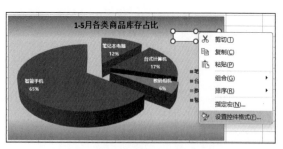

图 6-87 选择"设置控件格式"命令

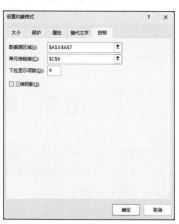

图 6-88 设置控制参数

步骤 5：单击组合框右侧的下拉按钮，在下拉列表中根据需要选择月份，C9 单元格中会显示相应的序号。选择 B2:E2 单元格区域，按 Ctrl+C 组合键复制数据；选择 D8 单元格，按 Ctrl+V 组合键粘贴数据，单击 G8 单元格右下角的"粘贴选项"下拉按钮，在下拉列表中选择"粘贴链接"选项，如图 6-89 所示。

步骤 6：选择 D9 单元格，在编辑栏中输入公式"=INDEX(B3:B7,$C$9)"，按 Ctrl+Enter 组合键确认，拖动 D9 单元格的填充柄至 G9 单元格，将公式填充到右侧的单元格中，如图 6-90 所示。

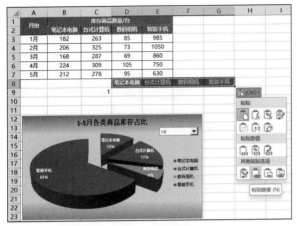

图 6-89　选择"粘贴链接"选项

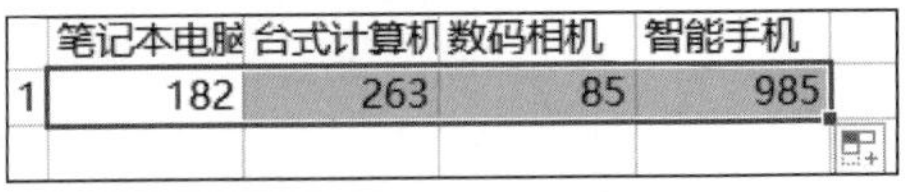

图 6-90　填充公式

步骤 7：在图表上单击鼠标右键，在弹出的快捷菜单中选择"选择数据"命令，弹出"选择数据源"对话框，在"图例项（系列）"列表框中选中"5 月"复选框，然后单击"删除"按钮。采用同样的方法依次删除"4 月""3 月""2 月"系列，如图 6-91 所示，选中"1 月"复选框，然后单击"编辑"按钮。

步骤 8：弹出"编辑数据系列"对话框，删除"系列值"文本框中的原有参数，然后在工作表中选择 D9:G9 单元格区域，如图 6-92 所示，依次单击"确定"按钮。

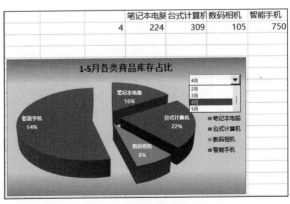

图 6-91　删除系列

步骤 9：单击组合框右侧的下拉按钮，在下拉列表中选择月份，此时图表内容会随所选月份变化，如图 6-93 所示。

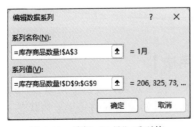

图 6-92　编辑"1 月"系列值

图 6-93　图表效果

6.3.2 商品库存数量分析

商品库存数量分析是企业库存管理中的关键环节，其目的是确保库存水平既能满足市场需求，又不至于造成商品积压。在企业运营过程中，商品的库存数量要适中，既要保证供应充足，又不能有太多的积压商品，企业可以对一段时间内的商品库存数量进行分析，以便制订合理的采购计划。在分析库存状况时，企业可将销售库存与标准库存进行对比，通过二者差距对库存情况进行判断并采取相应措施。

【课堂实操 6-18】商品库存数量分析

📎 **步骤 1**：打开文件"案例素材\第 6 章\商品库存数量分析.xlsx"，选择任意非空单元格，单击"数据"选项卡下"排序和筛选"选项组中的"筛选"按钮。单击"商品名称"下拉按钮，在下拉列表中取消选中"保湿霜"和"爽肤水"复选框，然后单击"确定"按钮，效果如图 6-94 所示。

	A	B	C	D	E	F	G	H
1	商品名称	品牌	入库时间	期初数量/件	入库数量/件	出库数量/件	结存数量/件	库存标准量/件
2	洁面乳	Za	2024/5/1	20	50	45	25	23
3	洁面乳	自然堂	2024/5/1	18	45	30	33	20
4	洁面乳	欧莱雅	2024/5/1	20	50	42	28	20
5	洁面乳	韩束	2024/5/1	16	30	40	6	10
6	洁面乳	兰蔻	2024/5/1	25	35	25	35	16
7	洁面乳	雅诗兰黛	2024/5/1	19	30	35	14	10

图 6-94　筛选商品名称

📎 **步骤 2**：选择 G1:H7 单元格区域，单击"插入"选项卡下"图表"选项组中的"插入柱形图或条形图"下拉按钮，在下拉列表中选择"簇状柱形图"选项，插入簇状柱形图。调整图表大小，删除网格线，添加图表标题，如图 6-95 所示。

📎 **步骤 3**：选择 J21 单元格，在编辑栏中输入公式 "=A2&"("&B2&")""，按 Ctrl+Enter 组合键确认，通过拖动 J21 单元格的填充柄将公式填充到该列的其他单元格，如图 6-96 所示。

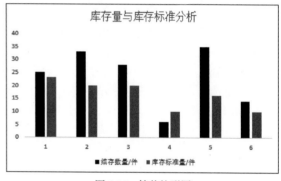

图 6-95　簇状柱形图

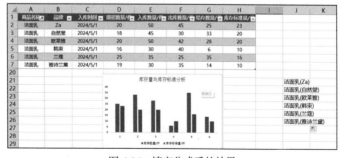

图 6-96　填充公式后的效果

【课堂解疑——"&"的用法】

要将多个单元格的内容合并到一个单元格，可以通过"&"符号实现，语法格式为"=单元格&单元格&单元格"。在步骤 3 中，由于"&"连接的是文本，因此需要使用双引号（半角状态下）把文本引起来。

步骤 4：选中图表并单击鼠标右键，在弹出的快捷菜单中选择"选择数据"命令，弹出"选择数据源"对话框；在"水平（分类）轴标签"设置区中单击"编辑"按钮，如图 6-97 所示，弹出"轴标签"对话框；在"轴标签区域"文本框中删除原有数据，然后在工作表中选择 J21:J26 单元格区域，如图 6-98 所示，依次单击"确定"按钮。此时，轴标签已经改变，如图 6-99 所示。

图 6-97　单击"编辑"按钮

图 6-98　编辑轴标签区域

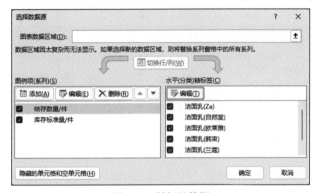

图 6-99　轴标签数据

步骤 5：调整绘图区位置，设置轴标签字体格式，添加数据标签，选择合适的图表样式，完成图表制作，如图 6-100 所示。此时，企业可对库存商品的数量进行分析，结存数量与库存标准量差距较大说明库存过多，结存数量与库存标准量差距不大说明库存适中。

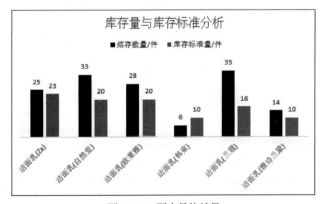

图 6-100　图表最终效果

6.3.3　商品库存预警

对库存数据设置预警的目的是保证库存商品能满足未来一段时间内的销售需求。如果缺货风险较高，企业需要及时进行补货。企业在管理库存商品时，可以对固定单元格设置条件格式，以"信号灯"的方式显示商品是否需要补货，即当库存充裕时显示"绿灯"，当库存不足时显示"红灯"。

【课堂实操6-19】商品库存预警

步骤1： 打开文件"案例素材\第6章\商品库存预警.xlsx"，选择I2单元格，在编辑栏中输入公式"=G2-H2"，按Ctrl+Enter组合键确认。向下拖动I2单元格的填充柄，将公式填充到该列的其他单元格中，单击"自动填充选项"下拉按钮，在下拉列表中选中"不带格式填充"单选项，效果如图6-101所示。

步骤2： 单击"开始"选项卡下"样式"选项组中的"条件格式"下拉按钮，在下拉列表中选择"图标集"选项，在子列表的"形状"组中选择"三色交通灯（无边框）"选项，如图6-102所示。

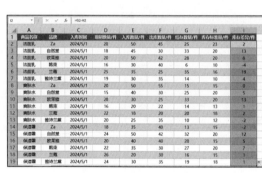
图6-101　计算库存差异

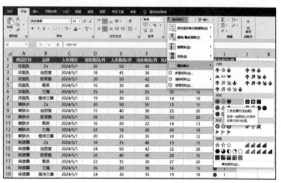
图6-102　应用条件格式

步骤3： 单击"条件格式"下拉按钮，在下拉列表中选择"管理规则"选项，弹出"条件格式规则管理器"对话框，选择"图标集"规则，如图6-103所示，然后单击"编辑规则"按钮。

步骤4： 弹出"编辑格式规则"对话框，单击黄色交通灯右侧的下拉按钮，在下拉列表中选择"无单元格图标"选项；设置"类型"为"数字"，并输入相应的值，如图6-104所示，然后依次单击"确定"按钮。

图6-103　"条件格式规则管理器"对话框

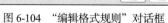
图6-104　"编辑格式规则"对话框

图6-104（彩色）

步骤5： 选择K2单元格，单击"插入"选项卡下"文本"选项组中的"文本框"下拉按钮，在下拉列表中选择"绘制横排文本框"选项。在适当位置按住鼠标左键拖动鼠标，绘制文本框，然后在文本框中输入解释文本，效果如图6-105所示。设置完成后，企业即可根据表中数据显示判断是否需要补货。

	E	F	G	H	I	J	K	L	M	N	O
1	入库数量/件	出库数量/件	结存数量/件	库存标准量/件	库存差异/件						
2	50	45	25	23	● 2						
3	45	30	33	20	● 13						
4	50	42	28	20	8						
5	30	40	6	10	● -4						
6	35	25	35	16	● 19						
7	30	35	14	10	● 4						
8	50	55	15	15	● 0						
9	40	30	25	20	5						
10	30	25	33	20	● 13						
11	20	22	14	13	● 1						
12	18	20	20	18	● 2						
13	25	35	10	12	● -2						
14	35	40	13	15	● -2						
15	50	42	32	20	12						
16	40	40	20	15	5						
17	35	30	27	20	7						
18	20	30	16	15	● 1						
19	30	35	19	18	● 1						

红色图标：库存数量接近或者低于库存标准量，需要及时补充。
绿色图标：库存数量远大于库存标准量，暂时不需要补充。

图 6-105（彩色）

图 6-105　最终效果

6.3.4　库存周转率分析

库存周转率（也称为存货周转率）是衡量企业库存管理效率的关键指标，它反映了特定时间段内库存商品转化为销售的速度。库存周转率具体指某时间段内的出库总金额（总数量）与库存平均金额（或数量）的比率，具体计算公式如下。

库存周转率=期间段出库总金额÷[(期初库存金额+期末库存金额)÷2]×100%

库存周转率高，通常意味着企业能够迅速将库存商品销售出去，销售情况较好，资金回笼快。当库存周转率较低时，库存占用资金较多，库存费用相应增加，资金运用效率差，销售水平较低。

库存周转率分析是优化库存管理、提升运营效率和盈利能力的重要手段，提高库存周转率对企业加快资金周转速度、提高资金利用率和变现能力具有积极的作用。因此企业应定期观察库存周转率随时间的变化趋势，根据库存周转率的变化及时调整库存策略，以减少不必要的库存投资，避免资金占用。

【课堂实操 6-20】库存周转率分析

步骤 1： 打开文件"案例素材\第 6 章\库存周转率表.xlsx"，该工作簿包含"库存周转率"工作表，其中列出了商品入库、出库的金额等，包括"日期""入库金额/元""出库金额/元""月初库存金额/元""月末库存金额/元""平均库存金额/元""库存周转率"7 列数据。

步骤 2： 计算 1 月的月末库存金额（每个月的月末库存金额等于该月的月初库存金额+入库金额-出库金额，每个月的月末库存金额等于下个月的月初库存金额，即 1 月的月末库存金额等于 2 月的月初库存金额，以此类推）。假设 D2（1 月的月初库存金额）单元格的值为 2000，在 E2 单元格中输入公式"=D2+B2-C2"。因为 2 月的月初库存金额等于 1 月的月末库存金额，所以直接在 D3 单元格中输入公式"=E2"。复制公式，得到其他月份的月末库存金额和月初库存金额，如图 6-106 所示。

	A	B	C	D	E	F	G
1	日期	入库金额/元	出库金额/元	月初库存金额/元	月末库存金额/元	平均库存金额/元	库存周转率
2	1月	25000	10000	2000	17000		
3	2月	38000	25000	17000	30000		
4	3月	20000	20000	30000	30000		
5	4月	22000	30000	30000	22000		
6	5月	30000	40000	22000	12000		
7	6月	22000	21000	12000	13000		
8	7月	25000	28900	13000	9100		
9	8月	30000	25060	9100	14040		
10	9月	22000	26000	14040	10040		
11	10月	30000	35000	10040	5040		
12	11月	21000	21150	5040	4890		
13	12月	30000	28000	4890	6890		

图 6-106　月末和月初库存金额计算结果

步骤3：计算平均库存金额。因为平均库存金额=(月初库存金额+月末库存金额)÷2，所以在F2单元格中输入公式"=AVERAGE(D2:E2)"。将鼠标指针置于F2单元格右下角，双击填充柄，系统自动将公式填充到F列的其他单元格。

步骤4：计算库存周转率。因为库存周转率=出库金额÷平均库存金额×100%，所以在G2单元格中输入公式"=C2/F2"。将鼠标指针置于G2单元格右下角，双击填充柄，系统自动将公式填充到G列的其他单元格，设置G列单元格的数字格式为"百分比"，计算结果如图6-107所示。

	A	B	C	D	E	F	G
1	日期	入库金额/元	出库金额/元	月初库存金额/元	月末库存金额/元	平均库存金额/元	库存周转率
2	1月	25000	10000	2000	17000	9500	105%
3	2月	38000	25000	17000	30000	23500	106%
4	3月	20000	20000	30000	30000	30000	67%
5	4月	22000	30000	30000	22000	26000	115%
6	5月	30000	40000	22000	12000	17000	235%
7	6月	22000	21000	12000	13000	12500	168%
8	7月	25000	28900	13000	9100	11050	262%
9	8月	30000	25060	9100	14040	11570	217%
10	9月	22000	26000	14040	10040	12040	216%
11	10月	30000	35000	10040	5040	7540	464%
12	11月	21000	21150	5040	4890	4965	426%
13	12月	30000	28000	4890	6890	5890	475%

图6-107　库存周转率计算结果

步骤5：按住Ctrl键的同时选择"日期"列和"库存周转率"列对应的单元格区域，即选中A1:A13、G1:G13单元格区域。单击"插入"选项卡下"图表"选项组中的"插入折线图或面积图"下拉按钮，在下拉列表中选择"折线图"选项，插入折线图。将折线图移动到合适的位置，修改图表标题为"库存周转率"，如图6-108所示。从图中可以看出库存周转率总体呈上升趋势，3月的库存周转率处于最低点，说明3月的销售情况不理想。

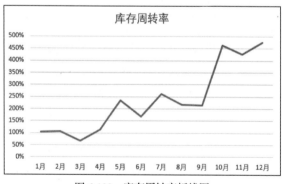

图6-108　库存周转率折线图

实训6　分析商品数据

【实训目标】

通过实训，使学生能够掌握分析商品数据的方法，并运用商务数据分析方法进行数据整理加工和深入分析。

【实训内容】

（1）打开文件"实训素材\第6章\鞋类商品分配方案分析.xlsx"，如图6-109所示。使用"规划求解"工具对商品数量进行合理分配，以获得最大收益。

鞋类商品分配方案分析					
商品名称	商品成本/元	平均售出时间/天	商品毛利/元	商品分配数量/双	毛利合计/元
板鞋	80.00	1.5	50.00		
运动鞋	150.00	2	60.00		
总成本/元	18000.00	实际投入成本/元			
总时间/天	90	实际销售时间/天			
总收益/元					

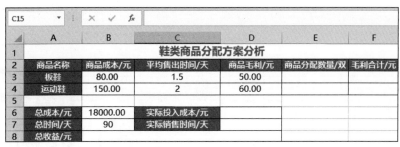

图 6-109　“鞋类商品分配方案分析”工作簿

关键提示如下。

① 使用公式分别计算毛利合计、实际投入成本、实际销售时间和总收益。

② 添加“规划求解”加载项。

③ 设置规划求解参数，添加约束条件，计算规划求解结果。

（2）打开文件“实训素材\第 6 章\2024 年销量预测.xlsx”，如图 6-110 所示。根据近几年的销量数据，使用移动平均法预测 2024 年的销量。

关键提示如下。

① 计算销量增长率。

② 加载“移动平均”分析工具。

③ 输出移动平均值，使用移动平均值预测 2024 年销量。

（3）打开文件“实训素材\第 6 章\商品销量动态查询.xlsx”，如图 6-111 所示。制作商品动态查询表，根据查询结果制作图表，查看各类商品的销售占比。

年份	销量/个	销量增长率
2016	2500	10%
2017	3200	
2018	5000	
2019	8600	
2020	10250	
2021	12280	
2022	14560	
2023	16220	
2024年销量预测：		

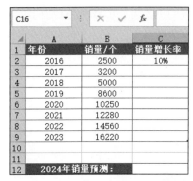

图 6-110　“2024 年销量预测”工作簿

月份	库存商品数量/台			
	笔记本电脑	台式计算机	数码相机	智能手机
1月	120	150	89	98
2月	205	210	108	154
3月	213	180	105	163
4月	185	196	80	89
5月	178	209	79	123

图 6-111　“商品销量动态查询”工作簿

关键提示如下。

① 将“开发工具”选项卡添加到功能区中，插入组合框控件。

② 设置组合框控件格式，设置“数据源区域”为“月份”列数据。

③ 输出月份，使用 INDEX 函数统计商品销量。

④ 插入饼图，将数据标签设置为“百分比”格式。

【实训成果】

3～5 人为一组，以小组为单位完成商品数据分析，并用 Word 或 PPT 展示商品数据分析报告，撰写商务数据分析报告。

第7章 客户数据分析

在客户至上、服务至上的时代，只有让客户满意，企业才能获得长期、稳定的发展。除了质量过硬的商品，优质的客户服务也是企业打造核心竞争优势的重要内容之一。深入分析客户，全面掌握客户的特征与需求，是运营者做好客户管理的必要条件。

【学习目标】

（1）了解客户数据分析的基本概念及其在企业运营中的重要作用。

（2）理解客户分析的概念、客户分析的主要内容、客户分析指标等。

（3）掌握客户忠诚度分析等内容，具备绘制客户画像的能力、基于RFM模型细分客户的能力等。

（4）熟悉客户数据分析工具和方法，具有数据敏感性，能够快速找到问题的关键点并提出解决方案，具备良好的报告编写能力，撰写客户数据分析报告。

【案例导入】

细分客户推动小米手机销量的增长

2011年，小米正式推出小米手机。小米手机虽然是市场的后入者，但依然受到很多粉丝追捧。2021年"双十一"活动中，小米手机在手机品类包揽全平台销量冠军。其中，小米高端旗舰机在淘宝和京东官方旗舰店的销量增长3.6倍，稳居4000元以上价位安卓手机销量第一。

【思考】

1. 小米手机是如何细分客户的?

2. 小米手机的客群与苹果手机的客群有哪些差异?

3. 小米手机的低端机客群与高端机客群各有什么特点?

7.1 客户分析

客户分析是通过分析客户信息总结客户全貌的过程。通过分析客户特征，运营者可以了解客户的消费行为特点、购买需求，从而实现精准营销。通过合理、系统的客户分析，企业可以知道不同的客户各有什么样的需求，了解客户消费特征与经济效益的关系，从而制定最优的运营策略；企业还可以发现潜在客户，从而进一步扩大商业规模。完整的客户分析通常包括客户数据收集、客户特征分析（客户画像）、客户行为分析、客户价值分析、精准营销与效果评估等步骤。根据实际情况的不同，企业在进行客户分析的侧重点也不同，但核心目的都是准确地呈现数据和得出具有指导意义的结论。

7.1.1 客户数据

1. 客户数据收集

客户数据收集是指企业根据各部门的客户数据需求，通过可靠的数据来源与合适的数据收集方式获得、维护、更新客户数据，为后续客户数据分析提供基础数据。

2. 客户数据收集的内容

客户数据主要分为描述性数据、行为性数据和关联性数据 3 种类型。下面分别介绍这 3 种客户数据的具体内容及常用收集方法。

（1）描述性数据

描述性数据主要包含客户的基本属性信息，如个人客户的联系信息、地理信息和人口统计信息等，企业客户的社会经济统计信息等。客户描述性数据包含的主要信息如表 7-1 所示。

表 7-1　　客户描述性数据包含的主要信息

客户类型	信息
个人客户	姓名、地址、性别、出生年月、电话、邮箱、银行账号、工作类型、收入水平、婚姻状况、家庭成员情况、信用情况、客户类型等
企业客户	公司名称、公司基本情况（注册资本、员工数、年销售额、收入及利润等）、经营项目、经营规模、经营时间、信用级别、付款方式，总部及相应机构营业地址、电话、传真，主要联系人姓名、头衔及联系渠道，关键决策人姓名、头衔及联系渠道，公司其他部门和办公室电话，资金实力、固定资产、厂房所有权、发展潜力、经营观念、经营方向、经营政策、内部管理状况、经营历史，等等

描述性数据是描述客户基本属性的静态数据，大多数数据都可以通过工商注册信息、会员卡信息、历史订单等收集到。但是一些基本的客户描述性数据可能涉及客户的隐私，如客户收入等。客户描述性数据最主要的评价指标是数据收集的准确性。

（2）行为性数据

客户的行为性数据包括客户购买服务或商品的记录、客户的消费记录、客户与企业的联络记录，以及客户的消费行为等信息。

客户行为性数据分析可帮助企业的市场营销人员和客户服务人员了解客户的行为和需求等。客户的行为性数据反映了客户的消费选择或决策过程。客户行为性数据包含的主要信息如表 7-2 所示。

表 7-2　　客户行为性数据包含的信息

客户类型	信息
个人客户	1. 购买行为数据：商品名称、货号、购买数量、总金额、平均单价、订单号、订单状态（如待支付、已支付、已发货、已完成等）、支付状态（如支付成功、支付失败、待支付等）、发货状态（如未发货、已发货、已签收等）、下单日期、实付金额（考虑优惠券、折扣后） 2. 促销活动参与：促销活动名称、活动有效期、活动执行时间、参加活动人数、操作人（执行活动的员工）、促销活动反应（如点击率、转化率、客户反馈等）
企业客户	客户类型（分销商、咨询者、商品协作者等）；银行账号、信贷限额及付款情况；购买过程；与其他竞争对手的联系情况等

企业往往记录了大量的客户交易数据。例如，零售企业记录了客户的购物时间、购买的商品类型、购物数量、购物价格等信息；电子商务网站记录了客户购买的商品、交易的时间、购物的频率等；移动通信服务提供商记录了客户的通话时间、通话时长、呼叫客户号码、呼叫状态、通话频率等。

与客户描述性数据不同，客户的行为性数据主要包括客户在消费过程中产生的动态交易数据和在交易过程中产生的辅助信息，需要实时记录和收集。在拥有完备的客户信息收集与管理系统的企业中，客户的交易记录和服务记录非常容易获得。但是需要注意的是，客户的行为性数据并不完全等同于客户的交易和消费记录，企业往往需要对客户的交易记录和消费记录等数据进行必要的处理和分析才能得到客户的行为性数据。

行为性数据一般来源于企业内部交易系统的交易记录、企业呼叫中心的客户服务和客户接触记录、营销活动中收集到的客户响应数据，以及与客户接触的其他销售人员与服务人员收集到的数据。因此，行为性数据可以通过工具软件、企业信息管理系统、访谈、观察等获取。

（3）关联性数据

客户的关联性数据是指与客户行为相关的，反映和影响客户行为和心理等的相关信息。企业记录和维护关联性数据的主要目的是帮助企业的营销人员和客户分析人员深入理解影响客户行为的相关因素。客户关联性数据包含的主要信息如表 7-3 所示。

表 7-3　　　　　　　　　　　　　　客户关联性数据包含的主要信息

客户类型	信息
个人客户	感兴趣的话题、评论内容、品牌偏好、位置偏好、时间偏好等，生活方式、特殊爱好、对企业商品和服务的偏好、对问卷和促销活动的反应、其他商品偏好、试用新商品的倾向等
企业客户	忠诚度指数、潜在消费指数、对新商品的倾向等

客户偏好信息是描述客户的兴趣和爱好的信息，如有些客户喜欢户外运动、有些喜欢旅游、有些喜欢打网球、有些喜欢读书。这些数据有助于企业了解客户的潜在消费需求。

关联性数据可以通过专门的数据调研获得，如通过市场营销调研、客户研究等获得客户的满意度、客户对商品或服务的偏好等。有时需要进行复杂的客户关联分析才能获得客户关联性数据，如客户忠诚度、客户流失倾向、客户终身价值等。获得客户关联性数据通常是客户分析的核心目标。

3. 客户数据收集的方法

对企业来说，有很多渠道和方法获取客户数据，以下是企业收集客户数据的常用方法。

（1）向数据公司租用或购买

数据公司专门收集、整合和分析各类客户的数据和客户属性，其往往与政府及拥有大量数据的相关行业和机构有良好而密切的合作关系。一般情况下，这类公司可以为企业提供成千上万的客户数据列表。在北京、上海、广州、深圳等城市，这类公司发展非常迅速，已经成为数据营销领域的重要角色。

（2）向目录营销与直复营销组织购买

这类组织通常直接给客户打电话或邮寄商品目录，往往掌握最新的客户数据。

（3）从零售商处获取

大型的零售公司通常记录了丰富的客户会员数据，企业可以从它们那里收集客户数据。

（4）从信用卡公司获取

其保存的客户交易历史记录的质量通常较高。

（5）从信用调查公司获取

在国外，有专门从事客户信用调查工作的公司，这类公司一般都愿意出售被调查客户的数据信息。

（6）请专业调查公司调查

在消费品行业、服务行业及其他一些行业中，有许多专注于商品调查的专业调查公司，企业可以与专业调查公司合作，对客户数据进行有针对性的收集。

（7）向消费者研究公司购买

消费者研究公司往往已经分析并构建起复杂的客户消费行为特征信息系统，这类客户信息可以通过购买获取。

（8）与其他相关行业的企业交换

企业可以通过与其他相关行业有大量客户数据的公司进行合作或以交换的方式获取客户数据，如通信公司、航空公司、金融机构、保险公司、旅行社、宾馆、医院等。

（9）通过杂志和报纸获取

一些全国性或区域性杂志和报纸媒体也有大量的客户订阅信息和调查信息。

（10）通过政府机构获取

政府部门拥有大量数据。在数据基础越来越好、数据的管理和应用越来越规范的市场趋势下，政府部门开始有意识地开放这些信息用于商业。例如，官方人口普查信息、政府资助的调查和消费者研究信息，都有助于丰富企业的客户数据列表。

注意事项：

① 在收集客户信息时，企业应确保信息的真实性和可靠性，避免使用虚假或过时的信息。

② 遵守相关法律法规，如《中华人民共和国个人信息保护法》等，保护客户隐私和信息安全。

③ 尊重客户意愿，不得强制收集客户信息或滥用客户信息。

综上所述，企业可以根据自身实际情况和需求，选择合适的收集客户信息的方法，以提高市场竞争力和客户满意度。

7.1.2　客户群体特征分析

客户群体特征分析是从不同维度对客户进行分析，然后总结客户群体特征的过程。通过分析客户群体特征，运营者能够从整体上了解客户的特点，然后根据客户群体特征制定选品策略和营销策略。运营者可以采用"七问"分析法进行客户群体特征分析，分析思路如表 7-4 所示。

表 7-4　　客户群体特征分析思路

七问	说明
何事 （What）	客户浏览、收藏或购买最多的商品是什么，可重点关注店铺内各款商品的浏览量、收藏量和销售量等
何因 （Why）	客户为什么浏览、收藏或购买这些商品，运营者是否对这些商品进行了推广，可重点关注各款商品参与促销活动或付费推广活动的数量
何人 （Who）	购买店铺内商品的客户是谁，重点关注客户的性别比例、年龄结构、地域分布、职业特征等
何时 （When）	大多数客户喜欢在什么时候下单并付款，了解什么时间段是客户访问高峰期、什么时间段是客户下单高峰期等
何地 （Where）	大多数客户是在移动端购物，还是在 PC 端购物，可重点关注 PC 端和移动端的访客数、成交客户数、成交金额、客单价等
如何做 （How）	大多数客户购物时是习惯先将商品加入购物车，还是习惯直接下单付款；是习惯静默下单，还是习惯咨询客服后再下单；是习惯使用支付宝付款，还是习惯使用其他方式付款等
何价 （How much）	大多数客户喜欢购买什么价位的商品，每次购买的数量是多少，每次花费的金额是多少。可重点关注店铺不同价位商品的成交客户数、成交金额，以及店铺的客单价等

【课堂实操 7-1】访客时段分布分析

步骤 1： 打开文件"案例素材\第 7 章\时段分布.xlsx"，创建数据透视表，在"数据透视表字段"窗格中将"统计时段"字段拖至"行"区域，将"访客数"和"下单买家数"字段依次拖至"值"区域，如图 7-1 所示。

步骤 2： 在"插入"选项卡下"图表"选项组中，单击"推荐的图表"按钮，在弹出的对话框左侧选择"组合图"选项，在右侧设置"访客数"数据系列的图表类型为"折线图"，"下单买家数"数据系列的图表类型为"簇状柱形图"，并选中其右侧的"次坐标轴"复选框，如图 7-2 所示，单击"确定"按钮。

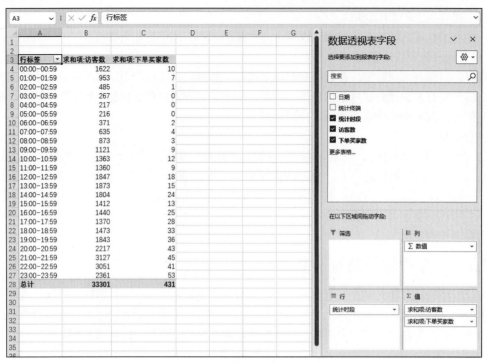

图 7-1　添加数据透视表字段

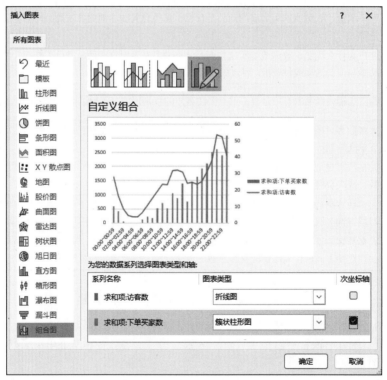

图 7-2　插入组合图

　　📎　**步骤 3**：对图表进行美化，效果如图 7-3 所示，从中可以看出访客最多的时间段为 21:00～21:59，运营者可以在访客高峰时段发布新品。

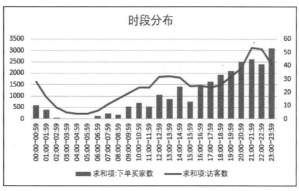

图 7-3　时段分布组合图

【课堂实操 7-2】访客地域分布分析

步骤 1：打开文件"案例素材\第 7 章\地域分布.xlsx"，在"访客数"工作表中创建数据透视表；在"数据透视表字段"窗格中将"地域"字段拖至"行"区域，将"访客数"和"下单转化率"字段依次拖至"值"区域，如图 7-4（a）所示；在数据透视表中对"访客数"字段进行降序排列，设置"下单转化率"的汇总方式为平均值，如图 7-4（b）所示。

（a）　　　　　　　　　　　　　　　　　　（b）

图 7-4　创建数据透视表

步骤 2：单击"行标签"下拉按钮，在下拉列表中选择"值筛选">"前 10 项"选项，在弹出的对话框中设置"依据"为"求和项：访客数"，如图 7-5 所示，然后单击"确定"按钮。

图 7-5　筛选行标签

步骤 3：编辑字段名称，插入组合图，在"插入图表"对话框中选中"访客下单转化率"数据系列的"次坐标轴"复选框，单击"确定"按钮，对图表进行美化，效果如图 7-6 所示。

步骤 4：采用同样的方法为下单买家地域数据创建下单买家地域分布图表，如图 7-7 所示。从中可以看出，下单买家数最多的地区为广东省，运营者可以对该地区进行重点推广，以提高转化率。

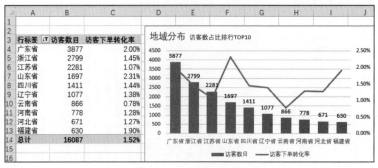

图 7-6　访客地域分布

图 7-7　下单买家地域分布

【课堂实操 7-3】访客特征分布分析

7-1　访客特征分布分析

📝　**步骤 1：** 打开文件"案例素材\第 7 章\特征分布.xlsx"，创建数据透视表，在"数据透视表字段"窗格中将"属性类别"字段拖至"筛选"区域，将"属性名称"字段拖至"行"区域，将"访客数"和"下单转化率"字段依次拖至"值"区域，如图 7-8（a）所示。在数据透视表中的"下单转化率"处单击鼠标右键，在弹出的快捷菜单中选择"值汇总依据"＞"平均值"命令；再次单击鼠标右键，设置数字格式为"百分比"，效果如图 7-8（b）所示。

（a）　　　　　　　　　　　　　　（b）

图 7-8　创建数据透视表

📝　**步骤 2：** 选择 A1 单元格，在"数据透视表分析"选项卡下的"数据透视表"组中单击"选项"下拉按钮，在下拉列表中选择"显示报表筛选页"选项，如图 7-9 所示。

📝　**步骤 3：** 弹出"显示报表筛选页"对话框，选择要显示的报表筛选页字段，这里选择"属性类别"，如图 7-10（a）所示，然后单击"确定"按钮；为每个属性类别创建相应的筛选页透视表，如图 7-10（b）所示。

图 7-9　选择"显示报表筛选页"选项

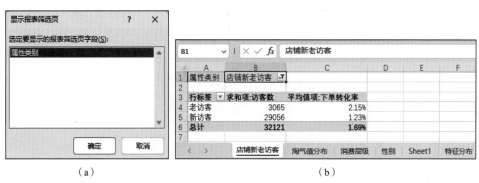

（a）　　　　　　　　　　　　　　　　　　　（b）

图 7-10　创建筛选页透视表

　　　步骤 4：选择"消费层级"工作表，对行标签进行分组设置。选择 A5:A7 单元格并单击鼠标右键，在弹出的快捷菜单中选择"组合"命令，如图 7-11（a）所示，生成"数据组 1"组合；在该组合标题上单击鼠标右键，在弹出的快捷菜单中选择"展开/折叠"＞"折叠整个字段"命令，然后在编辑栏中将"数据组 1"组合重命名为"120.0—240.0"，如图 7-11（b）所示。采用同样的方法创建其他组（注意，这里的数据范围包含左端但不包含右端），如图 7-12 所示。

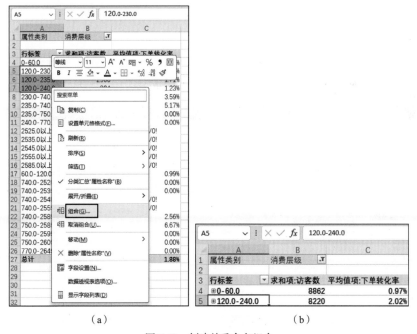

（a）　　　　　　　　　　　　　　　　　　　（b）

图 7-11　创建并重命名组合

	A	B	C
1	属性类别	消费层级	
2			
3	行标签	求和项:访客数	平均值项:下单转化率
4	⊞0-60.0	8862	0.97%
5	⊞60.0-120.0	13809	0.99%
6	⊞120.0-240.0	8220	2.02%
7	⊞240.0-740.0	978	3.08%
8	⊞740.0以上	43	2.54%
9	总计	31912	1.88%

图 7-12　消费层级组合结果

步骤 5：在"数据透视表字段"窗格中将"访客数"字段再次拖至"值"区域，在数据透视表中的该字段上单击鼠标右键，在弹出的快捷菜单中选择"值显示方式">"总计的百分比"命令，如图 7-13 所示。

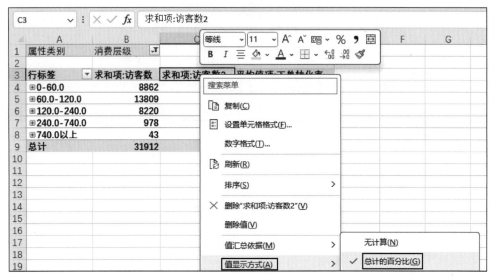

图 7-13　选择"总计的百分比"命令

步骤 6：编辑字段名称为"占比"，然后选中"占比"列的数据，在"开始"选项卡中单击"条件格式"下拉按钮，在下拉列表中选择合适的数据条样式，如图 7-14 所示。

图 7-14　选择数据条样式

步骤 7：采用同样的方法分析店铺客户的"性别"特征，如图 7-15 所示。

步骤 8：采用同样的方法分析店铺客户的"淘气值分布"特征，如图 7-16 所示。

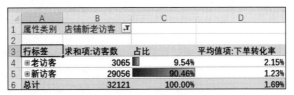

图 7-15　分析店铺客户的"性别"特征　　　　图 7-16　分析店铺客户的"淘气值分布"特征

步骤 9：采用同样的方法分析"店铺新老访客"特征，如图 7-17 所示。

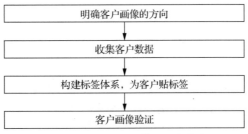

图 7-17　分析"店铺新老访客"特征

7.1.3　客户画像

客户画像是根据客户的社会属性、生活习惯及消费行为等信息生成的标签化客户模型。绘制客户画像的基本步骤如图 7-18 所示。

```
明确客户画像的方向
        ↓
   收集客户数据
        ↓
构建标签体系，为客户贴标签
        ↓
   客户画像验证
```

图 7-18　绘制客户画像的基本步骤

1．明确客户画像的方向

在绘制客户画像前，运营者首先要明确几个问题，即给哪些客户画像、给这些客户画什么像、给这些客户画像的目的是什么、客户画像的分类和预期结果是怎样的。如果运营者没有明确客户画像的方向就开始收集数据，无疑会做很多无用功，浪费人力和资源。

在有足够多的数据做支撑的前提下，运营者可以运用相关软件系统自动生成客户关键信息画像。但为了提高客户画像的体系化和应用性，建议运营者采取人工和软件相结合的方式绘制客户画像，即人工设计客户画像的方向和分类体系，再运用相关软件进行数据收集、建模和分析。

明确客户画像的方向是绘制客户画像的第一步，如同房屋的地基，有了明确的方向，后续的数据收集与分析工作才能顺利开展。

2．收集客户数据

明确客户画像的方向后就可以开始收集客户的相关数据。运营者要做到比客户还了解他们自己，这样才能让所售商品和营销策略满足客户的心理需求。

运营者在收集客户数据时，应以客户为主体，而不是以业务为主体，要先站在客户的角度审视哪些数据可能与交易有关系。一般来说，运营者需收集的客户数据主要有 3 种类型，如表 7-5 所示。

表 7-5 客户数据类型

客户数据类型	具体内容
基本面数据	姓名、性别、联系方式、出生日期、收入水平、职业、所在地区、婚姻状况等
主观面数据	风格喜好、品牌倾向、消费方式倾向、价格敏感度、社交爱好等
交易面数据	点击、发表评论、点赞、搜索、下单、消费水平、已购商品类型、购物频次、购买渠道等

3. 构建标签体系，为客户贴标签

绘制客户画像的核心工作是为客户贴标签。标签是描述客户的基本属性、行为倾向、兴趣偏好等的特征标识，其概括性很强，可以用于简洁地描述和分类人群。

标签通常是人为规定的高度精练的特征标识，如年龄段标签"18～24 岁"、地域标签"上海"。规范、科学的标签一般具有两个特征，即语义和短文，如图 7-19 所示。每个标签通常只有一种含义，在绘制客户画像时，运营者无须再对标签进行过多的文本分析等预处理操作。人们能够很方便地理解每个标签的含义，这保证了客户画像的实际意义和应用价值；标签能够较好地满足业务需求，如能够帮助运营者判断客户行为偏好。

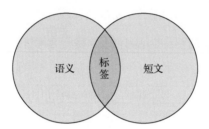

图 7-19　规范、科学的标签的特征

为了更全面地描述客户的特征，运营者可以从基础属性、社会/生活属性、行为习惯、兴趣偏好/倾向、心理学属性及客户关系这 6 个维度来构建客户标签体系，具体内容如表 7-6 所示。

表 7-6 构建客户标签体系的维度及标签内容

维度	标签内容
基础属性	性别、年龄、地域、受教育水平、出生日期、收入水平、健康状况等
社会／生活属性	职业、职务（如工程师、职员、管理者等）、婚姻状况、社交/信息渠道偏好、房屋居住情况（如是租房还是自有房）、车辆使用情况（如有车还是无车）、孩子状况（如是否有孩子，孩子的年龄段等）
行为习惯	常住的城市、日常作息时间、常用的交通方式、经济/理财特征、餐饮习惯、购物习惯（如购物渠道、品牌偏好、购买的商品品类等）、访问的媒体、访问时长等
兴趣偏好/倾向	浏览/收藏内容偏好（如浏览的视频、文章的类型，浏览的电视剧、电影的类型，等等）、音乐偏好（如偏好的音乐类型、歌手等）、旅游偏好（如跟团游、自驾游、穷游、国内游、出境游等）
心理学属性	生活方式（如作息规律、喜欢化妆、喜欢素食、关注健身等）、个性（如性格外向、文艺青年、特立独行、敢于尝新等）、价值观（如崇尚自然、勇于冒险、关注性价比、关注品质等）
客户关系	客户状态（如新客户、活跃客户、流失客户等）、会员状态（如是否是会员、会员等级等）

构建好标签体系后，就可以为客户贴标签了。同一个客户可以贴多个标签，即客户画像可以用标签的集合来表示，且各个标签之间存在一定的联系。图 7-20 所示为客户画像示例。

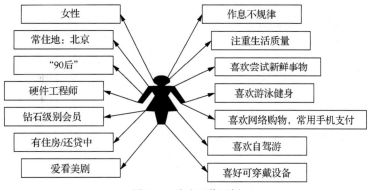

图 7-20　客户画像示例

运营者在给客户贴标签时，需要注意两点：一是该标签是通过大数据分析得出的，二是这些大数据要具有针对性。例如，运营者不能根据某个客户的某一次购买行为或搜索行为，就断定该客户具有某种偏好，而要根据客户多次的购物行为、搜索行为等信息进行综合判断。

4．客户画像验证

客户画像验证即验证给客户贴的标签是否准确。标签有两种类型：一种是有事实标准的，如性别，可以用标准的数据集验证其准确性；另一种是没有事实标准的，如客户的忠诚度，需要运营者使用测试方法（如 AB 测试法）进行验证。

7.2　客户类型分析

在进行客户数据分析时，需要对店铺的新老客户数据、客户价值及客户行为进行分析。通过对店铺客户数据的分析，运营者可以了解和掌握店铺的客户消费现状，从而更好地制订活动方案。

7.2.1　新老客户人数变化走势

新老客户数据分析是指对新客户、老客户、新老客户占比的情况进行数据分析，进而评估店铺的客户情况，为店铺客户运营提供参考依据。

通过对店铺客户数量的走势进行分析，运营者可以判断店铺生意的好坏，以及店铺对客户的吸引力。最为简单的分析方法是对客户人数的变化进行分析。例如，新客户人数不断增加表示店铺经营得不错，受到人们的欢迎；老客户人数不断增加则表示店铺的商品、服务得到了老客户的肯定。可使用拆线图以更加直观地展示客户人数的变化走势。

【课堂实操 7-4】新老客户人数变化走势

　　步骤 1：打开文件"案例素材\第 7 章\新老客户人数变化走势.xlsx"，选择 A2:C32 单元格区域，单击"插入"选项卡下"图表"选项组中的"插入拆线图或面积图"下拉按钮，在下拉列表中选择"二维折线图"中的第 4 个选项，如图 7-21 所示。

　　步骤 2：选择图表，单击"图表设计"选项卡下"图表布局"选项组中的"快速布局"下拉按钮，在下拉列表中选择"布局 3"选项，在"图表样式"组中选择"样式 12"选项。将图表移到合适位置，在图表标题文本框中输入"新老客户人数走势"，如图 7-22 所示。

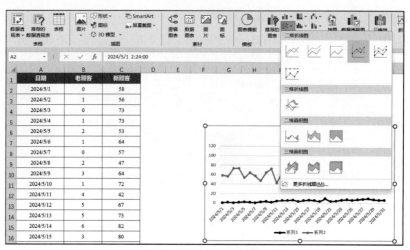

图 7-21　插入二维折线图

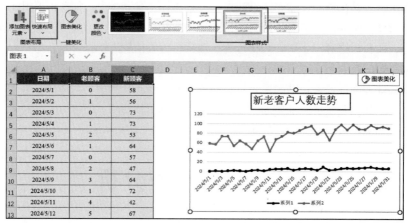

图 7-22　设置图表样式

步骤 3：在"老客户"数据系列上单击鼠标右键，在弹出的快捷菜单中选择"设置数据系列格式"命令，打开"设置数据系列格式"窗格。切换到"系列选项"选项卡，选中"次坐标轴"单选项，如图 7-23 所示。

图 7-23　"系列选项"选项卡

步骤 4：切换到"填充与线条"选项卡，选中"平滑线"复选框，如图 7-24 所示，使"老客户"数据系列的线条平滑显示。对"新客户"数据系列进行同样的操作。

图 7-24　"填充与线条"选项卡

步骤 5：选中添加的次坐标轴，打开"设置坐标轴格式"窗格，切换到"坐标轴选项"选项卡，设置"最小值"为"0.0"，设置"最大值"为"10.0"，如图 7-25 所示，然后单击"关闭"按钮。

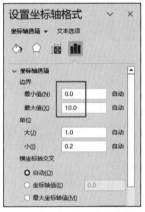

图 7-25　设置坐标轴格式

步骤 6：重命名图中的"系列 1"和"系列 2"数据系列。选中系列 1，单击鼠标右键，在弹出的快捷菜单中选择"选择数据"命令，在打开的"选择数据源"对话框中单击"图例项（系列）"列表框中的"编辑"按钮，在弹出的"编辑数据系列"中为"系列名称"选择相应的单元格，单击"确定"按钮，采用同样的方法为系列 2 重命名，如图 7-26 所示。

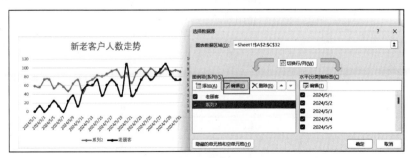

图 7-26　修改数据系列名称

步骤 7：美化图表，效果如图 7-27 所示。

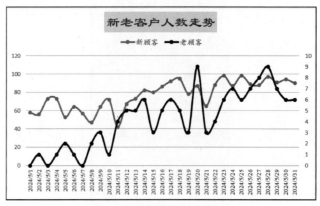

图 7-27　新老客户人数走势图

7.2.2　老客户销售额占比

新客户和老客户都是店铺的重要资源，是店铺得以生存和发展的保证。在经营过程中，老客户的维护不是一个必选项，而是要根据老客户对店铺的销量和销售额的贡献来选择。若老客户销售额占总销售额的比例较大，则必须维护；若其占有比例太小，则无须特意维护。在统计过程中，若销售记录较多，可用条件格式和筛选功能对新老客户的数据进行归类，用 SUBTOTAL 函数进行统计，最后用饼图进行数据展示和分析。

具体分析思路：首先对销售总金额进行标记，有重复下单行为的客户被认定为老客户，标记重复值时可以使用条件格式功能；然后通过单元格颜色筛选，筛选新老客户，并对其销售总金额进行汇总；最后，将新老客户的销售总金额汇总数据制作成饼图。

SUBTOTAL 函数有多种功能，其语法为：SUBTOTAL(Function_num,Ref1,[Ref2],...)。

Function_num：是必需的。用户可以输入数字 1～11 或 101～111，用于指定要使用的函数，数字编号对应的函数如表 7-7 所示。如果输入 1～11，将包括手动隐藏的行；如果输入 101～111，则排除手动隐藏的行；但两者都会排除已筛选掉的单元格。

Ref1：是必需的，指要进行计算的区域或引用。

Ref2：是可选的，指要进行计算的区域或引用。

表 7-7　　　　　　　　　　　　SUBTOTAL 函数中数字编号对应的函数

Function_num 包含手动隐藏值	Function_num 忽略手动隐藏值	函数	函数作用
1	101	AVERAGE	计算平均值
2	102	COUNT	计算数值个数
3	103	COUNTA	计算非空单元格数量
4	104	MAX	求最大值
5	105	MIN	求最小值
6	106	PRODUCT	计算括号内所有数据的乘积
7	107	STDEV	估算样本的标准偏差
8	108	STDEVP	返回样本总体的标准偏差
9	109	SUM	求和
10	110	VAR	计算基于给定样本的方差
11	111	VARP	计算基于样本总体的方差

【课堂实操 7-5】新老客户销售总金额占比分析

步骤 1：打开文件"案例素材\第 7 章\新老客户销售总金额占比分析.xlsx"，选择 B2:B91 单元格区域，单击"开始"选项卡中的"条件格式"下拉按钮，在下拉列表中选择"突出显示单元格规则">"重复值"选项，如图 7-28 所示。

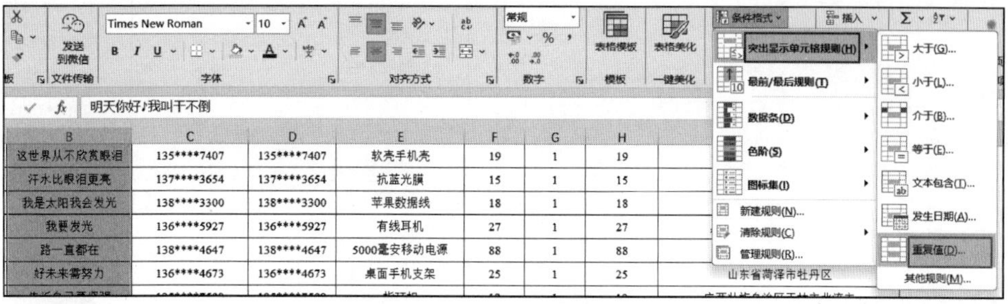

图 7-28 选择"重复值"选项

步骤 2：选择 B2 单元格，单击"数据"选项卡中的"筛选"按钮，工作表进入筛选状态。单击"顾客会员名"下拉按钮，在下拉列表中选择"按颜色筛选"选项，选择浅红色，如图 7-29 所示。

图 7-29 按颜色筛选

图 7-29（彩色）

步骤 3：选择 C94 单元格，在编辑栏中输入公式"=SUBTOTAL(109,H:H)"，如图 7-30 所示，其中 109 对应 SUM 函数。

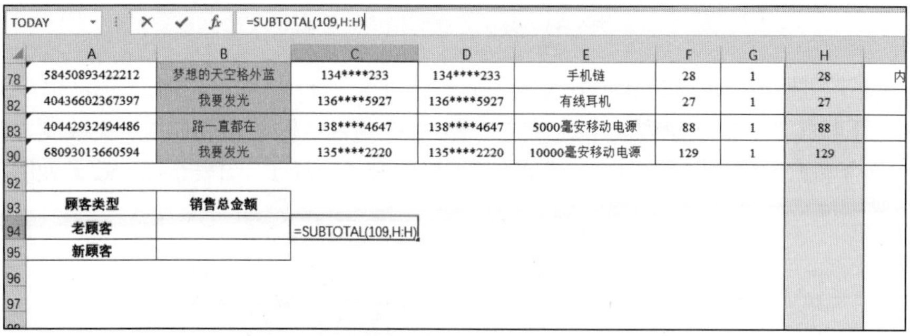

图 7-30 输入公式

步骤 4：按 Ctrl+C 组合键复制 C94 单元格中的函数，然后单击鼠标右键，在弹出的快捷菜单中选择"选择性粘贴"命令，打开"选择性粘贴"对话框，如图 7-31 所示。在"粘贴选项:"

组中选中"数值"单选项，将函数转换为数值（避免随着筛选的切换，数据发生变化），单击"确定"按钮。

✐　**步骤 5**：单击"顾客会员名"下拉按钮，在下拉列表中选择"按颜色筛选">"无填充"选项，如图 7-32 所示，筛选出新顾客的数据。

图 7-31　粘贴为"数值"格式　　　　　　　　图 7-32　筛选出新顾客的数据

✐　**步骤 6**：此时 C94 单元格中的数据为新顾客销售总金额，复制该单元格的数据，将其以"数值"格式粘贴到 B95 单元格，如图 7-33 所示。

	A	B	C
84	49280533536702	好未来需努力	136****4673
85	36228601793824	告诉自己要坚强	135****7509
86	43616633750548	梦想、编织着青春	134****5853
87	63094863578276	没有梦想何必远方	138****1334
88	56837413265244	梦想理应飞翔	138****9901
89	49259873219744	活出别致的高傲	135****1203
91	55568685808763	活给自己看	136****5025
92			
93	顾客类型	销售总金额	
94	老顾客	1,378	2985
95	新顾客	2,985	

C94 ｜ =SUBTOTAL(109,H:H)

图 7-33　复制新顾客销售总金额

✐　**步骤 7**：选择 A94:B95 单元格区域，单击"插入"选项卡下"图表"选项组中的"插入饼图或圆环图"下拉按钮，在下拉列表中选择"三维饼图"选项；调整图表位置，更改图表标题为"新老顾客销售总金额占比分析"，应用"样式 8"图表样式和"布局 1"图表布局，效果如图 7-34 所示。

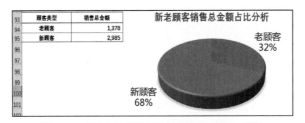

图 7-34　"新老顾客销售总金额占比分析"饼图

步骤 8：美化图表，调整文字大小、位置等，图表最终效果如图 7-35 所示。从该图中可以非常直观地看出老顾客销售总金额仅占 32%。运营者在对当前顾客进行维护的同时，要争取发展更多老顾客。

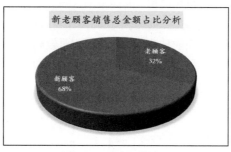

图 7-35　图表最终效果

7.2.3　用 RFM 模型划分客户类型

客户行为分析主要是通过 RFM 模型对客户的行为、活跃度进行分析，分析店铺客户行为可以使店铺运营人员了解店铺客户的活跃度与忠诚度，从而实现店铺客户精细化运营。

1. 认识 RFM 模型

RFM 模型通过对最近一次消费时间间隔（Recency）、消费频率（Frequency）和消费金额（Monetary）进行分析来描述客户价值状况，目的是根据客户活跃程度和对交易金额的贡献，进行客户价值细分。RFM 模型各要素的含义如表 7-8 所示。

表 7-8　　　　　　　　　　　　　　　RFM 模型各要素的含义

RFM 模型的要素	含义
最近一次消费时间间隔（Recency）	客户在店铺内最近一次消费距离现在的时间，用 R 表示。R 值越大，表示客户交易发生的时间距离现在越久；反之，则表示客户交易发生的时间距离现在越近
消费频率（Frequency）	客户在定义的时间段内发生交易的次数，用 F 表示。F 值越大，表示客户交易越频繁，客户越活跃；F 值越小，表示客户交易越不频繁，客户越不活跃
消费金额（Monetary）	客户在定义的时间段内交易的金额，用 M 表示。M 值越大，表示客户价值越高；M 值越小，表示客户价值越低

R（Recency）：最近一次消费时间间隔。这个指标衡量了客户最近一次购买行为距离当前时间点的远近。一般来说，最近一次消费时间越近，说明客户越活跃，对商家来说价值也越高。

F（Frequency）：消费频率。这个指标反映了客户在一定时间段内购买产品或服务的次数。消费频率越高，说明客户对品牌或产品的忠诚度越高，对商家来说也是高价值客户。

M（Monetary）：消费金额。这个指标衡量了客户每次购买或一段时间内累计购买的总金额。消费金额越大，说明客户对商家的贡献度越高，自然也是商家需要重点关注的客户。

2. 运用 RFM 模型划分客户类型的步骤

运用 RFM 模型划分客户类型的具体步骤如下。

（1）确定时间范围

在从客户数据库中提取关于最近一次消费时间间隔、消费频率、消费金额的数据之前，需要根据所销售产品的特性设定合理的时间范围，作为数据提取和分析的基础。对于经营快速消费品的电商企业（如销售日用品的企业），运营者可以选择较短的时间范围（如一个季度或者一个月）来进行数据的提取与分析。如果电商企业主要销售的是使用周期较长的产品（如电子产品），那么运营者就应当考虑将时间范围适当延长（如一年、半年或者一个季度），以确保所提取的数据能够全面反映客户的购买行为和消费习惯。

（2）提取数据

运营者确定时间范围后，就可以提取相应时间范围内的数据。

① 最近一次消费时间间隔：计算客户最近一次购买与当前日期的时间间隔。时间间隔越短，R 值越小，表示客户的购买行为距离当前日期越近，价值相对较高。

② 消费频率：统计客户在一定时间段（如一年）内的购买次数。购买次数越多，F 值越大，表示客户的忠诚度越高。

③ 消费金额：计算客户在一定时间段内的总消费金额。消费金额越大，M 值越大，表示客户的购买力越强。

（3）确定指标标准

对 R、F、M 3 个指标进行标准化处理，以消除量纲和数量级的影响。根据标准化后的得分，对指标进行分组。例如，可以将 R、F、M 各分为 5 个等级，从低到高分别表示不同的价值层次。通常来说，运营者可以将指标的平均值或中值作为区分指标数值高低的标准。

（4）客户细分与 RFM 等级划分

RFM 模型包括 3 个指标，无法用平面坐标图进行展示，运营者可以使用三维坐标系进行展示，x 轴表示 Recency，y 轴表示 Frequency，z 轴表示 Monetary，将空间分为 8 个部分，这样就可以将客户分为 8 种类型，如图 7-36 所示。

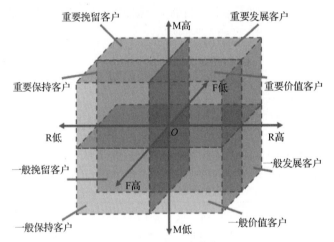

图 7-36　RFM 客户价值象限分类

将客户的 R、F、M 等级组合起来，即可形成 RFM 综合等级。例如，某客户的 RFM 等级为"R3F4M2"，表示该客户的 R 等级为第 3 等级、F 等级为第 4 等级、M 等级为第 2 等级。

将图 7-36 中的内容转换到二维表中，就得到了客户分类等级，如表 7-9 所示。根据 RFM 综合等级，将客户划分为不同的类型，如重要保持客户、重要发展客户、重要挽留客户、一般价值客户等，具体的划分标准可以根据企业的实际情况和业务需求来制定。

表 7-9　　　　　　　　　　　　　　　RFM 模型的客户分类等级

Recency	Frequency	Monetary	客户类型
高	高	高	重要价值客户
高	低	高	重要发展客户

（续表）

Recency	Frequency	Monetary	客户类型
低	高	高	重要保持客户
低	低	高	重要挽留客户
高	高	低	一般价值客户
高	低	低	一般发展客户
低	高	低	一般保持客户
低	低	低	一般挽留客户

（5）制定营销策略

运营者针对不同的客户类型，制定相应的营销策略和行动计划。例如，对于 RFM 等级较高的客户，可以提供更多的优惠和服务，以提高其忠诚度和购买意愿；对于 RFM 等级较低的客户，可以通过促销活动或定制化服务来刺激其消费。

RFM 模型可以用于识别优质客户，有助于企业提供个性化的客户服务，还可以为营销决策提供有力支持，以及衡量客户价值和客户利润创收能力。以下是不同类型客户的管理策略。

① 重要价值客户：为其提供个性化服务和一定的优惠激励，如赠送优惠券、包邮等，以不断增强客户的黏性。

② 重要发展客户：制定以提高客户消费频率为中心的管理策略。通过对企业已有的客户信息数据进行挖掘与分析，找出客户的深层次需求，以此扩大此类客户在企业客户总数中所占的份额，争取将此类客户发展为重要价值客户。

③ 重要保持客户：实施客户亲近策略，强化企业与客户的情感联系，以提高客户的留存率。运营者可以采取多种措施与客户建立亲善的关系。例如，在客户生日当天，除了向客户赠送生日卡或小礼物，还可以让客户购物时在享受原有折扣的基础上再享受一定的优惠；又如，在客户生日当天，客户购买指定型号（款式）的商品可以获得礼品或享受特别折扣，客户购买某类商品可获赠配套商品等。

④ 重要挽留客户：采取客户召回策略。例如，运营者可以向这类客户推送各种促销信息，以刺激他们产生购买欲望。同时，运营者要努力寻找客户不来企业购买商品的原因，并制订合理、有效的解决方案。

⑤ 一般价值客户：刺激客户消费，努力提高客户的客单价。例如，运营者可以为他们提供购买折扣、包邮等优惠，以刺激他们消费。

⑥ 一般发展客户：通过收集并分析客户历史订单信息，了解客户的消费偏好，深度挖掘客户需求，为其提供能够满足他们真正需求的商品和服务。

⑦ 一般保持客户：采取流失召回策略。运营者可以通过为客户提供优惠和折扣，加深与客户之间的联系。

⑧ 一般挽留客户：减少为此类客户提供服务，或者向此类客户开展营销活动，如果企业资源有限，运营者可以考虑直接放弃此类客户。

3. RFM 模型的应用

RFM 模型作为衡量客户价值和客户创利能力的核心工具，在客户关系管理系统中发挥着至关重要的作用。该模型通过深入分析客户的最近一次消费时间间隔（Recency）、购买频率（Frequency）及消费金额（Monetary）这三个关键维度，全面描绘客户的价值轮廓。

RFM 模型的应用范围极为广泛，不仅适用于生产多种、单价相对较低的商品的企业，如消费品、化妆品、小家电及超市等，还适用于那些主要销售少数耐用商品，其中包含消耗品的企业，如复印机、打印机销售商及汽车维修服务提供商等。此外，RFM模型在加油站、旅行保险、运输、快递服务、快餐连锁、KTV娱乐场所、移动通信服务提供商、信用卡发行机构及证券公司等行业同样展现了强大的适用性。通过RFM模型对各因素比例的精确计算，企业能够实施更加精准有效的营销策略。具体而言，企业可以根据客户的RFM得分，将客户细分为不同的价值群体，并针对不同群体制定差异化的营销策略，如提供个性化的优惠、增强客户忠诚度计划、优化客户服务体验等，从而最大化客户价值，提升整体业务绩效。RFM模型在明确各因素权重后，能够指导企业实施精准营销策略，具体应用细节如下。

（1）客户价值识别

运营者通过进行RFM分析，可定位最具价值的客户群及潜在客户群。对于最具价值的客户群，应提高其品牌忠诚度；对于潜在客户群，应开展主动营销，促使其购买。在营销预算少的情况下可考虑不对价值低的客户群进行营销推广。

运营者通过因子分析，研究影响客户重复购买的因素，并根据分析结果调整产品或市场定位。

（2）客户行为指标跟踪

系统会自动追踪客户行为来源，细致分类访客渠道。结合数据采集与处理、建模分析及结果解读三大流程，对付费搜索、自然搜索、合作伙伴、广告横幅、邮件营销等多种营销渠道进行效果评估与跟踪，实现营销投入产出的精细化管理。

运营者通过营销效用精准化，可以理解不同用户群体对特定媒体渠道的偏好及互动模式，包括其跨平台行为、访问路径及在网站内的活动。据此，按地理位置或用户特征定制个性化营销目标，提高营销的针对性和有效性。

（3）个性化关联分析

运营者通过对客户的购买行为、浏览行为等进行分析，了解客户群需求相似程度、产品相似度等。

4. 使用RFM模型分析客户数据

使用RFM模型对客户数据进行分析后，企业可以轻松地将客户划分为不同的类型，包括重要价值客户、重要发展客户、重要保持客户和重要挽留客户等。这有助于企业识别最近购买过产品或服务且消费频繁、消费金额高的重要客户，从而为其提供个性化服务，提高其忠诚度。同时，企业可通过RFM模型识别出需要挽留的客户群体，从而合理分配营销资源，实现精准营销，最终提高客户满意度和企业盈利能力。

【课堂实操7-6】使用RFM模型分析客户数据

✎　**步骤1**：打开文件"案例素材\第7章\RFM模型分析.xlsx"，在"上次交易时间"列右侧插入"时间间隔R"列，在C2单元格中输入公式"="2024-4-1"-B2"计算时间间隔，并通过拖动填充柄填充该列数据，计算结果如图7-37所示。

上次交易时间	时间间隔R	交易笔数F	交易总额M
2024/2/1	60	3	6189.30
2024/2/1	60	9	8238.60
2024/2/26	35	9	8238.60
2024/2/18	43	3	6189.30
2024/2/4	57	4	2049.30
2024/2/2	59	9	14158.80
2024/2/26	35	4	2670.30
2024/2/25	36	7	2049.30
2024/2/11	50	5	2670.30
2024/2/2	59	5	4119.30
2024/2/2	59	7	8238.60

图7-37 "时间间隔R"列计算结果

7-2　使用RFM模型
分析客户数据

步骤 2：此处的"时间间隔 R"对应最近一次消费时间间隔，"交易笔数 F"对应消费频率，"交易总额 M"对应消费金额。完成数据整理后对这 3 个指标按平均值进行划分，利用 AVERAGE 函数计算出各自的平均值，计算结果如图 7-38 所示。

	B	C	D	E
	上次交易时间	时间间隔R	交易笔数F	交易总额M
	2024/2/28	33	7	5340.60
	2024/2/27	34	9	10681.20
	2024/2/26	35	3	8010.90
	2024/2/25	36	7	2670.30
	2024/2/25	36	4	2670.30
	2024/2/24	37		2670.30
	平均值	47.70	5.88	6263.61

图 7-38　各指标的平均值

步骤 3：利用 IF 函数将每个客户的各指标数据与对应的平均值进行比较。R 值如果小于平均值，则评价为"高"；如果大于或等于平均值，则评价为"低"。另外两个指标数据如果大于或等于平均值，则评价为"高"；低于平均值则评价为"低"。在 F2 单元格中输入公式"=IF(C2<$C$62, "高","低")"，按 Enter 键确认，得出 R 指标的判断结果；在 G2 单元格中输入公式"=IF(D2>$D$62, "高","低")"，按 Enter 键确认，得出 F 指标的判断结果；在 H2 单元格中输入公式"=IF(E2>$E$62, "高","低")"，按 Enter 键确认，得出 M 指标的判断结果。利用填充柄向下填充公式，计算结果如图 7-39 所示。

	A	B	C	D	E	F	G	H
1	客户信息	上次交易时间	时间间隔R	交易笔数F	交易总额M	R	F	M
2	李梦金银珠宝钱	2024/2/1	60	3	6189.30	低	低	低
3	美丽张靓靓	2024/2/1	60	9	8238.60	低	高	高
4	功夫茶77	2024/2/26	35	9	8238.60	高	高	高
5	congyier55	2024/2/18	43	3	6189.30	高	低	低
6	hyhlrhok11	2024/2/4	57	4	2049.30	低	低	低
7	一半茉莉花	2024/2/2	59	9	14158.80	低	高	高
8	天生小淘气包	2024/2/26	35	4	2670.30	高	低	低
9	翁贤敏	2024/2/25	36	7	2049.30	高	高	低
10	宝贝猫咪喵咪	2024/2/11	50	5	2670.30	低	低	低
11	taoyuan6061	2024/2/2	59	5	4119.30	低	低	低
12	我的小绿	2024/2/2	59	7	8238.60	低	高	高
13	windy是个小吃货	2024/2/1	60	7	8238.60	低	高	高
14	suosuo1212	2024/2/1	60	5	8238.60	低	低	高
15	人可每文123	2024/2/3	58	3	8238.60	低	低	高
16	bonjour毛毛小代购	2024/2/3	58	9	8238.60	低	高	高

图 7-39　各指标判断结果

步骤 4：在 I1 单元格中输入"客户类型"，在 M1:N9 单元格区域编辑辅助表格，作为判断客户类型的条件，如图 7-40 所示。

F	G	H	I	J	K	L	M	N
R	F	M	客户类型				RFM	客户类型
低	低	低					高高高	重要价值客户
低	高	高					高低高	重要发展客户
高	高	高					低高高	重要保持客户
高	低	低					低低高	重要挽留客户
低	低	低					高高低	一般价值客户
低	高	高					高低低	一般发展客户
高	高	低					低高低	一般保持客户
							低低低	一般挽留客户

图 7-40　添加"客户类型"列并编辑辅助表格

🖋 **步骤 5**：在 I2 单元格中输入公式"=VLOOKUP(F2&G2&H2,\$M\$2:\$N\$9,2,0)"，得到"客户类型"结果，然后双击 I2 单元格右下角的填充柄，将公式填充到本列的其他单元格中，如图 7-41 所示。

上次交易时间	时间间隔R	交易笔数F	交易总额M	R	F	M	客户类型
2024/2/1	60	3	6189.30	低	低	低	一般挽留客户
2024/2/1	60	9	8238.60	低	高	高	重要保持客户
2024/2/26	35	9	8238.60	高	高	高	重要价值客户
2024/2/18	43	3	6189.30	高	低	低	一般发展客户
2024/2/4	57	4	2049.30	低	低	低	一般挽留客户
2024/2/2	59	9	14158.80	低	高	高	重要保持客户
2024/2/26	35	4	2670.30	高	低	低	一般发展客户
2024/2/25	36	7	2049.30	高	高	低	一般价值客户
2024/2/11	50	5	2670.30	低	低	低	一般挽留客户
2024/2/2	59	5	4119.30	低	低	低	一般挽留客户
2024/2/2	59	7	8238.60	低	高	高	重要保持客户
2024/2/1	60	5	8238.60	低	低	高	重要挽留客户
2024/2/3	58	3	8238.60	低	低	高	重要挽留客户
2024/2/3	58	9	8238.60	低	高	高	重要保持客户
2024/2/28	33	8	8238.60	高	高	高	重要价值客户

图 7-41　利用 VLOOKUP 函数确定客户类型

🖋 **步骤 6**：创建数据透视表，在"数据透视表字段"窗格中将"客户类型"字段添加到"行"区域，将"客户信息"字段添加到"值"区域，得到每类客户的数量，如图 7-42 所示。

行标签	计数项:客户信息
一般保持客户	7
一般发展客户	7
一般价值客户	9
一般挽留客户	9
重要保持客户	10
重要发展客户	3
重要价值客户	8
重要挽留客户	7
总计	60

图 7-42　创建数据透视表

🖋 **步骤 7**：在"行标签"字段中选中"重要价值客户"，单击鼠标右键，在弹出的快捷菜单中选择"移动">"将'重要价值客户'移至开头"，如图 7-43（a）所示；或选中单元格，拖动单元格调整顺序，使之按照一定重要程度顺序进行排列，如图 7-43（b）所示。

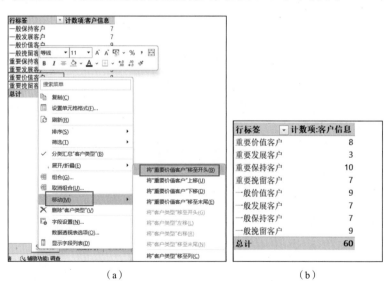

（a）　　　　　　　　　　　　　（b）

图 7-43　调整客户类型行标签顺序

步骤 8：插入饼图，并设置图表格式，效果如图 7-44 所示，从中可以清楚地看出每类客户的占比。

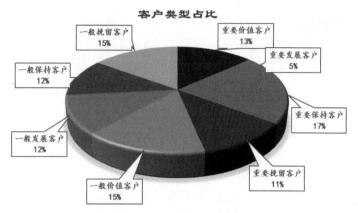

图 7-44　客户类型占比饼图

重要价值客户占 13%，此类客户可能是企业的核心利润来源，需要重点维护。重要发展客户虽然占比较少（5%），但代表潜在的增长机会，企业应加大维护力度。重要保持客户占 17%，企业需要关注这些客户的满意度和忠诚度，避免客户流失。在一般客户层级，各类客户的数量分布较为均匀，表明企业在广泛吸引新客户的同时，也在努力维持和现有客户的关系。

7.3　客户购买行为分析

客户购买行为分析是指对客户在购买产品或服务时表现出的行为模式和特征进行深入研究。客户购买行为分析的主要目的是揭示客户的需求、偏好、决策过程等，基于这些信息，企业可以调整市场策略，从而提升客户体验、销售效率。通过分析客户的购买行为，企业还可以进一步了解客户的购买心理，从而制定更有针对性的销售策略，实现利润最大化。例如，对高价值客户提供个性化服务，对潜在客户进行精准营销，对流失客户采取挽回措施，从而提高销售效率和客户满意度。通过深入了解客户的购买行为和需求，企业可以为客户提供更加个性化的服务，这有助于建立长期、稳定的客户关系，提高客户忠诚度和品牌口碑。

7.3.1　促销方式分析

促销是企业经常使用的营销手段，采用客户喜欢的促销方式，有助于激发客户的消费欲望，提高成交转化率。分析客户喜欢的促销方式有助于企业避免无效的促销投入，降低营销成本。如果数据分析显示某种促销方式效果不佳且成本高，企业可以及时调整策略，避免资源浪费。

【课堂实操 7-7】促销方式分析

步骤 1：打开文件"案例素材\第 7 章\促销方式分析.xlsx"，在"Sheet1"工作表中选择 A2:G3 单元格区域，然后单击"插入"选项卡下"图表"选项组中的"插入柱形图或条形图"下拉按钮，在下拉列表中选择"簇状条形图"选项，如图 7-45 所示。

7-3　促销方式分析

步骤 2：将插入的簇状条形图移到合适的位置，修改图表标题为"促销方式分析"，删除图例和网格线，设置数据标签位于"数据标签外"，如图 7-46 所示。

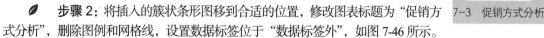

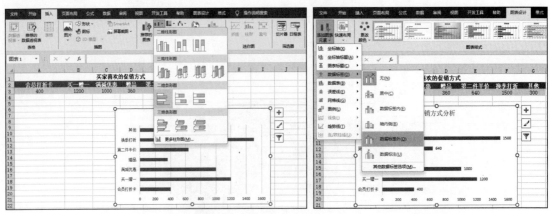

图 7-45　插入簇状条形图　　　　　　　　　　图 7-46　设置数据标签的位置

> **步骤 3**：选择 A2:G3 单元格区域，然后单击"数据"选项卡下"排序和筛选"选项组中的"排序"按钮，弹出"排序"对话框，如图 7-47 所示，单击"选项"按钮。

> **步骤 4**：弹出"排序选项"对话框，选中"按行排序"单选项，如图 7-48 所示，然后单击"确定"按钮。

图 7-47　单击"选项"按钮　　　　　　　　　图 7-48　设置按行排序

> **步骤 5**：返回"排序"对话框，在"排序依据"下拉列表中选择"行 3"选项，如图 7-49 所示，然后单击"确定"按钮。

对数据进行排序后，各数据系列按照数值从大到小的方式从上至下依次排列，添加坐标轴标题，如图 7-50 所示。

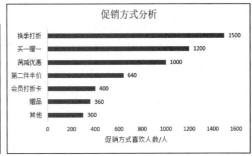

图 7-49　设置排序依据　　　　　　　　　　　图 7-50　图表最终效果

7.3.2　客户忠诚度分析

客户的忠诚度可反映客户对企业提供的商品或服务的好感度，以及客户对企业的综合评价。通过对客户忠诚度进行分析，运营者能够了解客户对企业的态度，并采取有效措施提高客户忠诚度，从而减少客户流失。

【课堂实操 7-8】客户忠诚度分析

步骤 1：打开文件"案例素材\第 7 章\客户忠诚度分析.xlsx"，创建数据透视表，在"数据透视表字段"窗格中将"客户信息"字段分别拖至"行"区域和"值"区域，如图 7-51 所示。在数据透视表中对行和列禁用总计，如图 7-52 所示。

图 7-51　创建数据透视表

图 7-52　对行和列禁用总计

步骤 2：选中数据透视表中的任意单元格，按 Ctrl+A 组合键复制全部数据，在新工作表中单击"开始"选项卡"剪切板"选项组中的"粘贴"按钮，将其以"值和数字格式"粘贴到新的工作表中，如图 7-53（a）所示；将字段名称分别修改为"客户信息""购买次数"，如图 7-53（b）所示。

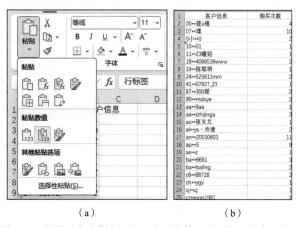

（a）　　　　　　　　　　　（b）

图 7-53　粘贴"客户信息"和"购买次数"为"值和数字格式"

　　步骤3：在新工作表中创建数据透视表，在"数据透视表字段"窗格中将"客户信息"字段拖至"行"区域，将"购买次数"和"客户信息"字段依次拖至"值"区域；并在数据透视表中对行和列禁用总计，然后对"购买次数"字段进行降序排列，如图 7-54（a）所示，效果如图 7-54（b）所示。

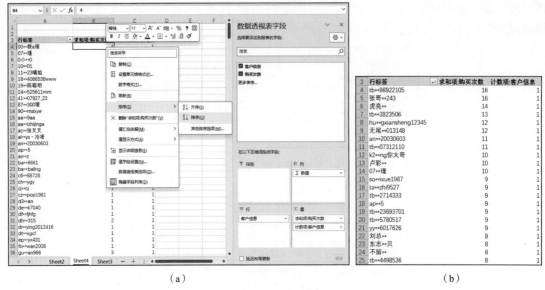

（a）　　　　　　　　　　　　　　　　　　　　（b）

图 7-54　在新工作表中创建数据透视表

　　步骤4：选中购买次数大于 10 的数据并单击鼠标右键，在弹出的快捷菜单中选择"组合"命令，如图 7-55（a）所示，生成"数据组 1"组合。在该组合标题上单击鼠标右键，在弹出的快捷菜单中选择"展开/折叠"＞"折叠整个字段"命令，如图 7-55（b）所示。对"购买次数"字段进行降序排列，如图 7-56（a）所示，在编辑栏中将"数据组 1"组合重命名为"10 次以上"，如图 7-56（b）所示。

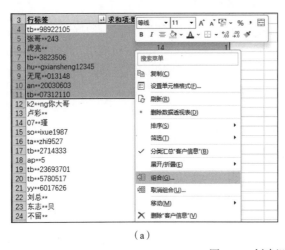 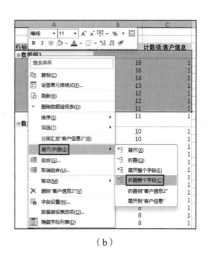

（a）　　　　　　　　　　　　　　　　　　　　（b）

图 7-55　创建组

　　步骤5：采用同样的方法创建其他组，分别为"7 次～10 次""3 次～6 次""2 次""1 次"，如图 7-57 所示。

（a） 　　　　　　　　　　　　　　　　　（b）

图 7-56　降序排列"购买次数"字段和重命名"数据组 1"

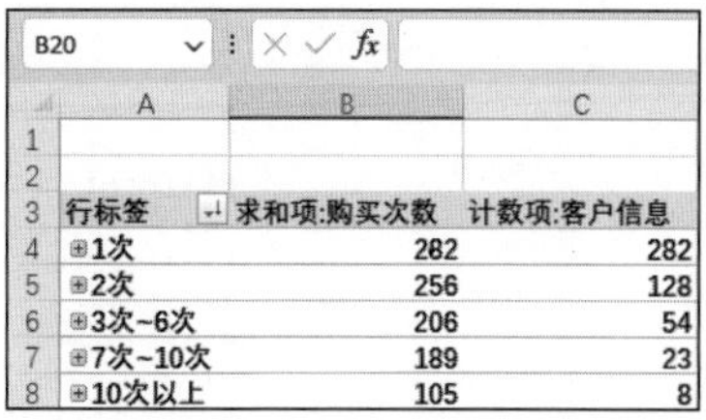

图 7-57　创建组最终效果

步骤 6：在"数据透视表字段"窗格中将"购买次数"字段从"值"区域删除，然后将"客户信息"字段再次拖至"值"区域。在数据透视表中修改各字段名称，然后在"占比"单元格单击鼠标右键，在弹出的快捷菜单中选择"值显示方式">"总计的百分比"命令，如图 7-58 所示。

步骤 7：要查看具体的客户信息和购买次数，可以在"客户人数"列双击相应的单元格。例如，双击数据"23"，购买频次为"7 次～10 次"的客户信息将显示在新的工作表中，如图 7-59 所示。

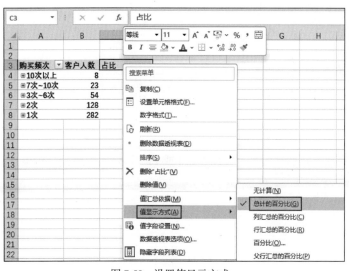

图 7-58　设置值显示方式

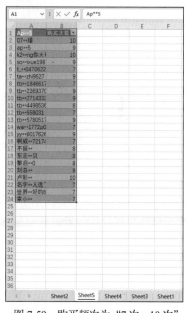

图 7-59　购买频次为"7 次～10 次"
的客户信息

实训 7   分析客户数据

【实训目标】

通过实训，使学生能够掌握分析客户数据的方法，并运用商务数据分析方法进行数据整理加工和深入分析。

【实训内容】

（1）打开文件"实训素材\第 7 章\手机配件销售统计.xlsx"，如图 7-60 所示。使用 SUBTOTAL 函数进行统计，分析新老顾客销售总金额占比。

	A	B	C	D	E	F	G	H	I	J	K
1	下单日期	所属月份	订单编号	名称	产品单价	销售数量/个	销售金额	联系地址	买家会员名	买家支付宝账号	联系手机
2	2024/1/1	1月	35831235807038	有线耳机	¥27.00	1	¥27.00	山东省烟台市蓬莱市	明天你好♪我叫干不倒	135****6274	135****6274
3	2024/1/2	1月	46470865764386	5000毫安移动电源	¥88.00	1	¥88.00	福建省福州市连江县	想赢就别喊疼	138****3090	138****3090
4	2024/1/3	1月	63058741939707	桌面手机支架	¥25.00	1	¥25.00	云南省玉溪市峨山彝族自治县	努力为明天	135****660	135****660
5	2024/1/4	1月	56330694894878	指环扣	¥12.00	1	¥12.00	云南省楚雄彝族自治州武定县	男儿当自强@	135****5479	135****5479
6	2024/1/5	1月	39014985266240	硬壳手机壳	¥12.00	1	¥12.00	山东省泰安市肥城市	不经风雨♪怎见彩虹	137****4143	137****4143
7	2024/1/6	1月	47921053668858	防摔玻膜	¥16.00	1	¥16.00	辽宁省丹东市元宝区	u加油	139****315	139****315
8	2024/1/7	1月	42546023400430	安卓数据线	¥16.00	1	¥16.00	湖北省宜昌市	青春之帆由我掌舵	135****2088	135****2088
9	2024/1/8	1月	42839275227705	蓝牙耳机	¥38.00	1	¥38.00	河北省承德市丰宁满族自治县	纠不打结	136****6917	136****6917
10	2024/1/9	1月	69441542974507	10000毫安移动电源	¥129.00	1	¥129.00	云南省曲靖市师宗县	y加油相信你	135****7576	135****7576
11	2024/1/10	1月	42847442539120	磨砂手机壳	¥58.00	1	¥58.00	内蒙古自治区兴安盟阿尔山市	白手起家	135****1576	135****1576
12	2024/1/11	1月	64357064435382	硬壳手机壳	¥12.00	1	¥12.00	河北省唐山市曹妃甸区	争取第一	135****7632	135****7632
13	2024/1/12	1月	63766862992467	防摔玻膜	¥16.00	2	¥32.00	云南省丽江市宁蒗彝族自治县	心再累~也别忘了微笑	135****6541	135****6541

图 7-60   "手机配件销售统计"工作簿

（2）打开文件"实训素材\第 7 章\客户信息汇总.xlsx"，如图 7-61 所示。根据图表提供客户信息，使用 RFM 模型分析客户数据。

	A	B	C	D
1	客户信息	上次交易时间	交易笔数F	交易总额M
2	明天你好♪我叫干不倒	2024/2/1	3	6189.30
3	想赢就别喊疼	2024/2/1	9	8238.60
4	努力为明天	2024/2/26	9	8238.60
5	男儿当自强@	2024/2/18	3	6189.30
6	不经风雨♪怎见彩虹	2024/2/4	4	2049.30
7	u加油	2024/2/2	9	14158.80
8	青春之帆由我掌舵	2024/2/26	4	2670.30
9	纠不打结	2024/2/25	7	2049.30
10	y加油相信你	2024/2/11	5	2670.30
11	白手起家	2024/2/2	5	4119.30
12	争取第一	2024/2/2	7	8238.60
13	心再累~也别忘了微笑	2024/2/1	7	8238.60

图 7-61   "客户信息汇总"工作簿

【实训成果】

3～5 人为一组，以小组为单位完成客户数据分析，并用 Word 或 PPT 展示客户数据分析报告，撰写商务数据分析报告。

第8章
商务数据分析报告

在信息化技术迅速发展的商业环境中，商务数据分析已成为企业获取竞争优势的关键工具。本章将介绍商务数据分析报告的核心概念及报告的撰写方法。商务数据分析报告不仅是数据的汇总，还涉及对数据的深入解读和建议的提出，以帮助企业制定策略。

【学习目标】

（1）了解商务数据分析报告的类型及其基本结构，能够分辨不同类型的商务数据分析报告。

（2）熟悉商务数据分析报告的撰写原则，掌握商务数据分析报告的基本撰写方法。

（3）根据实际情况选择商务数据分析报告的类型，理解商务数据分析报告结构。

【案例导入】

京东大数据技术揭秘：数据采集与数据处理

京东作为我国领先的电子商务公司之一，在商务数据分析和处理方面的能力也是行业内的佼佼者。京东通过"数据驱动的智能决策"策略，在竞争激烈的电商市场中保持了显著的竞争优势。

京东利用先进的数据采集技术，对用户的购物行为（包括用户的点击流、搜索习惯、购买偏好、评价内容及其社交媒体上的活动等）进行全面监控；并利用高效的数据流处理技术和云存储系统实时处理和分析数据，确保了数据的实时性和准确性。

此外，京东还运用复杂的数据分析技术和人工智能算法，精准预测市场动向和消费者需求。通过建立精细的用户画像和智能推荐系统，京东能够向用户推荐最符合其喜好的商品，极大地提高了用户满意度和购买转化率。数据分析在京东的价格策略中起到了核心作用，帮助京东根据市场供需实时调整价格策略，以吸引更多消费者，促进销售增长。

在后台管理方面，京东为商家提供了全面的数据接口，使商家能够高效地管理商品信息，从而提升运营效率和市场响应速度。在供应链管理领域，通过分析供应商的配送数据和库存情况，京东帮助合作伙伴实现了库存优化和物流效率的提升，这不仅降低了库存成本，也加强了供应链的协同效应。

京东的成功在很大程度上归功于其强大的商务数据采集与深度分析能力。通过将大数据技术和AI算法深入整合到企业运营中，京东不断提高决策的效率，增强业务流程的灵活性，在行业中保持领先地位。

【思考】

企业应如何设计和实施高效的数据分析策略，以提升决策质量并最大化数据的商业潜力？

8.1　商务数据分析报告的撰写

在商业领域中，商务数据分析报告扮演着关键的角色，它可以帮助企业理解业务现状、洞察市场趋势，以及做出更明智的决策。本节将详细介绍商务数据分析报告的类型、结构、撰写原则及报告模板等相关内容。

8.1.1　商务数据分析报告的类型

由于商务数据分析报告的使用场景广泛，主题内容丰富，因此有多种类型。为了更清晰、生动地向受众传达信息，撰写者应该在撰写报告的初始阶段就明确报告的形式和内容。

1. 商务数据分析报告的形式

商务数据分析报告根据不同的形式可以分为以下4类，如图8-1所示。

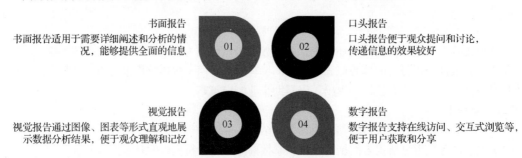

书面报告
书面报告适用于需要详细阐述和分析的情况，能够提供全面的信息

口头报告
口头报告便于观众提问和讨论，传递信息的效果较好

视觉报告
视觉报告通过图像、图表等形式直观地展示数据分析结果，便于观众理解和记忆

数字报告
数字报告支持在线访问、交互式浏览等，便于用户获取和分享

图8-1　商务数据分析报告的形式

（1）书面报告

商务数据分析书面报告有摘要、简报、年度报告等多种形式，通过详尽完善的文字和数据提供关于市场、销售、客户行为等的见解。商务数据分析书面报告并非简单的信息堆砌，而是聚焦于梳理和解析数据，从而为企业决策提供依据，特别适用于需要详细阐述和分析的情况。

（2）口头报告

在商务环境中，口头报告通过直接清晰的交流，快速传递调查结果或数据分析结果，便于观众进行即时的反馈和提问，适用于会议、研讨会等场合。

（3）视觉报告

视觉报告在商务数据分析中占有重要位置，它以图表、图像等形式生动、直观地展示数据结果。对于复杂的商务数据（如销售趋势、市场份额等），视觉报告能够轻松地突出关键信息。这种形式的报告更容易吸引观众的注意力，通过直观的图表、图像，帮助他们深度理解数据和分析内容。

（4）数字报告

商务数据分析数字报告通过网络发布和分享，支持实时更新、交互式操作，让利益相关者可以随时随地查看最新的数据分析结果。在遥感工作和跨地域合作中，数字报告极大地提高了信息获取和沟通的效率。

2. 商务数据分析报告的内容

常见的商务数据分析报告的内容及其特点如下。

（1）趋势分析报告

深入分析历史数据，包括长期趋势、季节性趋势和周期性趋势；使用趋势分析工具和技术（如移动平均法、趋势线等）识别趋势的方向和速度；探讨趋势的影响因素，并分析未来可能的变化和趋势的持续性；提供针对趋势变化的建议和行动计划，以帮助企业做出相应的决策。

（2）比较分析报告

对比不同群体、产品、地区等的关键指标，包括销售额、利润率、市场份额等；分析出现差异的原因；提供针对差异的改进或优化建议，以实现企业目标的最优化。

（3）关联分析报告

使用统计分析方法（如相关系数、回归分析等）分析数据之间的关系；探讨关联性背后的产生原因和影响因素，以确定关键驱动因素；预测未来可能发生的关联性变化，并提出相应的策略和应对措施。

（4）预测性分析报告

基于历史数据和趋势，使用预测模型对未来发展进行预测；评估预测结果的可靠性和准确性，包括误差率、置信区间等指标；提供预测结果的解释和应对策略，以帮助企业应对可能发生的变化。

（5）业绩评估报告

分析业绩指标的变化趋势和变化的原因，包括目标完成情况、效率提升等方面；识别业绩提升的关键因素，并提出相应的改进建议和措施；提供业绩评估的综合报告，包括数据分析、图表展示和结论展示。

（6）可视化分析报告

选择合适的图表类型和可视化工具，展示数据的关键特征和趋势；设计清晰简洁的图表和图形，使复杂数据易于理解；通过图表和图形呈现数据分析结果。

（7）专题支持报告

选择特定问题进行深入分析，如市场趋势、竞争对手分析、产品定位等；综合利用不同来源的数据和分析方法，以揭示问题的本质；提供问题的解决方案和建议，为企业决策提供支持和指导。

（8）决策支持报告

提供全面的数据分析，为企业决策提供必要的信息和支持；分析不同决策的优劣，包括风险、成本效益等方面；提供决策的建议和推荐，以帮助企业做出明智的决策。

8.1.2　商务数据分析报告的结构

了解商务数据分析报告的结构是撰写出具有逻辑性和说服力的商务数据分析报告的基础。本小节将介绍商务数据分析报告的基本结构和商务性内容结构。

1. 商务数据分析报告的基本结构

商务数据分析报告的基本结构因报告类型、目的和受众的不同而有所不同，但通常包括以下基本组成部分。

（1）封面页：包含报告的标题、日期、作者等基本信息。

（2）摘要/概述：简要介绍报告的目的、范围、主要发现和结论，以便读者快速了解报告的主要内容。

（3）引言：介绍报告的背景、目的和范围，说明为什么进行数据分析及其对业务的重要性。

（4）方法论：解释收集、分析和处理数据的方法和技术，包括数据来源、采样方法、分析工具等。

（5）数据分析结果：呈现数据分析的结果，可使用图表、表格和图形等可视化工具，以清晰地展示数据的趋势、关联性等。

（6）讨论与解释：对数据分析结果进行解释和分析，阐述结果的含义、影响及其与业务目标的关系，提供对数据背后故事的解释。

（7）结论：总结报告的主要发现和结果，强调其对业务的重要性，并提出建议或未来行动的方向。

（8）建议/推荐措施：根据数据分析结果提出具体的建议或行动方案，以帮助企业解决问题。

（9）参考文献：列出报告中引用的数据源、文献和其他参考资料，以展示报告的可信度。

（10）附录：包括数据表、补充信息、方法细节或其他补充材料，以供读者进一步了解报告内容。

2. 商务数据分析报告的商务性内容结构

针对不同主题的报告可以通过添加具有针对性的商务分析来进一步完善报告结构。

在引言部分可以添加行业背景分析，包括行业发展趋势、竞争格局、市场规模等内容，以帮助读者更好地了解数据分析的背景和商业环境。

在数据分析结果部分可以添加市场竞争分析，包括竞争对手的市场份额、产品特点、定价策略等，以帮助企业了解自身在市场上的定位和竞争优势。

对客户数据进行分析时，可以添加客户洞察分析部分，包括客户需求、偏好、行为特征等，以帮助企业更好地了解客户群体并制定具有针对性的营销策略。

对产品或服务进行分析时，可以添加产品/服务特性分析，包括功能分析、性能分析、优缺点分析等，以帮助企业了解产品在市场上的竞争力和改进空间。

在结论和建议部分，可以添加成本效益分析和风险管理分析，包括成本结构分析、成本分布分析、风险识别、评估和应对策略等，以帮助企业评估投资回报率、降低潜在风险并保障商务运营的稳定性。

最后，根据数据分析结果提出具体的战略规划建议，包括市场定位、产品发展、渠道管理等，以帮助企业实现长期的商业目标和业务增长。通过补充以上内容，商务数据分析报告可以更全面、深入地展示数据分析的商业价值和实用性，为企业决策提供更有针对性的信息支持。

3. 商务数据分析报告案例

商务数据分析报告名称：客户满意度调研结果分析

（封面页包含的内容如下）

报告标题：20××年度客户满意度调研结果分析

日期：20××年×月×日

作者：数据分析团队

（摘要/概述如下）

该报告提供了20××年度客户满意度调研的数据分析结果，旨在了解客户对我们的产品和服务的满意度，为优化产品、提高服务质量提供数据支持。主要发现包括客户最关心的产品特性、主要的服务满意度评价因素等。

（引言如下）

随着市场竞争的日益加剧，了解客户需求并根据需求进行产品和服务优化被越来越多的公司看作核心竞争力。本报告对过去一年的客户满意度调研数据进行分析，旨在帮助公司深入理解客户需求，进一步优化产品和提高服务质量。

（方法论如下）

采用网络问卷的调查方式收集数据，样本包括公司所有注册用户。收集到一年内客户满意度数据后，使用 Excel 和 Python 等工具进行数据清洗、处理、分析和可视化。

（数据分析结果如下）

报告将详细展示客户对公司产品和服务满意度的整体情况及对产品特性的关注点，还将对影响满意度的因素进行分析，得出分析结果，并配以清晰的图表。

（讨论与解释如下）

通过解释数据分析结果揭示主要趋势，如客户满意度随服务响应时间的缩短而逐渐提高的趋势等。

（结论如下）

客户对产品质量和服务响应速度非常看重，对产品创新也有很大的期待，等等。

（建议/推荐措施如下）

根据数据分析结果，提出建议，包括但不限于优化产品质量、提升服务团队的响应速度、组建创新团队研发新产品等。

（参考文献如下）

所有的数据源都来自公司内部。

（附录如下）

详细的数据表格及分析方法的说明等。

希望该报告能为公司的长远发展提供有价值的参考和建议。

8.1.3　商务数据分析报告的撰写原则

为了保证商务数据分析报告的科学性，数据分析师在撰写商务数据分析报告时要遵循以下原则。

1. 规范性

商务数据分析报告在用词方面要求规范、统一，这主要体现在以下 3 个方面。

（1）报告中的用词必须准确无误。为了确保客观事实的真实性和准确性，应避免使用"大约""大概""可能""更少"等表意模糊的词语；同时，对于具体数据和比例，应使用明确的数值或范围描述，避免使用"超过 20%""低于 90%"等不精确的表述方式。

（2）报告中的专业术语或专有名词应使用业内公认的术语，并与整份报告中的其他部分保持一致。例如，聚类分析法中应统一使用"聚类分析"一词，而不应使用"差异和相似分析"一词。

（3）报告中的词语应保持格式和用法的统一。例如，如果报告前面部分使用的是"数据采集"，那么在后续部分也应使用相同的词语，而不能随意更换为其他词语，如"数据收集""Data Gathering"等。

2. 谨慎性

在撰写商务数据分析报告的过程中，数据分析师要保证数据的正确性和可靠性，数据分析过程应条理清晰、实事求是，避免出现数据错误、不契合数据分析核心等问题。

此外，报告各部分内容的逻辑应缜密，内容衔接要经得起推敲。为了保证报告内容逻辑的缜密，数据分析师在撰写报告之前可以列出写作框架，帮助自己梳理报告的结构和各内容的先后顺序。

3. 可视性

在商务数据分析报告中，图表是一种有效的信息呈现方式。将复杂的数据转化为直观的图表可以增强报告的可读性和可理解性。但是，图表的数量也需要适量控制，过多的图表可能会导致信息过载，让读者感到困惑和无所适从。

4. 可读性

每个人的认知和思维方式都是独一无二的，处理信息的方式也有所差异。在撰写商务数据分析报告时，数据分析师应该从读者的角度出发，以确保报告的可读性和可理解性。数据分析师可以先了解目标读者，然后有针对性地调整报告的逻辑和表述方式，这样写出来的报告才更具有可读性，更易于读者理解。

5. 创新性

当今科学技术的发展可谓日新月异，各种新的研究模型和分析方法层出不穷。商务数据分析报告需要适时地引入新技术、新方法，以让更多的人了解最新的科研成果。

8.1.4　商务数据分析报告模板

8-1　商务数据分析报告模板

数据分析师完成商务数据分析报告的撰写后，还需要将其呈现出来。常见的呈现商务数据分析报告的工具有 Word 和 PowerPoint（PPT），这两种呈现方式各有优缺点，如表 8-1 所示。

表 8-1　使用 Word 和 PPT 呈现商务数据分析报告的优缺点对比

类型	优缺点	
	优点	缺点
Word	可以使用足够详细的文字进行呈现； 易于排版和装订成册	交互性弱，呈现方式比较单一
PPT	交互性强； 呈现方式多样化； 更具观赏性	不适合展示大量文字，呈现内容简略

1. 使用 Word 呈现商务数据分析报告

使用 Word 呈现商务数据分析报告时，应采用“总—分—总”的结构。“总—分—总”结构的开篇部分包括标题、目录和前言，正文部分主要包括具体分析过程与结果，结尾部分包括结论与建议、附录。

（1）标题

标题即报告的题目。题目要精简干练，符合以下 3 点基本要求。

① 直接：商务数据分析报告是一种应用性较强的文体，用于为决策制定和企业管理等提供依据，所以标题必须用毫不含糊的语言，直截了当、开门见山地表达基本观点，让读者一看标题就能明白数据分析报告的研究主题。

② 确切：标题应与报告内容相符，恰如其分地表现分析报告的内容和对象的特点。

③ 简洁：标题要直接反映商务数据分析报告的主要内容和研究主题，具有高度的概括性，用较少的文字准确、简洁地进行表述。

（2）目录

为了帮助读者快速找到所需的内容，数据分析师需要在目录中列出报告主要章节的名称。使用 Word 撰写商务数据分析报告的目录时，需要注意以下 3 点。

① 目录无须设置得太细，最多列出三级目录即可。如果设置的层级太多，会导致目录页过长，从而给读者翻看目录造成不便。图 8-2 所示为三级目录结构，图 8-3 所示为二级目录结构。

第三章　母婴商品销售数据分析 7
3.1 总体销售情况分析 7
3.1.1 销售额和销售量的变化趋势 7
3.1.2 季节性因素和节假日对销售的影响 7
3.2 商品类别分析 9
3.2.1 各类母婴用品的销售占比和增长率 9
3.2.2 热门商品和滞销商品的分析 9
3.3 客户群体分析 10
3.3.1 消费者画像和消费行为分析 11
3.3.2 不同客户群体的购买偏好和购买力分析 15

图 8-2　三级目录结构

② 在章节名称后面要加上对应的页码，以便读者迅速找到所需内容。

③ 如果商务数据分析报告中有大量的图表，需要给出图表目录，如图 8-4 所示。

图 8-3　二级目录结构

图 8-4　图表目录

（3）前言

前言是商务数据分析报告的重要组成部分，主要内容包括分析背景、目的及思路，如为何要进行此次分析，此次分析的目的是什么，等等。

（4）正文

正文是商务数据分析报告的核心部分，它系统全面地展示了数据分析的过程与结果。数据分析师在撰写报告正文时，需要注意以下几点。

① 报告主题部分的论证极为重要。通过展开论题，对论点进行科学严密的论证，表达数据分析师的见解和研究成果的核心部分。

② 正文各部分之间要具有缜密的逻辑关系。撰写报告正文时，根据写作框架确定每部分内容，利用各种数据分析方法，逐步展开分析，可在适当地方将图表及文字相结合。

③ 数据分析报告尽量图表化，风格统一。

（5）结论

结论即数据分析结果，通常用综述性文字来说明。结论应该措辞严谨、准确。

（6）附录

附录是商务数据分析报告的补充，主要包括报告涉及的专业名词的解释、计算方法、重要原始数据、地图等内容。附录中的内容都需要编号，以备查询。

附录并不是必需的，数据分析师应该根据具体情况决定是否需要在报告结尾处添加附录。

2. 使用 PPT 呈现商务数据分析报告

使用 PPT 呈现商务数据分析报告时，PPT 通常包括封面页、目录页、内容页和尾页 4 个部分。

（1）封面页

封面页一般包括商务数据分析报告的名称、报告人名字和报告日期，制作封面页时需要注意以下 3 点。

① 报告名称要精简，根据版面的要求占据一行到两行，并且要放大显示。

② 报告人名字应放在报告名称下方，可在报告中给出报告人所在部门的名称。

③ 应注明报告的日期，以体现报告的时效性。

封面页示例如图 8-5 所示。

（2）目录页

与用 Word 呈现商务数据分析报告时的目录不同，使用 PPT 呈现时一般只需要列出一级标题，如图 8-6 所示。PPT 版商务数据分析报告的目录主要是让观众了解报告框架，在放映 PPT 时目录页可能只会展示十几秒，如果目录页中的内容太多，可能会让观众无暇顾及。

图 8-5　封面页示例

图 8-6　目录页示例

（3）内容页

内容页包括标题页和相应标题下的具体内容页两个部分，其结构为"标题 1—内容 1.1—内容 1.2—标题 2—内容 2.1—内容 2.2"。内容页中的标题页是目录页的分解，用于告知观众接下来展示的内容。

在 PPT 版商务数据分析报告中，各个标题页的版式设计应保持统一，数据分析师只需调整标题页中的标题文字即可。在每张标题页的后面展示的是相应标题下的具体内容，数据分析师在制作内容页时要注意以下 3 点。

① 每张内容页上都要展示标题，以向观众说明当前内容页的主题。

② 内容页中要用简练的文字概括主要内容或结论，合理使用图片、工作表、SmartArt 图形等来展示数据分析结果。

③ 内容页中的内容要紧紧围绕内容页上的标题展开，一张内容页展示 1~2 项内容即可，其他内容可由报告人口述。

（4）尾页

尾页通常用于向观众表示感谢，也可以用于向数据分析团队表示感谢。尾页中的背景图片、排版方式、字体设计等最好与封面页保持一致，实现首尾呼应，如图 8-7 所示。

图 8-7　尾页示例

8.2　商务数据分析报告案例

下面列举两个商务数据分析报告案例。

8.2.1　商务数据分析报告案例一

2016 年一季度浙江省电子商务大数据分析报告

（一）总体概况

在 2016 年的第一季度，本省的电子商务行业维持了稳定的增长趋势，并在全国范围内处于领先地位。具体来看，网络零售额实现了稳步的增长，累计达到 1618.37 亿元人民币，与去年同期相比增长了 31.93%。此外，居民的网络消费也有所增加，累计消费额为 813.49 亿元人民币，同比增长了 24.27%。在重点监测的第三方电子商务平台上，活跃的网络零售网店数量超过 75.97 万家，占注册零售网店总数的 35.93%，从业人员数量达到 200 万人。2016 年一季度浙江省电子商务发展基本情况如图 8-8 所示。

零售店铺　　　网络零售　　　网络消费　　　从业人员
≥75.97万家　　1618.37亿元　　813.49亿元　　≥200万

图 8-8　2016 年一季度浙江省电子商务发展基本情况

（二）专项数据概括

1. 网络零售数据分析

（1）分周期数据分析。由于春节和网购节等节日和活动的推动，1 月网络零售额显著增加，出现了提前消费现象。进入 2 月，由于物流和快递服务的限制，网络零售额有所下降，为 320.44 亿元人民币。随后，3 月随着网购活动的逐渐回暖，网络零售额回升至 624.55 亿元人民币。全省一季度网络零售的整体趋势呈现"U"形的波动，如图 8-9 所示。

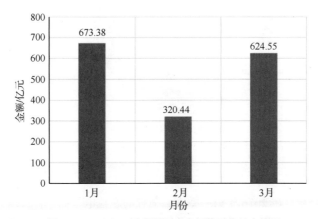

图 8-9　2016 年一季度浙江全省网络零售基本情况

（2）分地区数据分析。由于本省各地区产业构成和电子商务发展水平存在显著差异，各市网络零售额存在较大差距。在 2016 年第一季度，网络零售额排名前三的城市分别是杭州市、金华市和嘉兴市。杭州市以 35.10% 的占比位居首位，金华市和嘉兴市分别以 17.46% 和 12.67% 的占比紧随其后。2016 年一季度浙江省各地市网络零售基本情况如图 8-10 所示。

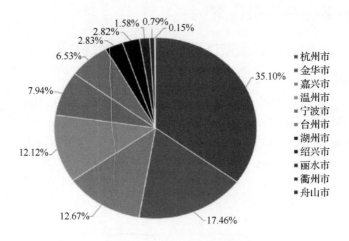

（注：占比保留 2 位小数，实际占比总和为 100%）

图 8-10　2016 年一季度浙江省各地市网络零售基本情况

（3）分行业数据分析。不同行业的网络零售额之间存在明显的差异。以淘宝、天猫和京东为例，网络零售总额排在前三位的行业分别是服饰鞋包、家居家装和 3C 数码，它们各自的占比分别为 35.08%、15.88% 和 9.75%。这 3 个行业的网络零售总额加起来占全省在这 3 个平台上网络零售总额的 60.71%。2016 年一季度浙江省分行业网络零售基本情况如图 8-11 所示。

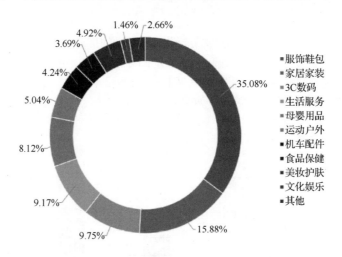

（注：占比保留 2 位小数，实际占比总和为 100%）

图 8-11　2016 年一季度浙江省分行业网络零售基本情况

（4）分领域数据分析。在 2016 年第一季度，全省的农村电子商务持续增长，农产品网络平台的零售额超过 64.72 亿元人民币。在淘宝、天猫和京东等平台上，涉及农产品的活跃网店数量达到 1.55 万家。同时，跨境电子商务呈现日益增长的趋势，以速卖通、eBay 和 Wish 等为例，截至 3 月底的数据显示，全省共有 702 家跨境电商（出口）网店。此外，服务业电子商务也迅速崛起，以去哪儿、携程和阿里旅行等平台为例，截至 3 月底的监测数据显示，利用这些服务业电商平台进行网络营销的酒店、餐饮和景点等企业累计 35586 家。2016 年一季度浙江省三大电商领域基本情况如表 8-2 所示。

表 8-2　　　　　　　　　　　2016 年一季度浙江省三大电商领域基本情况

农产品网店数量/家	跨境电商网店数量/家	服务业网店数量/家
15500	702	35586

（5）分平台数据分析。由于平台偏好和产品特性等因素，在全省的传统企业和中小网商的第三方电子商务平台的选择上，淘宝、天猫和京东位列前三。此外，苏宁、国美、1 号店等平台也在商家的考虑范围内。具体来看，在 2016 年第一季度，全省在淘宝、天猫和京东平台上累计达到的网络零售总额，分别占全省全网网络零售总额的 43.98%、36.91% 和 12.56%，如图 8-12 所示。

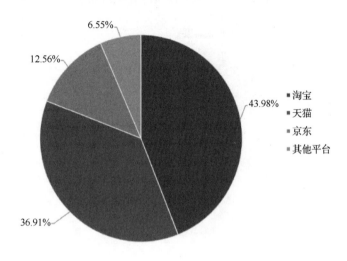

图 8-12　2016 年一季度浙江省分平台网络零售基本情况

（6）分销量数据分析。随着全省网店数量的持续增长，单月网络零售额达到 100 万元、500 万元和 1000 万元的网店数量在显著增加。以天猫平台为例，2016 年第一季度，全省销售额超过 300 万元、1500 万元和 3000 万元的网店数量分别达到 1676 家、152 家和 61 家，如表 8-3 所示。

表 8-3　　　　　　　　　　　2016 年一季度浙江省天猫网店零售基本情况

零售区间/万元	网店数量/家
301～1500	1676
1501～3000	152
>3000	61

2. 居民网络消费数据分析

一季度，全省居民网络消费持续增长，居民网络消费达 813.49 亿元，同比增长 24.27%。

（1）分周期数据分析。由于春节和网购节等节日和活动的影响，2016 年第一季度全省居民的网络消费呈现 "U" 形波动。具体来说，1 月和 3 月的网络消费额相对较高，而 2 月由于节日和物流等因素影响，网络消费额相对较低，如图 8-13 所示。

（2）分地区数据分析。由于各地市网络消费群体的规模不同及人均购买力在地区间存在显著差异，各地市居民的网络消费规模表现出明显的区别。具体来说，居民网络消费额排名前三的地市是杭州市、宁波市和温州市。这 3 个城市的居民网络消费额在全省的占比分别为 28.25%、14.80% 和 13.87%，如图 8-14 所示。

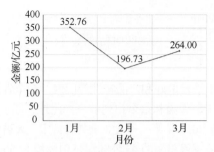

图 8-13　2016 年一季度浙江省居民网络消费基本情况

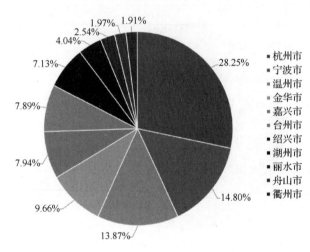

图 8-14　2016 年一季度浙江省各地市居民网络消费基本情况

3. 网络零售网店数据分析

（1）分网店数据分析。本省的网店数量正稳步增长，活跃网店的数量和质量在全国范围内都处于领先地位。以天猫平台为例，在 2016 年第一季度，全省活跃的天猫网店总数达到 2.39 万家，其中杭州市的天猫活跃网店数量最多，达到 7426 家，占比 31.07%；金华市和温州市分别排第二位和第三位，天猫活跃网店数量分别为 5473 家和 2837 家，占比分别为 22.90% 和 11.87%。2016 年一季度浙江省各地市天猫活跃网店数量基本情况如表 8-4 所示。

表 8-4　　　　　　　　2016 年一季度浙江省各地市天猫活跃网店数量基本情况

地区	天猫活跃网店数量/家	天猫活跃网店占比/%	全省排名
杭州市	7426	31.07	1
金华市	5473	22.90	2
温州市	2837	11.87	3
宁波市	2138	8.95	4
台州市	1913	8.00	5
嘉兴市	1814	7.59	6
绍兴市	873	3.65	7
湖州市	701	2.93	8
丽水市	450	1.88	9
衢州市	229	0.96	10
舟山市	46	0.19	11

（注：占比保留 2 位小数，实际占比总和为 100%）

（2）分商品数据分析。本省网店零售商品的种类和数量持续增加，商品种类日益丰富。以天猫平台为例，在 2016 年第一季度，全省的天猫网店累计上架的商品数量约 932.36 万件，这些商品基本上涵盖所有主要第三方电子商务平台的商品类目。2016 年一季度浙江省各地市天猫网店上架商品基本情况如表 8-5 所示。

表 8-5　　　　　　　　　2016 年一季度浙江省各地市天猫网店上架商品基本情况

地区	天猫网店上架商品数量/万件	全省排名
杭州市	550.63	1
台州市	100.86	2
宁波市	64.66	3
丽水市	59.77	4
金华市	58.58	5
温州市	52.09	6
嘉兴市	25.12	7
绍兴市	9.45	8
湖州市	7.77	9
衢州市	3.07	10
舟山市	0.37	11

4. 电商从业人员数据分析

本省电子商务的快速增长为"大众创业、万众创新"开辟了新的领域，并且已经成为推动全省经济结构转型和升级的新动力。据初步统计，全省大约有一半的创业和创新项目都集中在与电子商务相关的行业。在人才发展方面，电子商务行业也呈现迅速增长的趋势，直接为就业市场提供了195.22 万至 203.62 万个工作岗位，同时间接提供了 527.26 万至 549.94 万个就业机会。2016 年一季度浙江省各地市电商从业人员基本情况如图 8-15 所示。

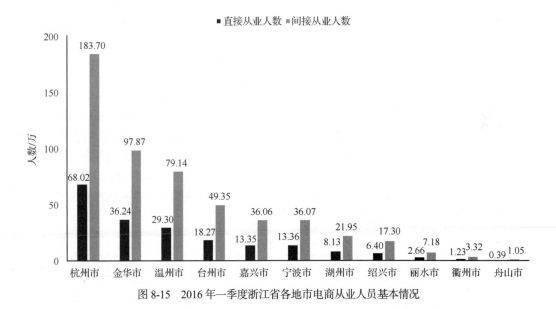

图 8-15　2016 年一季度浙江省各地市电商从业人员基本情况

（三）总结建议

本省的电子商务正在迅速发展，各项指标显示了明显的优势，但也展现了一些特定的发展趋势。

第一，尽管网络零售的整体增长速度有所减缓，但总量仍在持续增长，这要求我们不仅要保持数量，还要提升质量。第二，县域及乡镇和农村地区的居民网络消费正在迅速增长，这为电子商务促进消费提供了新的动力。第三，农产品电商和跨境电商成为新的增长点，如何有效地推动农产品上行和工业品出口，成为网络零售突破的新挑战。第四，网络零售网店的活跃度和平均产值还有很大的提升空间，强化本地优势企业和吸引外地优质企业成为常态。第五，电商从业群体正在持续扩大，但地区分布不均，存在人才结构不合理等问题。

8.2.2 商务数据分析报告案例二

2016 年浙江省跨境电子商务发展报告

（一）浙江省跨境电子商务（或称"跨境电商"）发展概况

在 2016 年，本省的跨境网络零售出口总额达到 319.26 亿元人民币，与上一年相比增长了 41.69%。在全省范围内，金华市、杭州市和宁波市在跨境网络零售出口总额方面排名前三，它们分别占据 58.62%、18.24% 和 8.56% 的份额，这 3 个城市的合计占比为 85.42%，占据全省跨境网络零售出口总额的绝大部分。2016 年浙江省各地市跨境网络零售出口总额基本情况如表 8-6 所示。

表 8-6　　　　　　　　　　　2016 年浙江省各地市跨境网络零售出口总额基本情况

地区	跨境网络零售出口总额/亿元	占比/%	同比增长/%	活跃出口店数/家
全省	319.26	100.00	41.69	64368
杭州	58.24	18.24	—	9902
宁波	27.32	8.56	—	5725
温州	25.68	8.04	—	5418
湖州	1.38	0.43	—	443
嘉兴	4.78	1.50	—	1512
绍兴	4.88	1.53	—	1106
金华	187.16	58.62	—	37956
衢州	1.99	0.62	—	407
舟山	0.33	0.10	—	67
台州	5.22	1.64	—	1308
丽水	2.29	0.72	—	524

从销售渠道的分布来看，第三方跨境电商平台是浙江省跨境电商销售的主要渠道，占据大约 95% 的销售额。在这些第三方平台中，速卖通、eBay、Wish 和敦煌网是排名前 4 位的平台，浙江省的卖家在这些平台上的销售业绩均位于前三。2016 年浙江省跨境平台卖家排名如表 8-7 所示。除了通过第三方平台销售，还有一部分电商企业选择通过自建平台进行跨境销售，这部分的销售比重大约是 5%，其中具有代表性的企业有全麦和执御等。

表 8-7　　　　　　　　　　　　　2016 年浙江省跨境平台卖家排名

跨境平台	浙江卖家排名
速卖通	第一
eBay	第二
Wish	第三
敦煌网	第四

物流方式主要分为 3 种类型。第一种类型是跨境电商通过国际快递或小包裹等行邮方式进行派送，并且这些派送活动会经过报关，纳入海关跨境电商监管模式。跨境电商主要涉及两种海关监管方式：9610 模式和 1210 模式。9610 模式，全称"跨境贸易电子商务"，简称"电子商务"，适用于境内个人或电子商务企业通过电子商务交易平台实现交易，并采用"清单核放、汇总申报"模式办理通关手续的电子商务零售进出口商品。这种模式要求电子商务企业、监管场所经营企业、支付企业和物流企业向海关备案，并通过电子商务通关服务平台实时向电子商务通关管理平台传送交易、支付、仓储和物流等数据。1210 模式，即"保税电商"，适用于经海关认可的电子商务平台实现的跨境交易，商品通过海关特殊监管区域或保税监管场所进出。在这种模式下，电子商务企业、海关特殊监管区域或保税监管场所内跨境贸易电子商务经营企业、支付企业和物流企业需向海关备案，并通过电子商务平台实时传送相关数据。第二种方式是采用一般贸易的形式，通过国际大宗货物运输将商品运送到海外仓库，然后由物流企业将商品配送到买家手中。第三种类型则是直接通过国际快递或小包裹等国际行邮方式，将商品直接投递给买家。跨境电商综合试验区建立了智能物流体系，增强了电商企业的成本控制和盈利能力。通过与顺丰、菜鸟、邮政等大型企业合作，完善了物流网络。"智能"主要体现在利用云计算、物联网、大数据等先进技术，构建国际物流综合信息化服务平台。实现跨境物流的数据共享、资源共享和信息互通。

从经营主体的角度分析，服饰鞋包、家居家装和 3C 数码这三大行业在全行业的网络零售额中占据前三位，分别占据了 36.11%、18.53% 和 9.64% 的市场份额。这 3 个行业的网络零售额合计占全行业网络零售总额的 64.28%。浙江省 2016 年各行业网络零售额基本情况如表 8-8 所示。

表 8-8　　　　　　　　　　　浙江省 2016 年各行业网络零售额基本情况

行业	网络零售额/亿元	占比/%
服饰鞋包	3721.83	36.11
3C 数码	993.09	9.64
家居家装	1910.01	18.53
美妆护肤	513.94	4.99
母婴用品	958.13	9.30
运动户外	528.31	5.13
机车配件	381.07	3.70
生活服务	660.35	6.41
食品保健	318.85	3.09
文化娱乐	139.10	1.35
其他	182.06	1.77
汇总	10306.74	100.00

（注：占比保留 2 位小数，实际占比总和为 100%）

各大跨境电商平台上的经营者不仅包括由淘宝商家转型而来的经营者，还包括传统外贸企业。此外，传统生产制造企业也开始利用跨境电商构建自己的外贸渠道，特别是具有外贸或网络零售基础的生产制造企业。另外，一批跨境电商综合服务企业逐步出现，它们依托自身跨境电商运营经验，结合产业集群，为当地企业开展跨境电商提供一站式服务，并取得了一定的成效。

（二）浙江省跨境电子商务发展特点

近年来，公众对跨境电商在推动浙江外贸发展中的作用有了更加深刻的认识，越来越多的企业与政府部门开始重视这一领域的进步。在他们的共同努力和协调合作下，跨境电商已经形成初步的交易模式。浙江省凭借其独特的地理和经济优势，具有巨大的发展潜力。随着跨境电商交易系统的不断优化，加之政府政策的积极支持，浙江省的跨境电商实现了快速增长，展现了以下特点。

1. 市场规模稳步扩大

目前，浙江省在全球性跨境电商平台（如速卖通、Wish、eBay 等）上，拥有 6.44 万家活跃的跨境电商出口网店，诞生了全国最大的跨境电商平台——阿里巴巴速卖通，以及杭州全麦、杭州子不语、浙江执御、义乌潘朵、义乌吉茂、新河珠宝等一批跨境电商领域的领军企业。浙江省的跨境电商综合试验区吸引了包括阿里巴巴、聚贸、敦煌网等在内的众多跨境电商产业链的龙头企业，跨境 B2B（Business to Business，企业对企业电子商务）的新商业模式和产业互动变得日益活跃。跨境电商综合试验区肩负着"稳增长促转型"的重要任务，通过创新"互联网+跨境贸易+中国制造"的商业模式，对生产链、贸易链、价值链进行重构，帮助传统企业开拓海外市场，增加利润空间，建立自主品牌，为经济在新常态下的转型发展注入新活力。

2. 发展呈现集聚化趋势

浙江省的产业集群在发展电子商务方面具有显著优势。目前，包括余杭区在内的 25 个县（市、区）已经根据各自的地方产业特色，与速卖通等跨境电商平台展开合作，推动跨境电商业务的发展。这些合作鼓励产业集群内的企业开展跨境电商零售，帮助更多的浙江企业通过跨境电商拓展销售渠道，将"浙江制造"和"浙江品牌"推向国际市场。杭州市作为首批国家电子商务示范城市，孕育了浙江执御等在全国具有影响力的跨境电商企业，并展现了集聚发展的态势。义乌市则利用其小商品市场的优势，吸引了大量跨境电商经营主体，并聚集了一批提供专业服务的企业，形成了"规模促进发展，发展扩大规模"的良性发展循环。义乌市的跨境电商网络零售额增长速度已连续两年在全省排名第一。

3. 配套支撑体系日渐完善

除了跨境电商经营企业和第三方交易平台，跨境电商服务商的兴起也成为一大趋势。国际物流快递公司和货代公司开始推出专门支持跨境电子商务的业务，以适应这一新兴市场的需求。同时，各家银行纷纷推出针对跨境电商的新型金融产品，如浦发银行推出了跨境电商专项业务，而招商银行、贝付公司、深圳钱海等机构则开展了跨境电子商务结汇业务。新型物流业态，如海外仓库和物流专线，正在逐步形成。以递四方和专线宝为例，它们的核心理念是通过全球仓储布局来支持网购运营，提供灵活的解决方案以应对市场变化，利用先进的系统管理确保便捷的配送保障，支撑平台间的互动，并创造销售先机。针对跨境电商企业经常面临的授信难、融资难、资金回笼慢等问题，一站式服务平台的出现让中小企业能够更加专注于网上销售和国内货物的管理，帮助他们解决这些"痛点"，从而更有效地参与到跨境电商的活动中。

4. 跨境电商发展氛围良好

在跨境电商综合试验区和国家自主创新示范区的双重政策支持下，各园区正积极构建跨境电商的众创空间，以吸引各类创新者加入跨境电商的创业行列。随着创业生态系统的不断完善，优秀的项目和公司得以迅速成长和发展。特别值得一提的是，在这片创新的试验田中，新的业态和产业被成功孕育出来。浙江点库电子商务、物产电商等企业在海外仓领域进行了积极的拓展，在美国、澳大利亚、德国等国家设立了海外据点。通过这种方式，它们将分散的国际运输转变为大规模运输，有效降低了企业的物流成本。跨境电商的特殊运输需求促进了物流供应链服务行业的快速发展。同时，企业对支付、通关、结汇一体化的需求推动了外贸综合服务平台企业的兴起。为了更好地适应和推动跨境电商的发展，2016 年 9 月，浙江省商务厅联合杭州海关等 7 个部门发布了《浙江省跨境电子商务管理暂行办法》，旨在探索和建立一套新型的监管服务体系，以支持跨境电商的健康发展。

（三）发展形势分析及趋势预测

1. 产业规模有巨大发展空间

跨境电子商务在产业规模上具有巨大的发展潜力。随着相关机制和体制的不断完善，跨境电商在推动外贸转型升级中的作用将变得更加显著。外贸电子商务为传统企业提供了转型和升级的绝佳时机。整个跨境贸易流程，从营销、交易、支付、物流到金融服务，已经构建起清晰且完整的外销体系。外贸电商市场上已经涌现数以万计的垂直 B2C（Business to Customer，企业对顾客电子商务）企业和数千家服务商。与内贸电子商务相比，跨境电子商务市场更为庞大，目前的竞争尚未达到非常激烈的程度，这使得整个行业能够更加专注于提高产品和服务的质量。对中国传统的出口企业来说，要降低成本，就需要在优化供应链方面下大力气。当前外贸电子商务面临的一个明显趋势是订单的碎片化，传统企业需要充分认识到这一点并做出相应的调整。中国制造业的升级带来了品牌和渠道建设的新需求，加之浙江产业（以轻工业品为主）的特点与跨境电商的高度契合，这些因素共同为跨境电商的发展提供了广阔的空间。

2. 跨境电商物流发展存在机遇

借鉴深圳的发展经验，物流业随着跨境电商业务量的增加而相应发展。国际行邮方式能够满足个性化和小额订单的需求，而大宗 B2B2C 模式则更适合处理大规模的标准化产品跨境电商业务。跨境电商物流可以降低国际物流成本并提高效率，鼓励有条件的地区发展跨境电商专线物流。同时，大力推广以海外仓为支撑的 B2B2C 备货模式，推动海外仓库与电商平台之间的智能化联网，提升海外仓的服务水平。从浙江省的整体发展情况来看，B2B2C 备货模式按照离岸价被纳入一般贸易统计，但境外零售价的增值部分并未计入统计。与此相比，直邮方式的跨境电商交易额是 B2B2C 备货模式的两倍多。目前，B2B2C 备货模式尚处于初期阶段，在外贸出口总额中的占比相对较小。然而，B2B2C 备货模式的"集约化、可控性"特点，符合未来跨境电子商务乃至整个外贸的发展趋势。预计随着跨境电商配套服务体系的完善，B2B2C 模式将会得到更广泛的普及和进一步的发展。

3. 跨境电商服务体系发展空间巨大

跨境电商 B2B 平台正经历从信息平台向交易平台的转变。这一升级通过提供外贸综合服务，可帮助平台积累真实的贸易数据。对外贸企业来说，这将有助于建立全球网络交易信用体系，并显著降低国际贸易的风险。跨境电商零售的兴起将使全球消费者和企业能够更自由、更便利地进行全球买卖。传统贸易模式（M2B2B2C）正逐渐向 C2B（Consumer to Business，顾客对企业电子商务）或 C2M（Consumer to Manufacturer，顾客对工厂）模式转变，这一转变将减少依赖信息不对称的中间环节。生产企业将直接与终端消费者建立联系，根据消费者的实时需求和市场变化，实现定制化和拉动式的柔性化生产供应。同时，企业将利用全球电商平台和专业服务商，构建起网状的生产和服务协同生态。跨境电商零售，基于互联网和大数据，将逐步发展成与 B2B 并行的全球贸易主要方式之一。它将一方面取代部分传统 B2B 贸易，另一方面创造大量新的贸易机会。围绕跨境电商平台，跨境金融服务、跨境物流服务、外贸综合服务、跨境电商衍生服务（如代运营、搜索关键词优化、人员培训咨询等）、大数据和云计算等领域将得到快速发展。线上金融服务和大数据智能物流领域不断涌现创新亮点，而线下园区生态圈也在不断完善，各具特色。例如，下城园区以建设"跨贸小镇"为目标，推动产业与城市的融合；下沙园区致力于构建"跨境电商创业新城"；空港园区努力打造"跨境电商现代物流中心"；邮政速递产业园则旨在建立集物流、技术、金融服务和邮政功能于一体的跨境电商服务平台。线上线下的深度融合为跨境电商企业提供了无缝对接的高效服务，展现了巨大的发展空间。

4. 监管机制仍有很大的改革创新空间

近年来，得益于相关部门的积极支持，跨境电商在海关、检验检疫、外汇管理、税收征管等方面取得了显著进步。然而，由于缺少统一协调，不同部门之间的流程尚未实现有效衔接，使监管便利化政策的效益未能充分发挥。因此，迫切需要全面梳理并建立一套与跨境电商业务相适应的监管流程。为了解决这一问题，必须创新监管模式。从政府角度出发，现有的海关监管制度已难以满足跨境电商企业的需求。需要根据《全球贸易安全与便利标准框架》，优化实际货物的查验流程，研究并实施无纸化通关和征税等便利措施，以降低报关成本并加快通关速度。杭州、宁波、义乌等跨境电子商务综合试验区为监管机制的创新改革提供了试验机会，有望在未来实现跨境电商监管机制的重大突破。从企业的角度来看，为了维护国际交易市场的健康发展，企业需要提升自身的法律意识，依法开展产品的出入境活动，避免逃税等违法行为，并积极配合政府的相关规定，共同营造良好的国际交易环境。

实训 8　制作招聘数据分析年度报告

【实训目标】

通过实训，学生能够熟练运用数据分析工具和方法，对招聘数据进行深入分析，并制作出内容全面、数据准确的招聘数据分析年度报告。

【实训内容】

理解招聘数据分析的关键指标。使用数据分析工具，对一年内的招聘数据进行分析。制作一份包含关键指标分析、趋势预测及改进建议的年度报告。

【实训步骤】

（1）2～3 人为一组，选定负责人，负责分配任务。

（2）团队成员协作收集过去一年的招聘数据，包括职位申请数、面试数、录用数等，并进行数据清洗和预处理。

（3）运用所学的数据分析工具和方法，对招聘数据进行分析，找出关键指标，如申请转化率、热门职位等。

（4）根据分析结果撰写招聘数据分析年度报告。

（5）各团队派出 1 人上台演讲，阐述自己团队的成果。

【实训要求】

（1）确保数据的准确性和分析的客观性，报告应包含数据图表、分析解释和明确的结论，鼓励团队采用创新方法和工具，增强报告的独特性和实用性。

（2）每个团队的成果展示时间为 10 分钟左右，教师和学生的提问时间为 5 分钟左右。